W0173939

Dr. Frank Naumann
Erste Hilfe für die Seele

Dr. Frank Naumann

Erste Hilfe für die Seele

Beistand in Notsituationen,
Lebenskrisen und Konflikten

Verlag Gesundheit

Im Verlag Gesundheit sind weitere Ratgeber zur Gesunderhaltung erschienen. Fragen Sie Ihren Buchhändler nach der »Medicus«-Reihe.

Die Deutsche Bibliothek – CIP-Einheitsaufnahme

Naumann, Frank:
Erste Hilfe für die Seele: Beistand in Notsituationen, Lebenskrisen und Konflikten /Frank Naumann. – Berlin: Verl. Gesundheit, 1996
ISBN 3-333-00759-2

ISBN 3-333-00759-2
© 1996 by Verlag Sport und Gesundheit GmbH, Berlin
Die Verwertung der Texte und Bilder, auch auszugsweise, ist ohne Zustimmung des Verlags urheberrechtswidrig und strafbar. Dies gilt auch für Vervielfältigungen, Übersetzungen, Mikroverfilmungen und für die Verarbeitung mit elektronischen Systemen.
Umschlaggestaltung: Theodor Bayer-Eynck
Titelbild: ZEFA
Satz: LVD GmbH, Berlin
Druck: Neue Stalling, Oldenburg
Printed in Germany
Gedruckt auf alterungsbeständigem Papier
mit chlorfrei gebleichtem Zellstoff

Inhalt

Vorbemerkung

Unser Leben ist schneller und hektischer geworden. Die Chancen für Abenteuer und interessante Begegnungen sind gewachsen, aber auch die Gefahren und Risiken, die der moderne Lebensstil mit sich bringt. Denken wir nur an die zwei Millionen jährlicher Verkehrsunfälle allein in Deutschland. Jeder kann von einem Moment zum anderen in eine Notsituation hineingezogen werden – als Betroffener oder als Zeuge. Jeder muß damit rechnen, Erste Hilfe leisten zu müssen. Für Ärzte, Rettungsdienste, Polizisten und Feuerwehrleute ist es das tägliche Brot.

Risiken unseres Lebens

Nur wenige denken daran, daß Erste Hilfe neben dem medizinischen auch einen psychischen Aspekt hat. Der Mensch ist mehr als eine biologische Maschine aus Blut, Knochen und Organen. Es gibt eine Vielzahl akuter seelischer Notsituationen, in denen sachkundiger Beistand hilfreich, ja sogar lebensrettend sein kann: Sie treffen auf einen Menschen in Panik, der gerade überfallen wurde; einer Ihrer Freunde hat gerade erfahren, daß er an Krebs im fortgeschrittenen Stadium erkrankt ist; eine Freundin ruft an, nur um sich von Ihnen zu verabschieden, weil sie sich die Pulsader aufschneiden oder aus dem Fenster springen will. Aber auch in länger schwelenden Krisen – Trauerfällen, Sucht, Ehestreit – kann Unterstützung von außen notwendig werden.

Dieses Buch will Ihnen zeigen, wie Sie in solchen und ähnlichen Situationen psychische Erste Hilfe leisten können. Es wendet sich in erster Linie an Nichtfachleute, die auf Krisen und Notfälle in Ihrem persönlichen Umfeld vorbereitet sein wollen. Aber auch Mitarbeiter von Rettungsdiensten – Feuerwehrleute, Sanitäter, Polizisten – werden Kenntnisse über die psychologische Seite ihrer schwierigen und oftmals nicht genug gewürdigten Tätigkeit gewinnen können. Nicht zuletzt muß jeder, der in seinem Berufsalltag mit Menschen zu tun hat, mit Aggressionen, Selbstmordversuchen und anderen Vorkommnissen rechnen, in denen Kenntnisse über psychische Erste Hilfe nützlich

Für wen dieses Buch wichtig ist

sind. Ich denke dabei insbesondere an Erzieher, Lehrer, Pflege-
personal, Sozialarbeiter, Seelsorger, Juristen und Führungskräfte
in der Wirtschaft. Die meisten von ihnen müssen tagtäglich
Menschen führen, ohne eine spezielle Ausbildung in Psychologie genossen zu haben.

In dieses Buch sind Kenntnisse von Kollegen vieler Fach-
gebiete eingegangen, mit denen ich unzählige Diskussionen
geführt habe. Besonders möchte ich mich bedanken bei dem
Berliner Psychologen Frank-Uwe Maaß, dessen Erfahrungen
aus der Arbeit bei der Telefonseelsorge und in einer Beratungsstelle in den Text eingeflossen sind, sowie bei Frau Anette Möbius, die mir die Bereiche Krisenintervention und Sozialarbeit
erschlossen hat.

Gestatten Sie mir noch eine Bemerkung zur sprachlichen Form.
Dieses Buch ist für Frauen und Männer geschrieben worden.
Um schwer lesbare Wortneuschöpfungen und umständliche Auf-
zählungen zu vermeiden, habe ich Wörter wie »Helfer«, »Person«, »Partner« usw. in ihrer Grundform gebraucht, ebenso die
zugehörigen Personalpronomen wie »er«, »sie« oder »ihm« und
»ihr«. In diesen Fällen sind stets beide Geschlechter gemeint:
beispielsweise steht das Wort »Helfer« als Abkürzung für »Hel-
ferin und/oder Helfer«.

Ich wünsche Ihnen viel Spaß bei der Lektüre und große Erfolge
bei der Ersten Hilfe für die Seele!

Wozu Erste Hilfe für die Seele?

Bücher über Erste Hilfe gibt es viele. In vielfachen Variationen informieren sie über Hilfsmaßnahmen bei Verbrennungen, Blutungen, Knochenbrüchen, Herz- und Atemstillstand, über Druckverbände, Mund-zu-Mund-Beatmung und stabile Seitenlage. Jeder Bundesbürger, der einen Führerschein erwirbt, muß eine Ausbildung in Erster Hilfe nachweisen und in seinem Wagen einen Verbandskasten mitführen – bei mehr als 500 000 Verletzungen, die sich jährlich auf deutschen Straßen ereignen, eine nützliche Vorsichtsmaßnahme. Zur Zeit hat jeder fünfte einen solchen Kurs absolviert. Allerdings traut sich nur jeder zehnte ein wirksames Handeln in Notfällen zu, da nach zwei Jahren rund achtzig Prozent des Gelernten wieder vergessen sind. Bücher über körperliche Hilfsmaßnahmen werden deshalb immer wieder zu Rate gezogen. Auch das Rote Kreuz wirbt in Fernsehspots und Anzeigen für eine Auffrischung der Kenntnisse und bemüht sich seit Jahren, einen medizinischen Grundkurs in den Schulunterricht zu integrieren.

Seelische Not wird oft unterschätzt

Literatur über seelische Hilfe in Notsituationen ist dagegen Mangelware. Kaum ein Arzt oder Laie am Unfallplatz scheint sich darüber Gedanken zu machen, was in einem Menschen vorgeht, der gerade noch fröhlich seine Freizeit genoß und plötzlich in eine lebensbedrohliche Situation gerät – und daß die Heilungschancen in starkem Maße davon abhängen, ob die Seele mit leidet. Dabei ist in der Medizin längst bekannt, daß bei mindestens der Hälfte aller körperlichen Erkrankungen die Psyche ihren Anteil hat. Wie ein Unfall erlebt wird – ob zu dem körperlichen Schock noch Angst und Schrecken hinzutreten oder ob es gelingt, dem Verletzten schnell ein Gefühl der Sicherheit zu vermitteln – kann entscheidend für das Überleben sein.

Selbstheilungskräfte aktivieren Seelische Belastung im Alltag

Medizin ohne Seele

Es gibt kaum ein medizinisches Gebiet, wo die Aktivierung der Selbstheilungskräfte mehr unterschätzt wird als bei der Ersten

Hilfe. Nehmen wir etwa die Tatsache, daß über 100 000 Menschen bei uns jährlich an plötzlichem Herzversagen sterben. Schätzungsweise jeder fünfte von ihnen hätte bei sachgemäßer Erster Hilfe gerettet werden können. Nach dem ersten Schritt – einer sofort einsetzenden kräftigen Herzmassage – gehört dazu, dem wiedererwachenden Patienten das Entsetzen, die Todesangst und das Gefühl der Hilflosigkeit angesichts seines körperlichen Zusammenbruchs zu nehmen. Das Wissen über psychische Vorgänge bei Unfällen ist erschreckend gering – bei zufälligen Zeugen wie Notärzten gleichermaßen. Das Gefühl der Hilflosigkeit wird bei dem Betroffenen durch eine Notbehandlung, wenn mit ihm wie mit einer defekten Maschine umgegangen wird, nur noch verstärkt.

Selbstverständlich muß bei schweren Blutungen und Herzstillstand die körperliche Versorgung im Vordergrund stehen. Sowie der Patient jedoch bei Bewußtsein ist (das ist bei über neunzig Prozent der Erste-Hilfe-Situationen der Fall), lohnt es, sich seiner Mitarbeit zu versichern, statt mit dem Befehl stillzuhalten seine Persönlichkeit auszuschalten. In unserer abendländischen Medizin, die auf einer strikten Trennung von Körper und Geist beruht, wird den psychischen Beeinträchtigungen viel zu spät und nur am Rande Beachtung geschenkt. Deshalb waren bis heute Gedanken und Gefühle für die Erste Hilfe kein Thema.

Das ist um so erstaunlicher, wenn wir bedenken, daß Unfälle und körperliche Verletzungen nur die Spitze des Eisberges sind. Die meisten Notfälle, in denen rasche seelische Hilfe erforderlich wird, ereignen sich nicht bei Zusammenstößen im Straßenverkehr, akuten Herzstillständen oder Unachtsamkeiten beim Heimwerken. Meistens sind es hohe Belastungen im Alltag, die unerwartet unser Seelenleben aus dem Gleichgewicht bringen. Plötzliche Überforderungen und Verluste, Lebenskrisen, Tod naher Angehöriger, Trennungen, Einsamkeit – all das kann uns aus der gewohnten Bahn werfen und zu einem Gesundheits-, ja sogar Lebensrisiko werden. Sage niemand, daß solche stillen Ereignisse, die nicht vom Blaulicht eines Unfallwagens, Men-

Was sind seelische Notfälle?

schenaufläufen und Polizeisirenen begleitet werden, weniger
gravierende Folgen haben als ein schwerer Verkehrsunfall! Die
jährlich anwachsende Statistik der Selbstmorde[1] und Suchtop-
fer belehrt uns, daß psychische »Unfälle« in der Schwere ihrer
Auswirkungen körperlichen Verletzungen in nichts nachstehen.

Wer hilft bei seelischen Notfällen?

**Medikamente
statt
Psychotherapie**

Unser Gesundheitssystem ist auf dem geistigen Auge blind.
Wenn Sie in einer Lebenskrise den Appetit verlieren sollten, an
Schlaflosigkeit leiden und deshalb zu einem Arzt gehen, wird
er Ihnen Antidepressiva, Beruhigungs- und Schlafmittel verschreiben. Die Tabletten helfen Ihnen zwar nicht aus der Krise
heraus und können langfristig sogar zu einer Medikamentenabhängigkeit führen. Dennoch kommt Ihre Krankenkasse für alle
Kosten auf. Gehen Sie hingegen zu einem Psychotherapeuten,
der Ihnen konkrete Hilfestellungen für Ihre Probleme gibt, müssen Sie die Konsultationen überwiegend oder vollständig selbst
bezahlen.[2] Sie sind nicht krank, kein Patient, sondern ein »Klient«, der lediglich in freier Wahl eine Dienstleistung in Anspruch
nimmt.
Die Folgen dieser Abwertung des Seelenlebens sind in zahlreichen Studien nachgewiesen worden. Die Praxen unserer Allgemeinärzte sind voll von Menschen, die sich völlig unnötig –
aber gemäß den Erwartungen unseres Gesundheitssystems – zu
körperlich Kranken erklärt haben. Fünfundzwanzig bis dreißig
Prozent von denen, die in den Wartezimmern sitzen, haben

[1] Bei den Fachleuten hat sich eingebürgert, den Ausdruck „-mord" im Zusammenhang mit
Menschen, die Hand an sich selbst legen, zu vermeiden. Sie verwenden das Fremdwort „Suizid"
(das aus dem Lateinischen übersetzt auch nur „Selbstmord" bedeutet) oder sprechen von „Selbst-
tötung". Da sich dieses Buch in erster Linie an Nichtfachleute wendet, bleibe ich bei dem um-
gangssprachlichen Ausdruck. Stärker als die neutralen Begriffe der Experten drückt er aus,
welche Bewertungen der Lebensmüde selbst und seine Umgebung mit der Tat verbinden.
[2] Beispielsweise gaben bereits 1991 die gesetzlichen Krankenkassen für nichtärztliche Psychotherapie 430 Millionen Mark aus. Für Medikamente aus Apotheken bezahlten sie hingegen 25
Milliarden Mark, also das 58fache!

psychische Probleme. Aber nur achtzehn Prozent von ihnen wenden sich direkt an einen Psychologen oder Psychiater, siebzig Prozent dagegen suchen einen Allgemeinarzt auf. Das trifft sogar für Patienten zu, die gar keine körperlichen Symptome haben, deren Schwierigkeiten ausschließlich seelischer Natur sind. Bei chronischen Angstzuständen beispielsweise fragt die Hälfte der Patienten einen Allgemeinarzt um Rat, aber nur knapp jeder zehnte einen Psychologen. Die Anteil der psychisch Behandlungsbedürftigen beträgt schätzungsweise zehn bis zwölf Prozent der Bevölkerung, das sind in Deutschland mindestens acht Millionen.

Bei diesen Zahlen sind nur Patienten berücksichtigt, die eindeutige psychische Symptome haben. Hinzu kommen noch all jene, die infolge von Streß und Belastungen körperlich erkranken. Kenntnisse in Erster Hilfe für die Seele würden nicht nur den Betroffenen helfen, von vornherein den richtigen Fachmann aufzusuchen, sondern könnten auch den Erfolg von medizinischen Behandlungen erheblich steigern. Aus zahlreichen wissenschaftlichen Untersuchungen ist bekannt, daß eine einzige psychotherapeutische Beratung bei Patienten mit psychischen Problemen den Medikamentenkonsum und die Arztbesuche um bis zu sechzig Prozent reduziert. Ohne seelische Hilfe nimmt dagegen mit der Zeit die Abhängigkeit von medizinischen Dienstleistungen zu.

Den Seelenarzt finden

Was leistet Erste Hilfe für die Seele?

Sie soll keinesfalls die professionelle Behandlung ersetzen, sondern ähnlich wie bei körperlichen Symptomen die entscheidenden Minuten zwischen dem Auftreten eines Problems und dem Eintreffen eines Spezialisten überbrücken. Das können so dramatische Situationen wie ein Selbstmordversuch oder extreme Angstzustände nach einem Überfall sein. Häufiger handelt es sich aber um weniger spektakuläre Schwierigkeiten. Plötzliche Trennungen und Verluste habe ich schon genannt, hinzu kommen Ängste, Konflikte und scheinbar ausweglose Lebenslagen.

Das verständnisvolle Gespräch hilft

Das wichtigste Instrument des Helfers ist das verständnisvolle Gespräch, wobei es nicht so sehr darauf ankommt, kluge Ratschläge zu erteilen, sondern geduldig zuhören zu können, sich in die Situation des anderen einzufühlen, Ermutigung und Mitgefühl zu vermitteln. Ob naher Angehöriger, guter Freund, entfernter Bekannter oder zufällig vorbeigehender Passant – jeder von uns kann von einem Moment zum anderen um Unterstützung und Rat gebeten werden. Dann ist es gut zu wissen, wie man sich optimal verhält. Ist es Ihnen nicht auch schon passiert, daß ein Freund zu Ihnen kam, um sich sein Leid von der Seele zu reden, und Sie Mühe hatten, die richtigen Worte zu finden? Oder sind Sie selbst einmal nach erlittener Demütigung an Ihrem Arbeitsplatz oder durch einen Partner zu guten Freunden gegangen, um Ihr Herz auszuschütten, und mußten Sie enttäuscht feststellen, daß Sie nur auf wenig Verständnis stießen? Was Sie als schlimm und dramatisch erlebten, darüber gingen Ihre Freunde mit einem aufmunternden Schulterklopfen und einem nichtssagenden »Wird schon werden« hinweg. Aber welcher Auftrieb für unser Seelenleben, wenn wir Verständnis fanden oder wenn es uns selbst einmal gelang, einer Freundin oder einem Freund, die nicht aus noch ein wußten, neuen Lebensmut zu geben!

Was Sie in diesem Buch erfahren

Sieht man sich als Fremder plötzlich einem Überfallopfer gegenüber, stellt die Situation natürlich andere Anforderungen an uns, als wenn die beste Freundin nachts bei uns klingelt, weil sie nicht mehr weiterweiß. In diesem Buch möchte ich zeigen, wie jedermann seinem Nächsten wirksam psychische Hilfe leisten und sich dabei auf unterschiedliche Personen mit ihren spezifischen Problemen einstellen kann. Das folgende Kapitel enthält die wichtigsten Kenntnisse, die Sie benötigen, um mit einem Menschen, der unter seelischem Druck steht, der ein schlimmes Erlebnis oder einen Konflikt verarbeiten muß, ein einfühlsames Gespräch zu führen. Sowohl unsere Alltagserfahrung als auch detaillierte wissenschaftliche Untersuchungen zeigen, daß der verständnisvolle Dialog eines der wichtigsten und erfolgreichsten therapeutischen Mittel ist. Seine Wirkung hängt von der Art und Weise ab, *wie* Sie mit dem oder der Betroffenen reden. Sie erfahren, worauf Sie achten müssen, was Sie vermeiden sollten und mit welcher besonderen psychischen Verfassung Sie bei einem Gesprächspartner rechnen müssen, dessen Gefühlsleben durcheinander geraten ist. Haben Sie keine Angst, daß Sie als Laie überfordert sein könnten! Niemand erwartet von Ihnen, daß Sie das Problem Ihres Partners lösen werden. Wenn Sie erreichen, daß der andere sich erst einmal fängt – daß er merkt, da ist jemand bei ihm und läßt ihn nicht mit seinen Schwierigkeiten allein –, dann haben Sie schon viel geleistet.

Ihr Vorteil als Laie

Auch ein ausgebildeter Psychologe kann seinen Patienten nur unterstützen. Die Kraft zur Heilung muß er in sich selbst finden. Darin unterscheiden sich psychische Probleme in keiner Weise von einer körperlichen Verletzung. Selbst Medikamente und Diätvorschriften müssen wirkungslos bleiben, wenn der Körper über keine inneren Selbstheilungskräfte verfügt. Als Helfer können sie den Betroffenen motivieren, sich auf seine Stärken zu besinnen und die Krise abzuwehren. In leichten Fällen genügt es oft schon, wenn Sie aufmerksam seinen Worten folgen und dem anderen zeigen, daß Sie seine Probleme für wichtig halten. Nicht wenige Patienten, die die Wartezimmer unserer Allgemeinärzte füllen, darunter viele ältere Leute, fühlen sich bereits viel besser, nachdem der Doktor sich geduldig die Beschreibung ihrer Leiden angehört hat.

Selbstheilung unterstützen

In ernsteren Fällen müssen Sie zusätzlich wissen, wie Sie mit den Besonderheiten der Situation zurechtkommen, sei es ein Unfall, eine ausweglose Lage oder ein schwerer Familienkonflikt. In »Notfallsituationen« und den fünf folgenden Kapiteln habe ich die wichtigsten denkbaren Vorkommnisse beschrieben,

Sich auf unterschiedliche Situationen einstellen

angefangen von plötzlichen Unfällen bis zu Störungen, deren Ursachen schon jahrelang zurückliegen, die aber unerwartet zum Ausbruch gelangen. Jedesmal erfahren Sie, was Sie selbst leisten können und wann Sie Spezialisten hinzuziehen sollten. Auch in schweren Fällen – wenn Sie beispielsweise das Opfer eines Überfalls finden oder einem Menschen in Panik begegnen – können Sie als Laie entscheidende Hilfe leisten. Bei einem körperlich Schwerverletzten würden Sie wahrscheinlich auch nicht lange zögern einzugreifen, selbst wenn Ihre medizinischen Kenntnisse gering sind. Ihren Vorteil, zur rechten Zeit zur Stelle zu sein, kann kein abwesender Experte durch noch so großartige Spezialkenntnisse wettmachen.

Entscheidend ist Ihre »menschliche« Kompetenz

Aber in der Ersten Hilfe für die Seele haben Sie noch ein zusätzliches Plus, das Ihnen als Helfer bei körperlichen Verletzungen nicht zur Verfügung steht. Als »Laientherapeut« können Sie – sofern Sie sich an die im nächsten Kapitel beschriebenen Methoden halten – in den meisten Fällen ebenso erfolgreich sein wie ein ausgebildeter Spezialist. Untersuchungen zur Wirkungsweise von Psychotherapien haben nämlich ergeben, daß der wichtigste Faktor, der über den Erfolg entscheidet, die Qualität der Beziehung zwischen Therapeut und Patient ist. Und die ist wiederum abhängig von individuellen Faktoren wie Interesse, Verständnis, Respekt, Wertschätzung, Ermutigung und Verzeihen von Fehlern. Dort sind Sie als Laie vor allem dann im Vorteil, wenn Sie einem guten Freund helfend unter die Arme greifen können. Denn Sie kennen einander, Ihr Freund weiß, daß Sie an seinem Wohlergehen ein persönliches Interesse haben – ein Gefühl, das in einer anonymen Beziehung zu einem Fachtherapeuten erst mühsam erarbeitet werden muß.

Therapeut und Laie im Vergleich

In 28 von insgesamt 42 wissenschaftlichen Studien, die die Wirksamkeit von Laien und ausgebildeten Therapeuten in der Psychotherapie verglichen, konnte zwischen beiden kein Unterschied nachgewiesen werden. Nur in zwei Studien schnitten die Therapeuten besser ab. Dagegen waren in zwölf Untersuchungen die Laien erfolgreicher (Hanisch/Hermanns 1990, S. 350). In einem fast neunhundert Seiten umfassenden wissenschaftlichen Werk, das so gut wie alle Vergleichsstudien zu Psychotherapien erfaßt, die bis 1983/84 erstellt wurden, bestätigten die Psychologen Klaus Grawe, Ruth Donati und Friederike Bernauer (1994, S. 146ff.) dieses Ergebnis. Sie zeigten, daß Laien, die mit ihren Partnern einfühlsame Gespräche führen, deutliche Verbesserungen bei deren jeweiligen Symptomen erreichten. Das Fehlen ausgefeilter Behandlungsmethoden wird durch das zwischenmenschliche Einfühlungsvermögen wettgemacht.

Diese Ergebnisse, die lange Zeit die Fachwelt irritiert haben, dürfen nicht zu dem Schluß verleiten, daß jeder beliebige Amateur Psychologen und Psychiater ersetzen könnte. Vielmehr läßt sich nun genauer sagen, worin die besondere Qualifikation eines Experten gegenüber einem Nichtfachmann besteht. In leichteren Fällen – wenn Ihre beste Freundin unter Trennungsschmerz leidet oder mit dem Chef nicht klarkommt – kann Ihr geduldiges Zuhören bereits die ganze Behandlung sein. Bei leichten körperlichen Verletzungen, etwa wenn Sie sich mit dem Hammer auf den Daumen geschlagen haben, werden Sie ja auch keinen Arzt rufen, sondern sich mit einem Verband aus der Hausapotheke begnügen. Solche relativ harmlosen Vorfälle bilden mehr als achtzig Prozent aller Erste-Hilfe-Situationen, und zwar im körperlichen wie im seelischen Bereich gleichermaßen.

Nicht jeder kann Therapeuten ersetzen

Wann Sie einen Experten rufen sollten

Daneben gibt es jedoch eine Reihe von Problemen, bei denen Sie Ihren Partner mit einem Erste-Hilfe-Gespräch zwar beruhigen, ihm aus seiner Krise aber nicht heraushelfen können. Oder Sie stellen fest, daß sich Ihr Gegenüber derart merkwürdig verhält, daß es Ihnen beim besten Willen nicht gelingt, seine Gefühls- und Gedankenwelt nachzuempfinden. Kurz, immer wenn Sie merken, daß Sie die Situation nicht verstehen, daß sich die Symptome des anderen nicht verbessern oder gar noch verschlimmern, sollten Sie so schnell wie möglich für professionelle Unterstützung sorgen. Das wird vor allem bei Störungen der Fall sein, wie sie in den Kapiteln »Sucht« und »Verhaltensauffälligkeiten« beschrieben werden. Aber auch in allen anderen Fällen kann es passieren, daß Sie allein nicht weiterkommen. Wenn Ihnen nur die geringsten Zweifel bleiben, ob Sie dem Problem Ihres Partners gewachsen sind, sollten Sie im Interesse des Betroffenen einen Fachmann hinzuziehen. Schon

Wer ist der beste Therapeut?

die richtige Entscheidung, welches der beste Experte ist, stellt bei dem unübersichtlichen Psycho-Markt der Gegenwart eine gelungene Hilfeleistung dar. Um Ihnen bei der Auswahl zu helfen, gebe ich Ihnen im Kapitel »Professionelle Hilfe« einen Überblick über die wichtigsten Therapierichtungen. Ich habe mich dabei auf jene beschränkt, für die eine hohe Heilungsquote bei vertretbarem Aufwand an Zeit und Kosten nachgewiesen ist. Besonderen Wert habe ich auf die Tatsache gelegt, daß für unterschiedliche Störungen unterschiedliche Therapien zu empfehlen sind. Im Ernstfall haben Sie das Recht, sich kostenlos beraten zu lassen und verschiedene Therapien zu testen, bevor Sie sich endgültig entscheiden. Auch als Kunde von Therapeuten sind Sie König und brauchen sich das Zepter nicht aus der Hand nehmen zu lassen.

Jeder Berufstherapeut behandelt in der Regel nur nach einer einzige Methode, entweder psychoanalytisch, verhaltenstherapeutisch oder gesprächspsychotherapeutisch – je nachdem, bei welchem Professor er studiert hat. Jeder hält seine Methode für die beste für jegliche Art von Störungen und verweist auf spektakuläre Heilungserfolge, die mit seiner Therapie erzielt worden sind. Über die Patienten, bei denen er gescheitert ist, bewahrt er hingegen Stillschweigen. Eine solche Werbestrategie ist nach den Gesetzen unserer Marktwirtschaft konsequent. Sie erweist sich jedoch als böse Falle für den Patienten, dem es nicht gelingt, sich in dem Dickicht konkurrierender Angebote zurecht-

Irrwege durch die Therapie

zufinden. Im Durchschnitt irren Patienten mit psychischen Problemen sechs bis sieben Jahre von Arzt zu Arzt und Therapeut zu Therapeut, ehe sie jemanden finden, der ihnen wirklich helfen kann. Im Durchschnitt heißt auch: Manche haben sofort

Glück, und manche schaffen es nie. Ein gesunder Wettbewerb verlangt den aufgeklärten Konsumenten. Mit diesem Buch möchte ich Ihnen helfen, sich in der Vielfalt der Angebote zurechtzufinden und Ihnen lange Irrwege ersparen.

Selbsthilfe und weiterführende Informationen

Das Buch wäre unvollständig ohne ein Kapitel mit Ratschlägen zur Selbsthilfe. Was können Sie tun, wenn Sie sich selbst in einer Krise befinden, wenn Sie Ihr eigener Patient sind? Sie werden feststellen, daß die meisten Tips zur Ersten Hilfe auch für den Umgang mit dem eigenen Ich gelten. Natürlich ist es schwierig, mit sich selbst ein verständnisvolles Gespräch zu führen. Aber es ist nicht unmöglich. Sie können sich befragen nach Ihren Empfindungen, nach den Gründen für Ihre durcheinandergeratenen Gefühle; Sie können sich gezielt jemanden suchen, dem Sie Ihr Herz ausschütten dürfen. Es ist nicht ganz einfach, sich an den eigenen Haaren aus dem Sumpf zu ziehen. Zögern Sie nicht, sich um Hilfe von anderen zu bemühen. Sie selbst sind ja auch bereit, anderen zu helfen. Sonst hätten Sie dieses Buch nicht gekauft. Die meisten Menschen schleppen jahrelang Probleme mit sich herum, weil sie glauben, in der heutigen Zeit gelte nur der als stark und kompetent, der mit allem allein fertig wird. Dabei ist doch jeder froh, wenn er auf Verständnis und Anteilnahme bei seinen Mitmenschen stößt. Die Einzelkämpfermentalität, die sich in unserer Gesellschaft ausbreitet, ist für eine große Zahl unserer psychischen Schwierigkeiten mitverantwortlich.

Am eigenen Schopf aus dem Sumpf ziehen

Ein Buch über Erste Hilfe beschränkt sich normalerweise auf das Hier und Jetzt, auf Hinweise für das schnelle Reagieren, wenn das Unglück bereits geschehen ist. Dennoch möchte ich nicht versäumen, in einem eigenen Kapitel über Maßnahmen zur Vorbeugung sowie zur Stabilisierung nach einer Krise zu berichten. Die Art und Weise, wie wir in ruhigen Tagen mit unse-

Vorbeugen und Nachheilen

rer Psyche umgehen, bestimmt, über wieviel Kraft wir in Krisenzeiten verfügen und wie hoch die Wahrscheinlichkeit eines Rückfalls ist. Das trifft insbesondere dann zu, wenn wir als Helfer seelisch Leidenden eine Stütze sein wollen. Die Ratschläge der ersten Kapitel werden Sie nur dann mit vollem Erfolg beherzigen können, wenn Sie als Zuhörer im therapeutisch geführten Gespräch Ruhe und Sicherheit ausstrahlen. Der Einfluß eines Helfers – ob Laie oder Fachmann – beruht nicht zuletzt auf seiner Vorbildwirkung. Er muß jene Stabilität in die Waagschale werfen, die der Betroffene verloren hat und mit Ihrer Unterstützung wiedererlangen soll.

Es entspricht dem Charakter dieses Buches, daß es Ratschläge für akute Notfälle in den Vordergrund stellt. Sobald Sie jedoch als Helfer eigene Erfahrung mit bestimmten Symptomen gesammelt haben, werden Sie sich detaillierter unterrichten wollen. Ein ausführliches Literaturverzeichnis und eine Liste von speziellen Beratungsstellen am Ende soll Ihnen bei der Suche nach Informationen und Kontakten helfen.

Die Haus-
apotheke des
Seelenhelfers

**Einfühlungsver-
mögen erwerben**

Unabhängig davon, in welchen Notfall Sie geraten – ob Sie sich beim Hausbau verletzen, in einen Verkehrsunfall verwickelt werden oder Ihre Nachbarin auf der Treppe stürzt –, immer werden Kenntnisse über Wundbehandlung und ein gut gefüllter Verbandskasten von Nutzen sein. Ebenso benötigen Sie, wenn Sie psychische Unterstützung geben wollen – egal, wann und wo – zunächst Grundkenntnisse über den einfühlsamen Umgang mit Menschen in seelischer Not. So vielfältig und unvorhersehbar die Umstände auch sein mögen, die Frauen, Männer oder auch Kinder aus der gewohnten Bahn werfen können – immer handelt es sich für den Betroffenen um eine unerwartete, gravierende Veränderung der Situation, die seine Anpassungsfähigkeit überfordert. Normalerweise haben wir im Alltag für fast alle nur denkbaren Vorkommnisse passende Verhaltensweisen parat, mit denen wir plötzlich auftauchenden Schwierigkeiten begegnen. Wir rechnen durchaus mit unerwarteten Ereignissen, gehen aber davon aus, daß wir sie irgendwie mit bewährten Verhaltensweisen oder durch zufälliges Ausprobieren neuer Reaktionsmuster, durch Versuch und Irrtum, bewältigen werden. Und tatsächlich haben wir damit so gut wie immer Erfolg. Denn auch in unbekannten Situationen steckt meist so viel Bekanntes und Bewährtes, daß wir mit unseren bisherigen Erfahrungen einen Ausweg aus den Schwierigkeiten finden.

Wenn ich schreibe »so gut wie immer«, heißt das: Es gibt Ausnahmen. Unbewußt hoffen wir allerdings, daß auch bei dramatischen Veränderungen wichtige Grundlagen unseres Lebens stabil bleiben. Wer stellt sich schon darauf ein, daß unser Partner und nahe Angehörige sich unangekündigt aus unserem Leben verabschieden, daß wir von guten Freunden betrogen werden, plötzlich den Job verlieren, einen lebensgefährlichen Unfall erleiden, daß unser Haus abbrennt oder von einem Tag zum anderen die gesamten Ersparnisse verlorengehen? Zumindest gehen wir davon aus, daß solche Einbrüche – falls sie denn unvermeidbar sind – in leichter Form eintreten und nicht mehrere Katastrophen auf einmal zuschlagen.

Leider geht der Kelch nicht immer an uns vorüber, und irgendwann sind wir selbst oder eine uns nahestehende Person betroffen. Ein Unglück – ob eine äußerlich sichtbare Katastrophe oder eine schwere innere Enttäuschung – erfordert eine erhebliche geistige Umstellung, die über das gewohnte Maß weit hinausgeht. Jetzt brauchten wir einen kühlen Kopf und die Kraft unseres gesamten im Laufe des Lebens erworbenen Urteilsvermögens, um mit dem Malheur klarzukommen. Leider stehen diese Eigenschaften dem Notleidenden in diesem Augenblick gerade am wenigsten zur Verfügung. Er steht unter emotionaler Spannung, er fühlt sich rat- und hilflos, in seinem Denken und Fühlen rast alles durcheinander. Sein vorherrschender Gedanke ist: »Das darf nicht wahr sein! Das konnte doch nicht mir passieren!« In einem Augenblick, wo er sein Denken auf eine neue Situation umstellen müßte, weigert sich alles in ihm, die unangenehme Veränderung zur Kenntnis zu nehmen. Er klammert sich an die Hoffnung, daß er sich täuscht, daß alles wieder so werden wird wie vorher. Im Moment größter Veränderung erweist sich der Betroffene als extrem konservativ. Je mehr man ihn drängt, sich den neuen Gegebenheiten zu stellen, desto größer wird sein Widerstand. Kann er schließlich nicht mehr umhin, das Geschehene zur Kenntnis zu nehmen, bricht er innerlich zusammen. Selbstzweifel, Mutlosigkeit und ein Gefühl der Ausweglosigkeit werfen ihn nieder.

Geistige Neuorientierung ermöglichen

In dieser Lage aus dem Gefühls- und Gedankenchaos zu neuer seelischer Stabilität zu finden ist eine Aufgabe, die viele Menschen nicht aus eigener Kraft bewältigen können. Woran sollen sie sich halten, wenn wichtige Stützpfeiler ihrer bisherigen Lebensorientierung wegbrechen? An dieser Stelle treten Sie als Helfer an die Seite der bedrängten Person. Sie werden zum Fels in der Brandung der Gefühle Ihres leidenden Partners. Dazu müssen Sie keine Wunder vollbringen und kein Übermensch sein – es genügt, wenn Sie zeigen, daß Sie für ihn da sind und Verständnis für seine seelischen Verletzungen haben. Wenn Sie außerdem noch wissen, wie man einen Menschen im Zustand psychischer Labilität beruhigt und sein Vertrauen gewinnt, haben

Seelische Stabilität erringen

Sie schon viel geleistet. Sein Problem muß Ihr Partner allerdings allein bewältigen. Ohne eigene Einsicht in die Gründe für seinen Zusammenbruch wird er nicht aus der Krise herausfinden. Sie können nicht an seiner Stelle handeln und empfinden. Sie können ihm allerdings helfen, die dafür nötige Kraft zu finden. Dadurch, daß Sie ihm Gelegenheit geben, sich seinen Kummer von der Seele zu reden, veranlassen Sie ihn, sich mit seinen Schwierigkeiten zu befassen, über sie nachzudenken und sich seine negativen Gefühle einzugestehen, anstatt seine Trauer und sein Entsetzen vor sich selbst zu verleugnen und den Kopf in den Sand zu stecken.

Vertrauen wiederfinden

Menschen in seelischer Not neigen dazu, ihre Betroffenheit hinter Schweigen oder endlosem Reden über ganz andere, unwesentliche Themen zu verstecken. Wer sein Vertrauen in sich und seinen Mitmenschen verloren hat, neigt nicht gerade zur Offenheit, obwohl gerade jetzt Vertrauen und Ehrlichkeit nötiger denn je wären. Sich rückhaltlos aussprechen, das hilft nicht nur, über die verletzten Gefühle Klarheit zu gewinnen, sondern auch die Spannung und Unruhe abzubauen und eine deutlichere Vorstellung von der eigenen Lage zu bekommen. Nicht zuletzt ist es angenehm zu wissen, daß da jemand ist, der sich um Verständnis bemüht, der bereit ist, die leidende Person trotz ihrer Schwierigkeiten und chaotischen Äußerungen zu akzeptieren.

Grenzen seelischer Hilfe

Dabei dürfen Sie als Helfer keine Wunder erwarten. Wenn Ihr Gegenüber sich ein wenig beruhigt und wenigstens ansatzweise anfängt, die Schwierigkeiten, in denen er momentan steckt, als sein Problem zu akzeptieren, statt unaufhörlich mit seinem Schicksal zu hadern, haben Sie schon sehr viel erreicht. Zum Vergleich: In einer professionellen Psychotherapie gilt es bereits als Riesenerfolg, wenn nach zwanzig bis dreißig Behandlungsstunden, die sich über mindestens ein Vierteljahr hinziehen, der Klient so viel Einsicht in seinen eigenen Anteil an seinen Problemen gewonnen hat, daß er ihnen in Zukunft halbwegs selbständig begegnen kann. Erwarten Sie also nicht, mit ein oder zwei Gesprächen Ihren Partner in einen souveränen Lebenskünstler zu verwandeln. Versuchen Sie vielmehr, das Vertrauen

Ihres Partners so weit zu gewinnen, daß er immer wieder das Gespräch mit Ihnen sucht, statt sich zurückzuziehen. Bemühen Sie sich, ihn so zu stabilisieren, daß er nicht unentwegt von einer Krise in die nächstschlimmere stolpert. Wenn es Ihnen außerdem gelingt, durch Ihre Zuwendung zumindest ansatzweise einen Prozeß des Umdenkens auszulösen, haben Sie mehr geleistet, es als so manchem Therapeuten gelingt. Und vor allem: Haben Sie Geduld. Geistige Neuorientierung braucht Zeit. Je tiefgreifender jemand eine Krise empfindet, desto länger braucht er, um sich darauf einzustellen.

Aber innerhalb dieses bescheidener formulierten Ziels können Sie wirksame Hilfe leisten. Sie können bei einem Menschen in Panik einen Prozeß der Selbstfindung in Gang bringen, der ihm Wohlbefinden und die verlorene Lebensfreude zurückbringt. In den folgenden Kapiteln möchte ich erläutern, welche Voraussetzungen Sie selbst einsetzen müssen, um in der Ersten Hilfe für die Seele erfolgreich zu sein, nach welchen Regeln das Gespräch mit einem Hilfsbedürftigen zu führen ist, welche Verhaltensweisen Sie vermeiden sollten und mit welchen Eigenheiten Sie bei dem Betroffenen rechnen müssen.

Anforderungen an den Helfer

Stellen Sie sich vor, eines Abends ruft Ihre beste Freundin bei Ihnen an und sagt: »Also, ich wollte dir nur adieu sagen. Es hat keinen Sinn mehr. Ich werde mich jetzt aus dem Fenster stürzen. Bitte, versuch nicht, mich zurückzuhalten. Hab Dank für alles, und laß es dir gutgehen. Tschüs.«

Ein kleiner Test

Ihre Freundin ist bereits im Begriff, den Hörer aufzulegen. Sie kennen sie gut genug, um zu wissen, daß sie durchaus imstande ist, ihren Worten Taten folgen zu lassen. Ihnen bleiben höchstens zwei Sekunden, um den entscheidenden, magischen Satz zu sagen, der sie im letzten Moment von ihrem fatalen Entschluß abbringt. Wie werden Sie antworten?

Vielleicht machen Sie, bevor Sie weiterlesen, einen kleinen Test? Lesen Sie bis zum Ende dieses Absatzes, klappen Sie dann das Buch zu, und überlegen Sie sich in Ruhe, wie Sie in dieser Situation reagieren würden. Da es sich um eine Übung und nicht um den Ernstfall handelt, können Sie sich ruhig mehr Zeit als zwei Sekunden lassen. Schreiben Sie Ihre Antwort auf einen Zettel, und lesen Sie dann weiter.

Fertig? Dann überprüfen Sie jetzt, welcher der folgenden Varianten Ihre Antwort am ehesten ähnelt. Die meisten Menschen neigen dazu, ihr Entsetzen über dieses tödliche Vorhaben der Freundin unmittelbar zurückzumelden und dabei kundzutun, was sie davon halten, zum Beispiel: »Halt, warte einen Moment! Hör zu, was auch passiert sein mag, es muß doch noch eine andere Lösung geben! Ist dir dieser Schuft tatsächlich davongelaufen? Glaub mir, kein Mann ist es wert, daß man seinetwegen …. Bist du noch dran?«

Bei dieser Reaktion suchen Sie nach einer Erklärung für die Selbstmordabsicht. In unserem Beispiel ist es die Vermutung, der Lebensgefährte könnte davongelaufen sein. Ein anderer würde vielleicht Ärger mit der Arbeitsstelle, Vereinsamung oder einfach Lebensüberdruß vermuten. Auf jeden Fall folgt der *Interpretation* **Wertender Stil** der Suiddrohung sofort die *Wertung*, daß – was auch immer der Grund für den beabsichtigten Fenstersprung sein mag – dieser Grund eine so extreme Reaktion auf keinen Fall rechtfertigt.

Nun versetzen Sie sich für einen Moment gedanklich in die Situation der Freundin, die so verzweifelt ist, daß sie ihrem Leben ein Ende setzen möchte. Wie würde sie den Appell aufnehmen? Falls die Interpretation und Wertung zutreffen, daß es der Kerl eigentlich nicht wert ist und man so etwas nicht tut, dann hat sie sich das selbst bestimmt schon einige hundertmal gesagt. Aber sie ist so verzweifelt, und ohne ihn weiterzumachen, erscheint so sinnlos. Bloß nicht mehr daran denken müssen! Und der Partner am Telefon hat auch nur Appelle an die Vernunft zu bieten. Der kann eben nicht verstehen, was wirklich abgrundtiefe Verzweiflung bedeutet. Also sagt sie: »Ich wünsche dir, daß du nie derart gemein behandelt wirst. Mach's gut.«

Vielleicht haben Sie auf die Selbstmorddrohung aber so rea-giert: »Moment mal, bleib ganz ruhig: Ich weiß, es gibt Situa-tionen, da möchte man am liebsten mit allem Schluß machen. Das kann jedem mal passieren. Aber das vergeht wieder, glaub mir. Ich kenn' dich doch, du hast dich bis jetzt immer aus dei-nen Schwierigkeiten herausgewunden. Paß auf, du setzt dich jetzt hin, in zehn Minuten bin ich bei dir, und dann reden wir über alles in Ruhe. Du wirst sehen, schon morgen lachst du darüber.«

In diesem Fall versuchen Sie, Ihre Freundin zu ermutigen und zu beruhigen. Wie wird sie diese Worte aufnehmen? Versetzen Sie sich wieder gedanklich in ihre Lage. Mit der Selbstmord-ankündigung hat sie Ihnen offenbart, daß sie sich vollkommen hilflos fühlt. Sie aber haben bestritten, daß sie einen Grund hat, so niedergeschmettert zu sein. Sie haben das Problem *bagatel-lisiert*, seine Schwere in bester Absicht heruntergespielt und versucht zu *trösten*. Ihre Freundin muß den Eindruck gewinnen, daß Sie ihr nicht glauben, daß es ihr tödlich ernst ist. Also wird sie sagen »Ich danke dir für deine netten Worte, aber diesmal kann mir niemand mehr helfen.« Um nach Auflegen des Hörers zu beweisen, *wie* ernst es ihr ist.

Tröstender Stil

Wie wäre es, wenn Sie die Ankündigung Ihrer Freundin mit einer Art Galgenhumor nehmen? Etwa: »Leg bitte noch deinen Wohnungsschlüssel unter die Matte, damit wir nachher nicht die Tür aufbrechen müssen.« Oder: »Spring bitte hinten 'raus, sonst verletzt du noch jemanden, der unten vorbeigeht.«

Bei einer Blitzumfrage, die ich unter meinen Bekannten gemacht habe, wurden solche *paradoxen* Antworten ziemlich oft ge-nannt. Der Versuch, einem Verzweifelten auf diese Weise einen Realitätsschock zu versetzen, kann in Ausnahmefällen erfolg-reich sein. Der bekannte Psychologe Paul Watzlawick erzählt im Vorwort zu einem Lehrbuch von Everstine (1992, S. 9) fol-gende Begebenheit, die sich in seiner Kindheit in Österreich zutrug: Ein Gendarm sah, wie ein Mann in der Absicht, sich das Leben zu nehmen, in die Donau sprang. Er richtete das Ge-wehr auf den Selbstmörder und rief: »Kommen Sie augen-

Paradoxe Reaktion

blicklich heraus, oder ich schieße!« Der Mann schwamm ans Ufer.

Ein solches Vorgehen sollte jedoch einem professionellen Therapeuten vorbehalten bleiben, denn es setzt voraus, daß er die seelische Verfassung seines Patienten genau einschätzen kann und weiß, was zu tun ist, wenn sich der Betreffende anders verhält als erwartet. Wenn Sie mit Ihrer Freundin so reden, ist die Wahrscheinlichkeit groß, daß sie dies nur als Beweis Ihrer Gefühllosigkeit nimmt und sich in der Absicht bestätigt sieht, von der feindlichen Welt Abschied zu nehmen. Tatsächlich würde fast niemand im Ernstfall paradoxe Antworten geben, so interessant sie sich im Gedankenexperiment auch ausnehmen.

Sollten Sie eine energische Persönlichkeit sein, neigen Sie eventuell dazu, die Dinge sofort in die eigene Regie zu nehmen. Sie geben Ihrer Freundin Anweisungen, wie sie handeln soll. Zum Beispiel: »Ich verstehe. Paß auf, sobald wir aufgelegt haben, gehst du in die Küche und machst dir erst mal einen starken Tee. Hörst du? Dann setzt du dich an deinen Küchentisch und trinkst ihn in Ruhe, bis ich eintreffe. Versprich mir, daß du bis dahin keine Dummheiten machst. In Ordnung? Wir gehen dann zusammen zu ›Johnny's Pinte‹ und werden uns so richtig einen ansaufen. Wie in alten Zeiten. Okay? Also leg jetzt schön den Hörer auf und bleib bloß vom Fenster weg, ja? Du gehst geradewegs zur Küche … «

Direktives Handeln   Sollten Sie einen großen Einfluß auf Ihre Freundin haben und sie in diesem Moment so willenlos sein, daß sie ohne nachzudenken Ihren Anweisungen folgt, haben Sie mit diesem Vorgehen möglicherweise Erfolg. Jedoch das Risiko ist sehr groß, daß sie zwar den Hörer auflegt, aber danach sofort durch das Fenster geht. Sie geben der Freundin Ihre Lösung vor, ohne zu fragen, ob sie in ihrer verzweifelten Situation für Ihre Vorschläge überhaupt empfänglich ist. In der Psychotherapie bezeichnet man ein solches Verhalten als *direktiv*. Therapeuten werden darin ausgebildet, direktive Vorgehensweisen zu vermeiden, weil Menschen mit Problemen dazu neigen, direkten Anweisungen Widerstand entgegenzusetzen – selbst dann, wenn sie scheinbar den

Anordnungen folgen. Dann tun sie es so widerwillig, daß ein Mißerfolg eintritt, womit dann bewiesen wäre, daß die Anordnung falsch war.

Eine fünfte Reaktionsmöglichkeit bestände darin, daß Sie fragen: »Du willst dich aus dem Fenster stürzen? Aber warum denn nur, um Himmels willen?«

Sie halten sich mit Bewertungen zurück und versuchen zunächst, die Gründe zu *erforschen*. Diese Variante ist besser als die vorigen. Sie haben erkannt, daß es zunächst darauf ankommt, das Gespräch in Gang zu halten. Sie müssen erreichen, daß Ihre Freundin am Telefon bleibt. Solange sie redet, kann sie nicht springen. Möglicherweise ist sie aber so durcheinander, daß sie gar nicht in der Lage ist, einen Grund für ihr Vorhaben anzugeben. Viele Kleinigkeiten haben sich summiert und sie zu ihrer Verzweiflungstat getrieben. Oder sie will einfach nicht über die Gründe reden, weil sie weiß, daß Sie nur versuchen würden, ihr das Vorhaben auszureden. Dann bekommen Sie keine Antwort auf Ihre Frage, sondern sie sagt: »Was soll's. Du würdest es doch nicht verstehen. Mach's gut.«

Forschendes Fragen

Die sechste Möglichkeit wäre, daß Sie sagen: »Um Gottes willen, was ist passiert? Du klingst sehr verzweifelt.« Sie befragen und interpretieren nicht die Gründe, sondern reagieren auf der Gefühlsebene. Sie sagen nicht, wie Ihre Freundin sich ihrer Meinung nach verhalten sollte, sondern zeigen zunächst, daß Sie von ihrer Mitteilung sehr betroffen sind und ihre Gefühle verstanden haben. Wohlgemerkt: Sie sagen damit nicht, daß Sie sich ebenfalls umbringen würden, wenn Sie in der Lage Ihrer Freundin wären. Sie ermutigen sie nicht, ihrem Leben ein Ende zu bereiten. Aber indem Sie ihre Verzweiflung ansprechen, teilen Sie ihr mit, daß Sie versuchen, ihre Lage zu verstehen. Auf eine solche Rückmeldung der Gefühlslage, die Sie aus der Selbstmorddrohung herausgehört haben, reagiert fast jeder aufgeschlossen. Das heißt, Ihre Freundin wird nicht einfach ja sagen und auflegen, sondern Ihnen erklären, warum sie so verzweifelt ist. Wenn Sie in diesem gefühlsorientierten, *nichtdirektiven* Stil fortfahren, auf die Erklärungen Ihrer Freundin zu reagieren,

Nichtdirektiver Stil

können Sie das Gespräch in Gang halten und Ihrer Partnerin helfen, sich ihre Verzweiflung von der Seele zu reden.

Vielleicht werden Sie an dieser Stelle einwenden: »Daß jemand, der sich umbringen will, verzweifelt ist, ist doch eine Banalität. Wenn ich das ausspreche, habe ich nichts gewonnen.« Als Außenstehender, der versucht, die Dinge sachlich und ruhigen Gemüts zu betrachten, hätten Sie natürlich recht. Aber ein Mensch in einer seelischen Krise ist alles andere als ruhig und »objektiv«. Er fühlt sich unverstanden und von gleichgültigen oder sogar feindlichen Zeitgenossen umgeben. Er sucht geradezu nach Verständnis. Deshalb genügt es nicht, daß Sie sagen: »Ich verstehe dich.« Sie müssen vielmehr *beweisen*, daß Sie sich in ihr Gegenüber einfühlen können, indem Sie die belastenden Gefühle, die in dem Gesagten mitschwingen, aussprechen.

Haben Sie erkannt, welche der sechs Reaktionsmöglichkeiten Sie bevorzugen? Sollte es eine der erstgenannten Varianten sein – nehmen Sie es nicht als Kritik an Ihrem Kommunikationsverhalten! Jeder der genannten Stile hat im Alltag seine Berechtigung. Das Leben wäre langweilig, wenn wir alle in jeder Lebenslage auf dieselbe Weise miteinander reden würden. Eine psychische Erste-Hilfe-Situation ist allerdings kein normaler Alltag. Viele Dinge, die den üblichen Umgang miteinander kennzeichnen – Meinungsstreit, Appelle an die Vernunft, sich wechselseitig über Sachverhalte informieren, einander necken, witzeln, Vorwürfe, Rechtfertigungen, Fragen – werden dann bedeutungslos oder sind sogar schädlich.

Woran liegt das? Normalerweise treten wir einander als ebenbürtige Partner gegenüber. Wir setzen voraus, daß unsere Gesprächspartner ähnlich kompetent sind wie wir selber und eigenständig für ihre Meinungen und Wünsche eintreten können. **Symmetrische Beziehungen** Wo es Differenzen gibt – zwischen Eltern und Kindern, Chef und Mitarbeitern, Laien und Experten –, sind die Kommunikationsunterschiede durch das gesellschaftliche Rollenverständnis geregelt. Das heißt, wir wissen, welche Rechte und Pflichten die jeweiligen Partner haben und wie sich ihre Positionen zueinander ergänzen. In allen Fällen ist hinreichend klar, wie die Partner miteinander umgehen können. Deswegen geben beispielsweise Eltern ihren Kindern bestimmte Normen vor, die diese mehr oder weniger freiwillig befolgen. Die Kinder wiederum haben bestimmte Erwartungen an ihre Eltern, was materielle Leistungen, Zuneigung und Verantwortlichkeit betrifft, die diese prinzipiell bereit sind zu erfüllen – ebenfalls mehr oder weniger freiwillig. Die meiste Zeit kommen beide Seiten damit, von kleinen Reibereien abgesehen, gut zurecht. Allerdings kommt es gelegentlich zu Konflikten, in denen Kinder ihre Rolle in Frage stellen. Sie verlangen größere Entscheidungsfreiheit und Eigenverantwortung. Eltern versuchen meist, ihre Autorität aufrechtzuerhalten und die Bindung zu ihren Kindern nicht zu verlieren. Wenn solche Konflikte auftreten (meistens in der Pubertät), wechselt der Streit in der Familie plötzlich von der Ebene der Alltagsangelegenheiten auf die Ebene der Beziehung über: Wie redest du mit mir? Wie stehen wir zueinander? Wie ist die Vertrauensbasis unserer Beziehung?

Etwas Ähnliches geschieht in einer Erste-Hilfe-Situation. Während Sie bisher mit Ihrer besten Freundin in einer halbwegs ausgeglichenen Beziehung des Gebens und Nehmens gelebt haben, verliert sich diese Symmetrie mit der Ankündigung des Selbstmords schlagartig. Ihre Freundin ist hilflos, verzweifelt und unfähig, allein aus ihren Schwierigkeiten herauszufinden – Sie hingegen erscheinen als vergleichsweise selbständig, kompetent und lebenstüchtig. Sie geraten in die Rolle eines Ratgebers, einer seelischen Stütze, ja sogar einer überlegenen und starken Autorität. Sie übernehmen auch eine gewisse Verantwortung für das Schicksal Ihres hilfsbedürftigen Partners, sobald Sie sich mit seinen Schwierigkeiten befassen. Das wird bei dem Anruf der suizidgefährdeten Freundin sehr deutlich. Von Ihrer Reaktion hängt es unter Umständen ab, ob sie ihre Drohung sofort wahr macht oder ob sie sich wieder fängt.

Die Rolle des Helfers

Es wäre falsch, als Helfer diese psychische Stärke auf autoritäre Weise einzusetzen, dem Betroffenen zu sagen, was er in seiner Notsituation tun soll. Was Ihr Partner braucht, sind Verständnis und das Gefühl, daß Sie ihn in der Not nicht im Stich

Keine Anweisungen geben!

lassen werden, wenn scheinbar alle Welt sich gegen ihn verschworen hat. Wenn wir gefragt werden: »Sag mir, was ich tun soll«, neigen wir dazu, auf diese Frage umgehend eine Antwort zu geben – voller Stolz, daß endlich einmal unsere Kompetenz anerkannt wird. Damit geraten Sie aber in ein unlösbares Dilemma. Entweder ist Ihr Partner mit Ihrem Ratschlag unzufrieden und wird auf Ihre Vorschläge mit Ablehnung oder Schweigen reagieren. Oder er tut, was Sie sagen, schiebt Ihnen jedoch die Verantwortung zu, wenn er scheitert.

Sie können einem Menschen in einer Notsituation nur helfen, wenn Sie ihn dazu bringen, für die Lösung seiner Probleme selbst die Verantwortung zu übernehmen. Wer hilflos ist, neigt häufig dazu, sich unter die Fittiche eines stabileren Charakters zu begeben. Das würde aber seine Abhängigkeit von anderen, seine Unfähigkeit, selbständig sein Leben zu gestalten, noch verstärken. Wenn Sie dem nachgeben, befestigen Sie seine Probleme, statt seine Selbstheilungskräfte zu unterstützen.

Vertrauen zeigen Das Wichtigste, was Sie als Helfer benötigen, ist deshalb das Vertrauen in Ihren Partner, daß er die Kraft und die Fähigkeit hat, selbst seinen Weg zu finden; daß die Stärken des anderen vorübergehend brachliegen, aber mit Ihrer Unterstützung wieder aktiviert werden können. Dieses Vertrauen gilt es, ihm zu vermitteln. Ohne diese positive Haltung, so hilflos und schwach der andere in diesem Augenblick auch erscheinen mag, können Sie als Helfer nichts erreichen. Auch ein Arzt in der Körpermedizin kann nur unterstützen. Wo die inneren Abwehrkräfte versagen (wie etwa bei der Immunschwächekrankheit Aids), nützen seine medizinische Kompetenz und Medikamente nicht viel. Auf seelischem Gebiet ist das nicht anders. Die psychologische Forschung hat in den letzten Jahrzehnten gezeigt, daß dieses Vertrauen in den hilfsbedürftigen Partner eine der wichtigsten Heilungsquellen ist. Es handelt sich nicht nur um ein schönes humanistisches Prinzip, sondern um eine äußerst wirksame Voraussetzung jeder Therapie.

Wie zeigen Sie dem anderen Ihr Vertrauen in seine verborgenen Stärken?

1. Sie richten Ihr ganzes Interesse und Ihre volle Aufmerksamkeit auf Ihren Partner. Sie lassen sich durch nichts, was um Sie herum geschieht, von Ihrer Konzentration auf Ihr Gegenüber ablenken. Dabei bemühen Sie sich, die Situation zu verstehen, in der sich der andere befindet: Wie mag er sich im Moment fühlen? Was erwartet er von mir? Versuchen Sie möglichst feinfühlig, die Reaktionen des anderen nachzuempfinden. Testen Sie einmal bei einem normalen Alltagskonflikt, wie weit Sie sich in die Stimmungen und Gefühle Ihrer Mitmenschen hineinversetzen können. Diese Fähigkeit, in der Psychologie als *Empathie* bezeichnet, läßt sich trainieren. Achten Sie bei Gesprächen nicht so sehr auf die Argumente und Informationen, sondern auf die unausgesprochenen Gefühle, die in den geäußerten Sätzen mitschwingen. Wenn Sie sich bei der Deutung der Gefühle unsicher sind, lernen Sie, auf die Körpersprache zu achten. Wie Mimik, Gestik usw. zu deuten sind, dazu gibt es einige preiswerte Ratgeber (siehe Literaturverzeichnis).

Einfühlung

2. Ermutigen Sie Ihren Partner, sich auszusprechen. Hören Sie lieber zu, statt selbst zu reden. Zeigen Sie durch Nicken, Vorbeugen des Oberkörpers und zustimmendes Brummen an, daß Sie seinen Worten mit Interesse folgen. Sagen Sie gelegentlich »Aha«, »Hm«, »Interessant«, um zu zeigen, daß Sie aktiv an dem Gespräch teilnehmen, aber halten Sie sich mit eigenen Ansichten und Kommentaren weitgehend zurück. Seien Sie (im wörtlichen Sinne) »ganz Ohr«. In einem guten therapeutischen Gespräch redet der Klient mindestens doppelt soviel wie der Therapeut. Wichtig ist, daß Sie es ganz dem Belieben Ihres Partners überlassen, worüber er sprechen will. Die Erfahrung zeigt, daß Menschen, wenn man sie frei reden läßt, sehr bald von selbst auf den Kern ihrer Probleme kommen. Jede gezielte Frage, jeder Kommentar, jede Diskussion von Ansichten lenkt dagegen das Gespräch auf Nebenbahnen ab.

Aktiv zuhören

3. Akzeptieren Sie die Sicht Ihres Partners. Nicken Sie, egal, was er sagt, und sei es noch so abstrus. Das bedeutet nicht, daß Sie seine Ansichten übernehmen sollen! Gehen Sie einfach davon aus, daß sich zwei Menschen mit unterschiedlichen Erfahrungen

Akzeptanz

unterhalten und Ihr Partner durchaus das Recht auf seine eigene, subjektive Sicht der Dinge hat. Später, wenn er sich stabilisiert hat, können Sie immer noch darüber diskutieren, was richtig und was falsch ist. In diesem Moment jedoch sollten Sie Ihr Gegenüber auf keinen Fall zwingen, sich für irgendeine Äußerung rechtfertigen zu müssen. Er soll das Gefühl haben, Ihnen gegenüber äußern zu können, was er nur will. Vor allem: keine Interpretationen oder Bewertungen! Je genauer und zutreffender Ihre Interpretation seines Verhaltens und seiner Worte sind, desto mehr wird er sie bestreiten. Jeder Mensch bekommt Angst, wenn er sich bei seinen geheimsten Gefühlsregungen ertappt sieht. In einer Notlage ist die Angstbereitschaft ohnehin schon größer als im Normalfall. Was nutzt es, wenn Sie ihn zwar durchschaut haben, er sich aber nun vor Ihnen verschließt? Helfen können Sie dann nicht mehr.

Die Akzeptanz fällt dann besonders schwer, wenn der andere sagt: »Mit mir ist nichts los.« Oder »Ich bin zu nichts nütze.« Dann neigt der gute Freund dazu zu widersprechen: »Du bist genausoviel wert wie jeder andere.« Wenn Sie statt dessen seine Äußerung akzeptieren, ohne sie zu bewerten (etwa, indem Sie antworten: »Du fühlst dich ziemlich am Boden.«), wird der Partner von selbst anfangen, über seine positiven Seiten nachzudenken, zum Beispiel: »Ja, genau. Dabei hat es mir früher überhaupt nichts ausgemacht ...«

4. Handeln Sie und reden Sie partnerorientiert. Ihre eigenen **Partner-** Ansichten, Erfahrungen und Probleme sind für Ihren hilfsbedürf-**Orientierung** tigen Partner uninteressant. Er wird bei jeder Ihrer Äußerungen nur darauf achten, was Sie darin über Ihre Haltung zu ihm aussagen. Wenn Sie zum Beispiel von einem ähnlichen Problem erzählen, daß Sie gehabt haben, wird er sich fragen: »Soll das heißen, ich übertreibe? Das Ganze ist gar nicht so schlimm, und ich soll mich nicht so anstellen?« Sie müssen immer damit rechnen, daß Ihr Partner sehr sensibel auf alles reagiert, was Sie an eigenen Ansichten äußern und jedesmal insgeheim die Vertrauensfrage stellt. Außerdem helfen ihm Ihre Erfahrungen in keiner Weise. Wenn er Sie wäre, wäre er nicht in seiner verzweifelten Situation. Ihr Partner und seine besondere Lage sollten die einzigen Gesprächsthemen sein. Erkennen Sie an, daß er sich schlecht fühlt und daß seine Situation schwierig ist. Sagen Sie, daß Sie glauben, daß er es schaffen wird, allerdings werde es Anstrengungen kosten. Vermeiden Sie, ihn zu irgend etwas zu drängen. Durch Ausüben von sanftem Druck beschleunigen Sie seinen Selbstfindungsprozeß nicht, sondern verzögern ihn, weil Ihr Partner jedem Versuch, ihn zu irgendeiner Handlung zu bewegen, Widerstand entgegensetzen wird. Er muß selbst herausfinden, was er tun will.

5. Schützen Sie sich vor Vereinnahmung! Viele Menschen treiben ihre Hilfsbereitschaft so weit, daß sie alles andere stehen- und liegenlassen, wenn jemand nach Hilfe verlangt. Wenn Sie für einen Notleidenden die einzige Vertrauensperson sind, kann es leicht passieren, daß er versucht, über Ihre gesamte Zeit zu verfügen, zum Beispiel sich umzubringen droht, wenn Sie ihn nur für einen Moment aus den Augen lassen. Lassen Sie sich auf keinen Fall selbst unter Druck setzen! Überlegen Sie sich *vorher*, was Sie bereit und in der Lage sind, für den anderen zu leisten. Sonst geraten Sie in folgendes Dilemma: Sie geben den Forderungen des Partners nach, fahren nachts um drei zu ihm, vernachlässigen Ihre Arbeit und Ihre Familie, bis es Ihnen zuviel wird und Sie plötzlich nein sagen. Der Hilfsbedürftige hat dann das Gefühl, wieder einmal habe ihn jemand betrogen, wieder habe jemand, der behauptet hat, helfen zu wollen, im entscheidenden Augenblick versagt. Setzen Sie eindeutige Grenzen! Sagen Sie gleich zu Beginn des Gesprächs, wieviel Zeit Sie sich nehmen wollen (zum Beispiel eine Stunde) und zu welchen Zeiten der andere Sie stören darf und wann nicht. Die Erfahrung zeigt, daß solche Rahmenbedingungen, wenn sie vorher klar benannt und dann konsequent eingehalten werden, auch auf Akzeptanz stoßen. Beispielsweise neigt der Hilfsbedürftige dazu, die wichtigsten Dinge erst kurz vor Ende der vereinbarten Zeit auszusprechen; es hat daher keinen Sinn, ein Gespräch mit therapeutischem Charakter über die ganze Nacht auszudehnen. Innerhalb der zuvor definierten Grenzen soll der Partner

Grenzen setzen

dann aber alle Freiheit haben. Er steht im Mittelpunkt des Gesprächs, und unsere Aufmerksamkeit gilt allein seinen Problemen.

Fehler zugeben 6. Versuchen Sie nicht, perfekt zu sein. Im Gespräch werden Ihnen auch Fehler unterlaufen, Sie werden Äußerungen machen, die Ihr Partner mißversteht. Sie werden gelegentlich doch interpretieren und ihn drängen, das eine zu tun und das andere zu lassen. Geben Sie es ruhig zu, wenn Sie einen Fehler gemacht haben. Zeigen Sie, daß Sie sich bemühen, den anderen zu verstehen, und daß Ihnen sein Wohlergehen am Herzen liegt. Fehler zuzugeben ist ein Zeichen von Offenheit. Wer seine Schwächen zeigt, gewinnt leichter Vertrauen als bemühte Perfektionisten.

Ruhe ausstrahlen 7. Je aufgeregter Ihr Partner ist, desto mehr Ruhe müssen Sie ausstrahlen. Es ist nicht leicht, in einer emotional angespannten Situation sachlich zu bleiben und dennoch Anteilnahme zu zeigen. Das fällt besonders schwer, wenn Sie als naher Angehöriger von dem Problem Ihres Partners mitbetroffen sind. Wenn Sie Elternteil, Ehepartner oder Kind des seelisch Leidenden sind, werden Sie nie völlig »objektiv« bleiben können. Starke Verwicklung in das bestehende Problem kann Sie unter Umständen für die Rolle des Helfers ungeeignet machen – zum Beispiel, wenn Ihr Partner erwartet, daß Sie sich ändern, damit er aus seinen Schwierigkeiten herausfindet. So schwer es Ihnen auch fallen mag, in diesem Fall sollten Sie versuchen, den Hilfsbedürftigen so schnell wie möglich an einen unbeteiligten Dritten zu vermitteln, entweder an einen guten Freund, zu dem der Betreffende Vertrauen hat, oder an eine Beratungsstelle bzw. einen Therapeuten.

Schweigepflicht 8. Nicht zuletzt sollten Sie verschwiegen sein. Nichts von dem, was zwischen Ihnen und Ihrem leidenden Partner besprochen wurde, geht irgend jemand anderen etwas an. Wer diskret ist, schafft sich schnell eine Vertrauensbasis in seiner Umgebung, so daß er gern und immer wieder als Ratgeber gefragt wird. Denn je verschwiegener Sie sind, um so mehr wird Ihr Partner, dem Sie in einer Notsituation mit Erfolg beigestanden haben, von

Ihrem Verdienst in seinem Bekanntenkreis sprechen. Selbst wenn das nicht der Fall sein sollte – Verschwiegenheit schützt Sie davor, daß seine Dankbarkeit noch nachträglich in Wut und Ablehnung umschlägt, weil Sie es nicht lassen konnten, seine schwache Stunde öffentlich zu machen, nur um sich Ihrer guten Tat zu rühmen.

Drängen Sie deshalb auch niemandem Ihre Hilfe auf! Sie können leicht in den Verdacht kommen, sich auf Kosten anderer als überlegene Persönlichkeit profilieren zu wollen. Wenn Sie merken, daß jemand in Schwierigkeiten steckt, dürfen Sie vorsichtig fragen: »Ich habe den Eindruck, daß dich irgendwas belastet. Möchtest du darüber reden?« Wenn Ihr Partner verneint, drängen Sie ihn nicht. Viel erfolgreicher ist es, einfach zu schweigen und abzuwarten. Nach solch einer Redepause beginnt der Betroffene oft von ganz allein zu erzählen – erst zögernd und stockend, bis er schließlich immer mehr aus sich herausgeht. Wenn Sie Ihren Mitmenschen mit offenen Augen und Ohren begegnen, wird man Sie auch um Rat fragen: Ihre Freunde beginnen zu spüren, daß Sie einfühlsamer und partnerorientierter sind als andere.

Zuwendung spüren lassen

Gesprächsmethoden

Bisher habe ich Aussehen und Form Ihrer Hausapotheke für die seelische Erste Hilfe beschrieben, jetzt möchte ich Sie einladen, genauer die einzelnen Arzneien zu betrachten, die Ihnen zur Verfügung stehen, und sich über die Art und Weise ihres Gebrauchs zu informieren. Da wir Hilfe in Form eines partnerschaftlichen Gesprächs leisten, bestehen unsere Medikamente aus Regeln des Gesprächsablaufs. Ihre Anwendung soll den Partner so weit stabilisieren, daß er aus der unmittelbaren Gefahrensituation befreit wird und später allein oder mit Hilfe eines Therapeuten in den normalen Alltag zurückkehren kann.

Körpersprachliches Verstärken und Löschen

Die Wortsprache ist nicht unser einziges Medium im Umgang mit anderen Menschen. Wir »reden« stets auch mit unserem Gesichtsausdruck und der Haltung unseres Körpers; wir gestikulieren, bewegen unseren Kopf, schlagen die Beine übereinander, verschränken die Arme oder breiten sie aus. Selbst wenn wir jede Körperregung vermeiden, drücken wir darin unsere Befindlichkeit und unsere Einstellung zu unserem Partner aus.

Körpersignale zeigen Hilfsbereitschaft

Einem Hilfsbedürftigen sollten wir stets körperliche Signale der Zuwendung zeigen. Das bedeutet Blickkontakt halten, nicken, lächeln, ihm die Vorderseite unseres Körpers zuwenden und uns leicht vorbeugen, nicht die Arme verschränken, sondern vielmehr die offenen Handflächen zeigen. Wenn wir reden, sollten Mimik und Gestik unsere Worte unterstreichen.

Inneres Lächeln strahlt nach außen

Es ist allerdings unmöglich, ohne längeres Training die vielen unbewußten Elemente unserer Körpersprache zu kontrollieren. Jedoch gibt es eine Möglichkeit, diese Schwierigkeit zu umgehen. Versuchen Sie nicht, Ihre Körpersignale zu überwachen, sondern Ihre Gedanken: Wenn es Ihnen gelingt, sich selbst zu überzeugen, daß Sie Interesse an Ihrem Partner haben und sich ihm mit Herz und Hirn zuwenden wollen, wird Ihr Körper automatisch die entsprechenden Signale von sich geben. Daß das funktioniert, soll ein kleines Experiment zeigen. Stellen Sie sich vor einen Spiegel und versuchen Sie, ein Lächeln aufzusetzen. Sie werden merken, daß es Ihnen zwar gelingt, die Lippenwinkel nach oben zu ziehen, dennoch sieht das Lächeln künstlich aus, weil Sie nicht willkürlich die Muskeln in den Augenwinkeln anspannen können. Die Augen bleiben »kalt«. Nun machen Sie folgendes: Schließen Sie die Augen, und erinnern Sie sich an eine lustige Situation, die Sie fröhlich werden läßt. Wenn Sie jetzt die Augen öffnen, werden Sie feststellen, daß auf Ihrem Gesicht ein natürliches Lächeln liegt.

Über Signale der Zuwendung hinaus können Sie Ihre Körpersprache auch einsetzen, um den Ablauf des Erste-Hilfe-Gesprächs zu beeinflussen. Es gibt einen klassischen Versuch der

Lernpsychologie, dessen Erkenntnisse Sie sich zunutze machen können. Stellen Sie sich vor, Sie sitzen während eines wissenschaftlichen Vortrags im Publikum und haben sich mit den anderen Zuhörern verabredet, immer dann den Vortragenden anzublicken und anerkennend zu nicken, wenn er ein Fremdwort gebraucht. Bei seinen übrigen Äußerungen schauen Sie dagegen alle regungslos vor sich hin und ignorieren den Sprecher. Dann werden Sie feststellen, daß mit der Zeit die Menge der Fremdwörter in dem Vortrag immer weiter zunimmt. Sie und die anderen Zuhörer haben durch ihre positive Reaktion den Gebrauch der Fremdwörter »bekräftigt«, durch Ihr Ignorieren alle anderen Worttypen dagegen (zumindest teilweise) »gelöscht«. Verblüffend daran ist, daß der Redner diese Veränderung nicht bemerkt. Die Ausrichtung seines Verhaltens an Bekräftigungen aus dem Publikum läuft größtenteils unbewußt ab.

Ein klassisches Experiment

Diesen Lernmechanismus, den der russische Physiologe Iwan Pawlow Anfang des Jahrhunderts entdeckte, können Sie sich zunutze machen. Sie erinnern sich, daß Sie Äußerungen eines Hilfsbedürftigen nicht bewerten oder interpretieren sollten, um Widerstand zu vermeiden. Mit dem körpersprachlichen Bekräftigen und Löschen haben Sie dennoch die Möglichkeit, auf die Art seiner Äußerungen Einfluß zu nehmen. Bei all seinen Sätzen, die zeigen, daß er anfängt, seine Situation realistisch einzuschätzen, daß er Mut faßt usw., blicken Sie ihn interessiert an, sagen »Aha« oder »Hm« und nicken zustimmend. Dagegen, wenn er weinerlich wird, unsinnige Fremd- und Selbstbeschuldigungen von sich gibt und unrealistische Erwartungen äußert, blicken Sie schweigend durch ihn hindurch und sagen nichts. Sie warten nur ab, bis er wieder positive Dinge äußert, die Sie bekräftigen können.

Positives bekräftigen, Negatives ignorieren

Auf keinen Fall dürfen Sie mit dem Kopf schütteln oder widersprechen, etwa indem Sie sagen: »So kann man das nicht sehen« oder »Das scheint mir etwas übertrieben«. Auch eine negative Reaktion ist eine Bekräftigung! Bei jedem Widerspruch (oder auch nur ungläubigem »Tatsächlich?«) wird Ihr Partner versuchen, seine negative Äußerung zu verteidigen und sie mit

Nicht widersprechen!

noch größerem Nachdruck zu vertreten. Wenn Sie also wollen, daß er von bestimmten Ansichten Abschied nimmt, dürfen Sie diese nicht angreifen, sondern müssen Sie vollständig ignorieren.

Sachliches und emotionales Spiegeln

Die Methode des Bekräftigens setzt natürlich voraus, daß Ihr Partner überhaupt irgend etwas Positives sagt. Wenn er sich nur negativ äußert, was unmittelbar nach einer seelischen Katastrophe häufig ist, kommen Sie damit nicht weit. Wie können Sie ihn aktiv bei der Selbstfindung unterstützen, ohne ihm direkt vorzuschreiben, was er tun soll?

»Vernünftig« sein hilft nicht

Eine seelische Notlage ist immer eine emotionale Notlage. Auf der Verstandesebene kennt der Betroffene meist alle »vernünftigen« Lösungen. Er weiß, was »man« tun sollte. Sein Problem besteht darin, daß keine dieser Lösungen ihn aus seinem Dilemma befreit. Ein Beispiel: Nehmen wir an, einen Ihrer Freunde macht es total unglücklich, daß er mit seiner Partnerin dauernd in Streit gerät. Er weiß, daß er öfter mal nachgeben, ihr zustimmen und Fehler zugeben sollte. Sobald er jedoch mit ihr im Clinch liegt, kann er keinen einzigen der guten Vorsätze umsetzen. Wenn Sie ihm jetzt sagen, es könnte daran liegen, daß der Streit für ihn die einzige Möglichkeit ist, von seiner Partnerin die Aufmerksamkeit zu bekommen, die er sucht, und er deshalb aus den Kämpfen mit ihr eine heimliche Befriedigung zieht, wird er diese Interpretation vehement bestreiten, auch wenn sie zutreffen mag. Warum? Die Unklarheit besteht auf der Gefühlsebene. Einerseits leidet er unter dem dauernden Streit und möchte ihm entkommen. Das ist ihm klar. Daß er zugleich aus dem Streit die Befriedigung erhaltener Aufmerksamkeit zieht, ist ihm dagegen nicht bewußt. Er sagt sich: Ich leide darunter, also kann es nicht stimmen, daß mich die Situation auch befriedigt. Zugleich muß er zugeben, daß er tatsächlich den Dauerstreit aufrechterhält, als ob er einen Gewinn daraus zieht.

Gefühle bewußt erleben

Ihr Partner wird Ihre »rationale« Erklärung erst dann akzeptieren können, wenn er sich all seiner widerstreitenden Gefühle bewußt geworden ist. Und bewußt werden heißt nicht, daß es ausreicht, sie zu benennen, sondern er muß sie deutlich empfunden haben. Er muß selbst spüren, wie ihm die unglückliche Situation zugleich heimliche Befriedigung verschafft. Bei dieser Bewußtwerdung der Gefühle können Sie ihn unterstützen. Sie beginnen das Gespräch mit der Aufforderung zu erzählen, was passiert ist oder was ihm Sorgen macht. Was er Ihnen jetzt auch erzählen mag – Sie geben keinen Kommentar ab, stellen keine Fragen, sondern nennen nur das Gefühl, was Sie aus seiner Äußerung heraushören. Wenn beispielsweise Ihr streitsüchtiger Freund das Gespräch damit eröffnet, daß er sich über seine Partnerin beklagt, könnte Ihr Dialog so beginnen:

A: Du weißt selbst, wieviel Streß ich jeden Tag im Büro habe. **Ein Beispiel**
Wenn ich dann nach Hause komme, geht es sofort weiter. Ob ich nicht auch mal was für den Haushalt tun will, ob mir nicht mal was anderes einfällt für den Abend als Fernsehen und die Zeitung. Dabei bin ich wirklich erledigt, wenn ich heimkomme.
B: Du bist *enttäuscht*, daß sich Irina nicht stärker für deine Sorgen im Job interessiert.
A: Genau. Wenn ich acht Stunden diese blöden Entwürfe zeichnen muß, dann noch am Telefon Kunden beraten soll mit freundlichem Tonfall, und dann verlangt der Chef noch Überstunden … Ein bißchen Freundlichkeit und Rücksichtnahme zu Hause, sag ehrlich, ist das zuviel verlangt?
B: Du bist *im Zweifel*, ob es so weitergehen kann wie bisher.
A: Es kann sicherlich nicht so weitergehen wie bisher! Ich meine, mir liegt an Irina. Sie hat auch ihre Sorgen und Probleme, das sehe ich ja alles ein. Aber abends in der Woche, da bin ich fertig, da habe ich keine Kraft mehr für irgendwelche Beziehungsprobleme. Kannst du nicht mal mit Irina reden?
B: Du hast *gehofft*, sie würde mehr Verständnis zeigen.
A: Manchmal frage ich mich, ob ihr überhaupt noch etwas an mir liegt …

Gefühle des Partners formulieren

Der Helfer (B) beschränkt sich darauf, die Gefühle in Worte zu fassen, die seiner Meinung nach in der Darstellung von A enthalten sind. Dadurch gelangt A von der Klage über Irinas Verhalten allmählich zu einem grundsätzlichen Nachdenken über die Qualität ihrer Beziehung. Im weiteren Verlauf wird er sich auch überlegen, wie sein Verhalten auf Irina wirkt. Beachten Sie bitte, daß der Helfer an keiner Stelle positiv oder negativ zu den geäußerten Ansichten von A Stellung bezieht. Selbst an den beiden Stellen, wo A ihn direkt auffordert, seine Meinung zu äußern bzw. in seinem Sinne mit Irina zu reden, beschränkt sich B darauf, die dahinterstehenden Gefühle widerzuspiegeln. Interessant ist, daß dieser Gesprächsstil auch dann noch erfolgreich ist, wenn der Helfer sich bei der Wiedergabe der Gefühle irrt. Als er sagte, A wäre im Zweifel, ob es so weitergehen kann wie bisher, korrigierte ihn A sofort und bekräftigte, er wäre sich dessen sicher.

Auf die gleiche Weise können Sie auch positive Gefühle spiegeln: »Du bist froh, daß …«, »Es macht dich glücklich, wenn …« oder »Es beruhigt dich zu wissen, daß …«. In der nebenstehenden Tabelle finden Sie eine Auswahl positiver und negativer emotionaler Spiegelungen, auf die Sie in einem Notfall zurückgreifen können. Die dritte Spalte enthält gefühlsneutrale, ausgeglichene oder unentschiedene Äußerungen. Diese nutzen Sie, wenn die Äußerung Ihres Partner so unklar ist, daß Sie beim besten Willen nicht erkennen können, welches Gefühl sich dahinter verbirgt. Eine solche neutrale Reaktion, die wir auch als »sachliches Spiegeln« bezeichnen können, stellt dann eine Aufforderung an unser Gegenüber dar, weiterzureden, den Gedanken zu präzisieren.

Beispiele für emotionales und sachliches Spiegeln

Du bist/Sie sind …

positiv	negativ	neutral (ausgeglichen oder unentschieden)
beeindruckt	ängstlich	aufgewühlt
begeistert	ärgerlich	ausgeglichen
dankbar	außer dir/sich	gelassen
erwartungsvoll	beleidigt	gelöst
froh	besorgt	gespannt
fröhlich	beunruhigt	im Zweifel
guter Laune/Stimmung	entsetzt	nachdenklich
heiter	enttäuscht	träge
hoffnungsvoll	erregt	ungeduldig
mutig	mißtrauisch	unsicher
offen für …	neidisch	unschlüssig
stolz	schockiert	verunsichert
	traurig	
	verärgert	
	verzweifelt	
	wütend	
	zornig	

Du fühlst dich/Sie fühlen sich …

positiv	negativ	neutral (ausgeglichen oder unentschieden)
bestätigt	auf den Arm genommen	aufnahmebereit
entspannt	bedrängt	bereit für …
freudig erregt	betrogen	ernüchtert
glücklich	einsam	gut aufgelegt
hoffnungsfroh	gedemütigt	verantwortlich für ….
locker	gekränkt	

unternehmungslustig	hintergangen	
	im Stich gelassen	
	in die Enge getrieben	
	überfordert	
	unfair behandelt	
	unter Druck gesetzt	
	unverstanden	
	verschaukelt	

Das ...

positiv	*negativ*	*neutral (ausgeglichen oder unentschieden)*
beruhigt dich/Sie	belastet dich/Sie	läßt dich/Sie nicht los
erheitert dich/Sie	kränkt dich/Sie	überrascht dich/Sie
freut dich/Sie	quält dich/Sie	
	regt dich/Sie auf	
	ist dir/Ihnen unangenehm	

positiv	*negativ*	*neutral (ausgeglichen oder unentschieden)*
Du freust dich, daß ...	Du befürchtest, daß ...	Du läßt dich überraschen,
(Sie freuen sich, daß ...)	(Sie befürchten, daß ...)	ob ...
Du bist glücklich, daß ...	Du hast Sorge, daß ...	(Sie lassen sich
(Sie sind glücklich, daß ...)	(Sie haben Sorge, daß ...)	überraschen, ob ...)
Du hast Lust auf ...	Du bereust, daß ...	Du läßt es auf dich
(Sie haben Lust auf)	(Sie bereuen, daß ...)	zukommmen ...
		(Sie lassen es auf sich zu-
		kommen ...)
		Du willst erst einmal ab-
		warten, ob ...
		(Sie wollen erst einmal ab-
		warten, ob ...)

Neutral können Sie auch reagieren, wenn in den Worten des anderen zwei Gefühle enthalten sind, die einander widersprechen, zum Beispiel Triumph und Wut oder Entschlossenheit und Verzagtheit. Noch besser ist es, in diesem Fall Ihre widersprüchliche Wahrnehmung auszusprechen. Beispiel:

Widersprüchliche Gefühle

A: Gestern hat sie sich erstmals entschuldigt für einen Krach, den sie vom Zaun gebrochen hat. Aber ich kenne sie. Daß sie Abbitte leisten mußte, das verzeiht sie mir nie.
B: Einerseits bist du *froh*, daß sie nachgegeben hat, aber andererseits *fürchtest* du die Folgen.

Das Bewußtmachen widersprüchlicher Empfindungen bringt fast immer einen deutlichen Fortschritt in der Selbsterkenntnis. Durch konsequente Anwendung des sachlichen und emotionalen Spiegelns können Sie in einer Notsituation bei Ihrem Partner die geistige Umstellung auf die neue Lage in Gang setzen, ohne Druck auszuüben und ohne ihm ein einziges Mal zu sagen, was er tun soll. So veranlassen Sie ihn, für sein weiteres Verhalten selbst die Verantwortung zu übernehmen. Er kann sich nicht hinter Ihnen verstecken und später behaupten: »Mein Freund X hat mir gesagt, ich soll ihr den Laufpaß geben. Ich hatte gleich meine Zweifel, aber ich habe seiner Erfahrung vertraut.«
Hinzu kommt, daß wir lieber unseren eigenen Überzeugungen folgen als fremden Empfehlungen. Am allerliebsten glauben wir die Wahrheiten, die wir selbst herausgefunden haben. Wer aus eigenem Antrieb zu der Ansicht kommt »Das will ich tun, um mein Problem zu lösen!«, wird alles daransetzen, mit seinem Vorgehen auch Erfolg zu haben – schon der eigenen Selbstachtung zuliebe. Wer nur ausführt, was andere empfohlen haben, hat eine viel schwächere Motivation. Gerade wenn es darum geht, Krisen zu verarbeiten, muß der Betroffene mit seiner ganzen Person dahinterstehen und darf sich kein Fluchttürchen zurück offenlassen, wenn die Veränderung von Dauer sein soll.

Ziel: Selbsterkenntnis

Ich-Botschaften

Ihre Gefühle als Helfer

In einer Erste-Hilfe-Situation ist es normalerweise der Hilfesuchende, der ein oder gar mehrere Probleme hat. Der Helfer ist neutral, ruhig, weitgehend objektiv. Aber jede Regel kennt Ausnahmen. Es kann Ihnen als wohlmeinendem Helfer durchaus passieren, daß Ihr Gegenüber Sie plötzlich wüst beschimpft, schwer beschuldigt oder gar körperlich angreift. Natürlich werden Sie berücksichtigen, daß Ihr Partner sich in seelischer Not befindet und seine Attacke eher ein Ausdruck eigener Hilflosigkeit ist als ein Beweis feindlicher Absichten. Sie werden folglich versuchen, die Ruhe zu bewahren, statt Gleiches mit Gleichem zu vergelten. Andererseits sind Sie auch nur ein Mensch. Niemand kann von Ihnen verlangen, daß Sie eine gemeine Beschuldigung reglos hinnehmen. Auch Sie haben Gefühle und dürfen sich betroffen zeigen. Nicht zu vergessen, daß mißtrauische Menschen in Not oft keinen anderen Weg finden, um sich zu überzeugen, daß Sie kein kühler Rechner sind, sondern ein lebendiges Wesen, das des Mitgefühls und der Anteilnahme fähig ist.

Störungen haben den Vorrang

In solchen Fällen gilt die Regel: Störungen haben den Vorrang. Wenn der andere sein Problem auf Sie abschiebt, müssen Sie zuerst diese Störung beseitigen – schon, um Ihre Ruhe und Sachlichkeit zurückzugewinnen, ohne die Sie nicht helfen können. Sie gehen genauso vor wie beim emotionalen Spiegeln, nur daß Sie diesmal nicht über die Gefühle Ihres Partners, sondern über Ihre eigenen Empfindungen sprechen. Sie können dabei auf die gleichen gefühlshaltigen Ausdrücke zurückgreifen, wie sie in den vorhergehenden Tabellen aufgeführt sind. Beispiel:

Ein Beispiel

A: Was rede ich überhaupt mit dir! Deine Annette ist ja so ein Lamm, die läßt sich alles von dir gefallen. Ich möchte dich mal sehen, wenn du nur einen Abend mit so einem Feuerwerk wie Irina verbringen müßtest. Du kannst überhaupt nicht mitreden.
B: *Ich* bin *betroffen*, daß du mich so siehst. Ich möchte gern verstehen, was dich so wütend macht.

A: Das werde ich dir gleich erklären. Du hast noch nicht einmal gesagt, daß ich recht habe! Bist du mein Freund oder nicht?
B: Das *erstaunt mich*. Ich höre dir zu und versuche mir ein Bild zu machen, was zwischen euch vorgefallen ist.
A: Was soll ich dir noch erzählen? Die Frau piesackt mich, wo es nur geht. Ich sollte sie kurzerhand vor die Tür setzen.
B: Aber du bist dir *nicht sicher*, daß das eine Lösung für dich wäre.

Aufgrund der verbalen Attacke von A reagiert B zweimal mit einer Ich-Botschaft, das heißt, er meldet A zurück, wie dessen Worte emotional auf ihn wirken. Er erfährt dadurch gleichzeitig, was der Grund für diese Störung ist. A will, daß B für ihn Partei ergreift, statt den Gründen für seinen Konflikt mit Irina auf den Grund zu gehen. Das mag bequem sein und A kurzfristig emotional entlasten, aber spätestens nach einigen Tagen würde er wiederum bei B klingeln, um sich über einen neuen Krach mit Irina zu beklagen. Der Helfer geht deshalb auf diese Ausflucht nicht ein, sondern nimmt dem Angriff mittels der Ich-Botschaft seine aggressive Wirkung. Nach zwei Wortwechseln hat sich A so weit beruhigt, daß B im letzten Satz wieder zum emotionalen Spiegeln übergehen kann. Das Erste-Hilfe-Gespräch kann fortgesetzt werden.

Metakommunikation

Manchmal häufen sich die Störungen derart, daß Sie kaum dazu kommen, das eigentliche helfende Gespräch zu führen. Ständig müssen Sie Mißverständnisse beseitigen und um das Vertrauen ihres Partners kämpfen. Wenn die Möglichkeit besteht, sollte ein anderer Helfer gefunden werden, der eher einen Draht zu dem Hilfsbedürftigen findet. Es ist nun mal so, daß nicht jeder mit jedem gleich gut umgehen kann – eine Tatsache, die viele professionelle Therapeuten leugnen. Gerade sie, die von der individuellen Verschiedenheit ihrer Klienten leben, tun häufig so, als wären sie für jedermann der perfekte Gesprächspartner. Wenn

Wenn sich Störungen häufen

sie mit einem Klienten nicht zurechtkommen, schieben sie die Schuld allein auf dessen fehlende Motivation und innere Widerstände. Der eigene Widerwille gegen bestimmte Patienten wird erfolgreich verdrängt.

Manches unnötige Problem läßt sich entschärfen, indem die Bezugsperson gewechselt wird. In der Ersten Hilfe ist das nicht immer möglich. Denken Sie an das Beispiel am Anfang des Kapitels. Wenn Sie jemand anruft, der im Begriff steht, sich aus dem Fenster zu stürzen, können Sie ihn schlecht an einen anderen Freund verweisen. Sie müssen sofort helfen. Sie werden zunächst durch emotionales Spiegeln zu erreichen versuchen, daß Ihr verzweifelter Partner das Bedürfnis entwickelt, sich auszusprechen und dann mit ihm eine Art Abkommen vereinbaren, wie er sich in den nächsten Minuten verhalten wird (siehe das Kapitel über Selbstmordversuche Seite 110 ff.).

Wenn Sie aber merken, daß Sie den anderen nur mit Mühe am Telefon halten und daß Sie zu ihm keinen wirklichen Kontakt finden trotz Spiegeln und wiederholten Ich-Botschaften, können Sie noch zum Mittel der Metakommunikation greifen. Sie steigen für einen Moment aus dem bisherigen Gesprächsthema aus und sprechen mit dem anderen über die Art und Weise des **Gespräch über** Gesprächs selbst. Metakommunikation ist ein Gespräch über **das Gespräch** das Gespräch. Sie können beispielsweise sagen: »Ich möchte dich wirklich verstehen. Ich merke, daß du bei mir mit einer anderen Reaktion gerechnet hast. Bitte sag mir, was du von mir erwartest.«

Falls Sie beim Telefonat mit einem Selbstmörder zu diesem letzten Mittel greifen, muß es wirklich schlecht stehen. Es ist nicht sehr wahrscheinlich, daß Sie das Ruder noch herumreißen werden, aber immer noch besser, als gar nichts zu tun. Bei Erste-Hilfe-Gesprächen in etwas weniger dramatischen Situationen, wo es nicht gleich um Leben oder Tod in den nächsten Sekunden geht, stellt die Metakommunikation ein vorzügliches Mittel dar, um die wechselseitigen Erwartungen zu klären. Bei Kommunikationsschwierigkeiten hat es nicht den geringsten Sinn, so zu tun, als würde man sich wunderbar verstehen. Geben Sie ruhig zu, daß Sie nicht klarkommen. Auf einen Hilfsbedürftigen wirkt es ausgesprochen sympathisch, wenn sein Partner zugibt, auch nicht perfekt zu sein und mit bestimmten Dingen nicht zurechtzukommen.

Es gibt einen Fall, da *müssen* Sie zur Metakommunikation greifen, und zwar, wenn sich das Mißverständnis darauf bezieht, was für eine Art von Gespräch Sie überhaupt führen. Beispiel:

B: Ich versuche dir genau zuzuhören, um dir helfen zu können. Jetzt habe ich jedoch den Eindruck, du willst gar keine Hilfe. **A:** Hilfe? Ich kann mir sehr gut selber helfen. Nein, ich möchte einfach mal einen Abend in Ruhe außer Haus verbringen, ohne Irina. Und dafür sollst du mir ein Alibi verschaffen.

Verständigung über die Art des Gesprächs

Auch wenn es sehr fraglich ist, ob ein Alibi eine Lösung ist – Sie können niemandem unter die Arme greifen, der sich dagegen wehrt. Vielleicht haben Sie selbst schon die Erfahrung gemacht, daß zwei Menschen lange Zeit aneinander vorbeiredeten, weil sie es versäumten, sich über ihre wechselseitigen Erwartungen zu informieren.

(Offene) Fragen

Weiter oben habe ich geschrieben, daß Fragen möglichst zu vermeiden sind. Der Grund liegt darin, daß das Stellen von Fragen für einen Menschen in Krisenstimmung sehr schnell den Charakter eines Verhörs annimmt: »Aha, der will mich ausfragen.« Wenn dieser Verdacht aufkommt, ist das Vertrauen verspielt. Aus diesem Grund werden auch Ich-Botschaften und emotionale Spiegelungen stets in Form eines Aussagesatzes vorgebracht. Das heißt, Sie dürfen sagen: »Du bist wütend, weil …«, aber niemals: »Bist du wütend?« Das klingt für den anderen, als zweifelten Sie an der Echtheit seiner Empfindungen. Deshalb wird er eine solche Frage meist mit einem ärgerlichen »Nein, überhaupt nicht« beantworten, obwohl der Tonfall deutlich das Gegenteil bezeugt.

Vorsicht mit Fragen

Dennoch werden Sie nicht immer gänzlich ohne Fragen auskommen. Als Laie haben Sie nicht wie ein professioneller Therapeut die Möglichkeit, Ihren Klienten erst einmal einem Persönlichkeitstest zu unterziehen und längere Fragebögen ausfüllen zu lassen. Zwar können Sie im allgemeinen davon ausgehen, daß Ihr Partner Ihnen im Gespräch von selbst alle Informationen zukommen läßt, die Sie für das Verständnis seiner Schwierigkeiten benötigen. Aber da er unter emotionaler Spannung steht, ist seine Fähigkeit, Sachverhalte folgerichtig und logisch darzustellen, beeinträchtigt. Wenn Sie feststellen, daß Ihnen wichtige Informationen fehlen, um die Darstellung Ihres Partners richtig zu verstehen, dürfen Sie durchaus mal eine Frage stellen, ohne gleich den Erfolg des bisherigen Gesprächs zu gefährden – vorausgesetzt, Sie halten sich dabei an die folgenden Hinweise.

Sowenig Fragen wie möglich

1. Stellen Sie sowenig Fragen wie möglich und immer nur eine auf einmal! Sollten Sie noch eine andere Möglichkeit haben, um von Ihrem Partner die notwendigen Informationen zu erlangen, so nutzen Sie lieber diese. Fragen sollten eine Ausnahme bleiben. Daß Sie nicht mehr als eine Frage auf einmal stellen, hat einen simplen Grund. Bei mehreren Fragen sucht sich der Partner diejenige Frage aus, die ihm am besten gefällt (meist die zuletzt gestellte) und beantwortet ausschließlich diese.

Sachinformationen erfragen

2. Stellen Sie nur Fragen nach sachlichen Informationen! Sie wissen sicherlich, daß Fragen sehr gut mißbraucht werden können, um Kritik, Mißfallen oder emotionalen Druck an den Mann (oder an die Frau) zu bringen. Im Alltag fragen wir zum Beispiel: »*Mußt* du dieses Kleid anziehen?«, statt direkt zu sagen, daß es uns nicht gefällt. Oder wir üben moralischen Druck aus: »Findest du das wirklich gut, was du da machst?« Oder wie in unserem Anfangsbeispiel: »Hältst du Selbstmord wirklich für die passende Lösung?« Kein Wunder, wenn die verzweifelte Freundin erbost auflegt – und springt. Fragen Sie nur, wenn Ihnen ein bestimmter Fakt nicht bekannt ist: »Wann ist denn das passiert?« – »Wann bist du zu diesem Entschluß gekommen?« – »Wo hast du ihn getroffen?« usw.

3. Begründen Sie, warum Sie fragen! Damit geben Sie zu erkennen, daß Sie nicht pure Sensationslust und die Mißachtung der persönlichen Intimsphäre des anderen antreibt. Der Partner soll erkennen können, daß Sie seine Darstellung ohne die erfragten Mitteilungen nicht begreifen werden. Beispiel: »Wann ist das passiert? Ich frage, damit ich verstehe, wie lange du diese Sache schon mit dir herumschleppst.«

Gründe nennen

4. Vermeiden Sie geschlossene Fragen! Als geschlossene Fragen bezeichnet man Sätze, bei denen die Antwortrichtung schon durch die Art der Fragestellung vorgegeben ist. Typisch für diesen Fragetyp sind Alternativfragen, die der Partner nur mit »ja« oder »nein« bzw. »gut« oder »schlecht« beantworten kann. Das Gegenteil davon sind offene Fragen, bei denen es dem Antwortenden freigestellt ist, was er erzählt. Geschlossene Fragen sind direkt aus Aussagesätzen abgeleitet, während offene Fragen meist mit einem Fragewort eingeleitet werden. Ein Beispiel. Wenn Sie fragen: »War dein Chef nett zu dir?«, kann der Partner nur »ja« oder »nein« entgegnen. Fragen Sie dagegen: »*Wie* hat dich dein Chef behandelt?«, hat der Partner mehr Möglichkeiten. Er kann nach seinem Belieben über den Chef, seinen Charakter und sein Verhalten gegenüber seinen Mitarbeitern berichten. Da sich beinahe jede Frage sowohl in offener als auch in geschlossener Form stellen läßt, lohnt es sich, der Formulierung einige Aufmerksamkeit zu widmen. Die besten Fragen fangen mit den Wörtern »Wie«, »Warum« oder »Weshalb« an.

Den offenen Fragetyp anwenden

In Ausnahmefällen kann eine offene Frage angebracht sein, wenn das Gespräch ins Stocken gerät. Ihr Partner hat den Eindruck, alles gesagt zu haben, und erwartet eine Stellungnahme. Wenn das geschieht, ist es trotz besten Bemühens nicht gelungen, über emotionales Spiegeln zum Kern seines Problems vorzudringen. Dann sollten Sie erst einmal ein paar Sekunden Schweigen abwarten, ob der andere nicht von allein das Gespräch wieder aufnimmt. Nicht selten vollziehen Ratsuchende in dieser Situation einen bedeutsamen Themenwechsel, der sie zu einem wichtigen, bisher vernachlässigten Punkt vordringen läßt. Wenn das wider Erwarten nicht geschieht und sich das Schweigen unerträglich

Manchmal ist Schweigen angebracht

ausdehnt, können Sie fragen: »Was erwartest du, was jetzt weiter geschehen soll?« Sie können aber auch fragen, ob Sie beide nicht für heute Schluß machen, alles noch mal überdenken und an einem anderen Tag den Dialog fortsetzen wollen.

Verbotsschilder

Häufige Fehler   Was hat in der Hausapotheke des Helfers für die Seele nichts zu suchen? Allein die Vermeidung einiger häufiger Fehler, die selbst professionellen Beratern immer wieder unterlaufen, kann Ihren Hilfsbemühungen bereits den Erfolg sichern. Einige solcher »Verbotsschilder« habe ich bereits erwähnt. Ich möchte diese Liste für Sie noch einmal zusammenfassen und vervollständigen.

Nicht argumentieren, nicht kritisieren!

Nicht verbal angreifen   Ein Mensch in Not braucht Verständnis statt Besserwisserei. Jedes Argument, was der andere tun sollte, klingt für ihn, als ob Sie sein Leben besser führen könnten als er selbst. Sie scheinen beurteilen zu können, welche Ziele der andere ansteuern und nach welchen Werten er sich in seiner Lage richten sollte. Dagegen entwickelt der Betroffene Widerstand. Er wird nach Gegenargumenten suchen und erklären, daß er in seiner besonderen Situation gar nicht anders handeln konnte, als er es tat. Allein die Gemeinheit der anderen und eine Verkettung unglücklicher Umstände ist schuld an seiner ausweglosen Lage. Argumente und Kritik lassen den Betroffenen eine Verteidigungshaltung einnehmen, statt einen Prozeß des Umdenkens in Gang zu setzen.

Nichts anordnen oder verbieten, er darf seinen Partner nicht drängen oder ermahnen.

Keinen Druck ausüben   Für kurze Zeit mag er sich führen lassen – aber da sich seine Einstellung, sein Denken und Fühlen nicht geändert haben, sind

Rückfälle die Regel. Wer sich ändern soll, muß seine Einsichten aus sich selbst heraus gewinnen. Nehmen wir an, Sie wollen, daß Ihr Lebensgefährte sich das Rauchen abgewöhnt. Sie können ihm schmeicheln, ihm eine Belohnung anbieten, ihn auf die gesundheitlichen Gefahren hinweisen – solange er irgendeine Art von Befriedigung aus dem Rauchen zieht, werden all seine Versuche nur halbherzig bleiben. Er weiß bestimmt, daß er Ihnen einen Gefallen tun würde und daß »man« mit hoher Wahrscheinlichkeit später an Lungenkrebs erkrankt. Daß Rauchen der Gesundheit schadet, steht auf jeder Packung und ist allen bekannt. Aber nur eine Änderung der gefühlsmäßigen Einstellung wird eine tatsächliche Veränderung auslösen.

Argumente sind deshalb so beliebt und in Hilfssituationen so gefährlich, weil Sie mit etwas Geschick leicht erreichen, daß der andere Ihnen recht gibt. Er stimmt zu, daß er sich so ändern muß, wie Sie es vorschlagen. Die Wahrheit stellt sich ein paar Tage später heraus, wenn es darum geht, die gewonnene Einsicht in Taten umzusetzen. Mit schlechtem Gewissen muß der Partner bekennen, daß er sich außerstande sah, Ihren vernünftigen Ansichten zu folgen. Er hatte sich durch die Logik Ihrer Argumente bestechen lassen und gab an jenem Abend dem Feuer Ihrer Beredsamkeit nach. Innerlich ist er aber derselbe geblieben. Er kann Ihnen sogar entgegenhalten: »Siehst du, ich müßte mich eigentlich ändern und kann es nicht – mir ist nicht zu helfen.«

Nicht trösten, nicht bagatellisieren!

Einen Leidenden zu trösten gehört zu den ältesten moralischen Geboten der Menschheit. Meist verstehen wir aber unter Trost nicht nur das einfache In-den-Arm-Nehmen, zu zeigen, daß man für den anderen da ist, sondern solche Sätze wie: »Ist doch nicht so schlimm!« oder »Es wird schon wieder werden«. Wer dem anderen sagt, daß sein Leiden nicht so dramatisch ist, wie er es im Moment empfindet, will ihm Mut geben, daß er sich bald wieder besser fühlen wird. Er erreicht aber das Gegenteil. Der Betroffene fühlt sich nicht ernst genommen. Er ist in Panik, hatte

Das Problem nicht verkleinern

vielleicht gerade das schlimmste Erlebnis seines Lebens und sein Freund, sein Partner, an den er sich vertrauensvoll wandte, sagt ihm, es sei alles halb so wild. Gerade Opfer von Gewaltverbrechen klagen häufig, daß Polizisten und Rettungsdienste mit bagatellisierenden Aufforderungen schnell bei der Hand sind wie: »Nun übertreiben Sie nicht!«, » Gehen Sie nach Haus und überschlafen Sie die Sache!«, »Das ist anderen auch schon passiert, seien Sie froh, daß man Sie nicht niedergestochen hat!« Wer einen aufgeregten Menschen beruhigen will, muß zeigen, daß er auch die schockierendsten Enthüllungen akzeptieren kann. Entscheidend ist allein das subjektive Gefühl des Betroffenen. Wenn er etwas erlebt hat, das er als schrecklich empfand, dann war es schrecklich – auch wenn Sie und die überwiegende Mehrheit der Menschheit ein solches Vorkommnis als ziemlich alltäglich und banal empfinden. Ohne die Anerkennung des individuellen Leidens gibt es kein Verständnis und keine seelische Hilfe.

Nicht verallgemeinern!

Beim konkreten Einzelfall bleiben

Um ein Problem zu lösen, neigen wir dazu, es mit früheren Erlebnissen oder Erfahrungen anderer zu vergleichen. Jedes Vorkommnis ist aber zugleich individuell und einzigartig. Es sind immer die besonderen Umstände, die eine Krise als unlösbar erscheinen lassen. Im beratenden Gespräch sollten Sie deshalb immer bei dem jetzigen Fall bleiben, der den seelischen Notfall ausgelöst hat. Kommt Ihr Partner von selbst auf frühere Erlebnisse und Erfahrungen anderer zu sprechen, können Sie das akzeptieren, sollten aber wieder auf die Gegenwart zurückkommen, indem Sie seine augenblicklichen Gefühle spiegeln. Beispiel:

A: Wenn ich daran denke, wie sie immer wieder beteuert hat, sie würde keine Entscheidung treffen, ohne vorher mit mir darüber zu reden!
B: Wenn du *heute* an eure Gespräche denkst, fühlst du dich *betrogen.*

Die Gefahr des Verallgemeinerns können Sie vermeiden, indem Sie auf eine individuelle Redeweise achten. Sagen Sie stets »ich« und »du«, wenn Sie mit Ihrem Partner reden, und vermeiden Sie jedes »wir« und »man«. Unpersönliche Werturteile wie »So etwas macht man nicht« können Sie umformulieren in »Es ärgert mich, wenn du so etwas machst«.

Vorsicht mit Ratschlägen!
Keine eigene Lösung anbieten!

Es gibt eine Reihe einfühlsamer Menschen, die es sehr gut verstehen, jemandem in Not aufmerksam zuzuhören und Vertrauen auszustrahlen. Doch die meisten von ihnen erleiden ihr Waterloo, wenn der Partner fragt: »Sag mir, was ich tun soll.« Es fällt offenbar schwer, einzusehen, daß der Ratsuchende nicht wirklich eine passende Empfehlung sucht, sondern seine Frage stellt, um zu prüfen, ob der Berater seine Partei ergreift. Wenn sich der Partner beispielsweise über seine Frau beklagt hat, möchte er hören, daß er schlecht behandelt worden ist und sich ihr gegenüber richtig benommen hat. Je nachdem, ob Sie sich auf seine Seite stellen oder nicht, wird der Partner Sie als Verbündeten betrachten oder als Gegner, den er eventuell durch ein neues Feuerwerk von Klagen noch überzeugen muß.

Daß der Betroffene bereits eine eigene Meinung hat und mit seiner Frage nur Ihre Vertrauenswürdigkeit prüft, merken Sie dann, wenn Sie in einer solchen Situation weiter emotional spiegeln. Beispiel:

A: Wenn ich tue, was sie sagt, stellt sie beim nächsten Mal noch höhere Forderungen; weigere ich mich, nörgelt sie so lange, bis ich nachgebe. Sag mir, was ich tun soll.
B: Du *fühlst dich* in der *Zwickmühle*.
A: Das kannst du laut sagen. Ich müßte einfach weghören, wenn sie damit anfängt, aber weißt du, sie kann ziemlich hartnäckig sein …

Ratschläge vermeiden

Auf Aggressionen mit Gelassenheit und Verständnis reagieren!

Ruhe und Besonnenheit wahren

Sie können nur helfen, wenn Sie stets der Ruhigere und Besonnenere bleiben. Wenn der Partner Sie attackiert, fühlen Sie sich natürlich ungerecht behandelt. Sie wollen helfen, und der andere beleidigt Sie. Dann erinnern Sie sich daran, daß Sie nur zufällig in die Schußlinie geraten sind, weil die Personen, auf die er wütend ist, im Moment nicht greifbar sind. Nehmen Sie die Attacke nicht persönlich, auch wenn Sie direkt beschimpft werden. Spiegeln Sie emotional (»Du bist ärgerlich« – »Du bist verletzt«), oder weisen Sie die Attacke durch eine Ich-Botschaft zurück (»Es ärgert mich, weil ich mich zu Unrecht angegriffen fühle«). Ein Mensch in einer emotionalen Krise neigt zu Übertreibungen. Er hat sich nicht genug unter Kontrolle, um die Verhältnismäßigkeit seiner Mittel zu beurteilen. Unbewußt testet der Hilfsbedürftige Ihre emotionale Stabilität und Ihre Vertrauenswürdigkeit; er will wissen, ob Sie auch dann noch zu ihm halten, wenn er nicht mehr nett und freundlich ist. Nur wenn Sie die Probe bestehen, werden Sie als Helfer akzeptiert. Schlagen Sie dagegen zurück, sind Sie beide sehr schnell in einem verletzenden Streit gefangen, der den Betroffenen in seinem negativen Selbstbild bestätigt (»Na bitte, selbst meine beste Freundin mag mich nicht mehr«).

Die Psyche des Betroffenen

Menschen in der Krise weichen in ihrem Denken, Fühlen und Handeln vom »normalen« Verhalten ab. Stellen Sie sich darauf ein! Bedenken Sie immer, daß ein Mensch, dessen Lebenssituation nicht normal ist, auch nicht normal denken und fühlen kann.

Abweichendes Verhalten

Seine Äußerungen wirken vielleicht nur deshalb seltsam, weil es schwerfällt, sich in seine psychische Verfassung einzufühlen. Appelle, die sich an den Regeln des durchschnittlichen Tagesablaufs orientieren, bleiben daher wirkungslos. Wie Sie auf den vorigen Seiten sehen konnten, sprechen wir mit einem Menschen in Not anders als im Alltag. Wir vermeiden Argumente und spiegeln statt dessen seine Emotionen. Mit welchen Besonderheiten müssen Sie bei einem Hilfsbedürftigen rechnen?

Subjektiv verfärbte Sicht der Ereignisse und Personen

Je stärker die seelische Krise, desto stärker weicht die Sicht der Beteiligten von der Beurteilung unbefangener Beobachter ab. Wundern Sie sich nicht, wenn Sie Ansichten zu hören bekommen, die so offensichtlich falsch sind, daß es Ihnen schwerfällt, sie unwidersprochen hinzunehmen. In dem Maße, wie der Partner aus der Krise herausfindet, werden seine Ansichten sich der Realität wieder annähern. Jeder Versuch, diesen Erkenntnisgewinn durch Diskutieren zu beschleunigen, führt nur dazu, daß der Betroffene sich in seine Lieblingsthesen verbeißt. Hier hilft nur Geduld. Akzeptieren Sie, daß der andere so denkt, wie er denkt. Enthalten Sie sich jeder Wertung, und warten Sie ab, bis sein Gefühlsleben sich normalisiert.

Realitätsfremde Sichtweisen

Emotionale Instabilität

Sie zeigt sich in einem Schwanken zwischen gegensätzlichen Gefühlszuständen. In einem Moment beschimpft Ihre Freundin ihre Eltern, Freunde und vergangenen Männer, im nächsten Moment erklärt sie, daß es kein Wunder sei, daß keiner von denen mit ihr etwas zu tun haben will. Oder sie erschlägt Sie mit einem Redeschwall über vergangene und zukünftige Pläne, ohne auf ihre tatsächlichen Schwierigkeiten zu sprechen zu kommen, und ein paar Minuten später verfällt sie grundlos in hartnäckiges Schweigen. Der äußere Anlaß für solche Stimmungsumschwünge ist selten zu erkennen. Stellen Sie sich innerlich darauf ein, aber versuchen Sie nicht, Ihre Fahne in den schnell umschlagenden Wind zu hängen. Versuchen Sie nicht, einerseits den Redeschwall zu bremsen, und andererseits, sobald Ihre Freundin schweigt, sie

Gefühlschaos

zum Reden aufzufordern. Solche Appelle verhallen wirkungslos. Akzeptieren Sie diese Umschwünge lieber als etwas ganz
Natürliches. Wenn Ihre Freundin schweigen will, dann schweigen Sie mit ihr. Meist fängt sie nach einiger Zeit von allein wieder an zu reden – nicht selten, indem sie endlich auf das wesentliche Problem zu sprechen kommt. Sie können versuchen,
einen übermäßigen Redeschwall durch körpersprachliches Löschen (siehe vorher) einzudämmen und durch emotionales Spiegeln die dahinterliegende Gefühlsverwirrung zur Sprache zu
bringen.

Anklagender Redestil

**Vorwürfe und
Beschuldigungen**

Wer Rat sucht, beginnt fast immer damit, sich über die Unge-
rechtigkeit des Lebens und das schuldhafte Versagen anderer zu
beklagen. Später richten manche dann auch Anklagen gegen sich
selbst. Anklagen sind ein psychischer Abwehrmechanismus. Solange Schuldzuweisungen verteilt werden, vermeidet man, sich
über eine Veränderung des eigenen Verhaltens Gedanken zu machen – auch bei Selbstanklagen. Wenn ich sage »Ich war schon
immer so« oder »Mit mir ist nichts los, kein Wunder, daß mich
alle Welt ablehnt«, dann verstecke ich mich hinter der Unge-
rechtigkeit des Schicksals, das mich nicht schön, dynamisch
und erfolgreich auf die Welt kommen ließ. Auch hier hilft es
nicht, den anklagenden Redestil zu verbieten, sondern durch
emotionales Spiegeln einen Denkprozeß in Gang zu setzen, bei
dem der Betroffene selbst die Verantwortung für sein Leben übernimmt.

Techniken des Verbergens von Konflikten und Ängsten

**Probleme
verstecken**

Wir alle haben schon in der Kindheit gelernt, Gefühle, seelische
Verletzungen und Unsicherheiten vor den Mitmenschen zu verstecken. Es gilt als erstrebenswert, stark und unangreifbar zu
sein. Bei einem Menschen in Not dringen die Schwächen an die
Oberfläche. In einer Hilfssituation muß der Betroffene seine

schwachen Punkte offenbaren. Das ist einerseits gefährlich – der Zuhörer könnte ja die Schwächen später einmal gegen ihn ausnutzen –, andererseits ein befreiendes Gefühl, darüber sprechen zu können. Nicht wenige leisten sich nur deshalb über Jahre einen teuren Therapeuten, um sich vor einem aufmerksamen Unbeteiligten die lange verborgenen Konflikte von der Seele zu reden. Wie weit sich Ihre beste Freundin vor Ihnen offenbart, hängt davon ab, wie groß ihr Vertrauen zu Ihnen ist. Aber selbst wenn Ihr Verhältnis zueinander gar nicht besser sein könnte – sie wird nicht sofort mit ihren tiefsten Geheimnissen herausplatzen. Die Selbstoffenbarung ist ein Prozeß, der Zeit braucht. Meist wird der Hilfsbedürftige die eine Geschichte beichten, um dadurch eine andere, wesentlichere Sache um so besser verbergen zu können. Die Empfehlung, Ratschläge und fertige Lösungen zu vermeiden, beruht nicht zuletzt auf der Einsicht, daß Ihnen Ihr Partner wahrscheinlich nie alles offenbaren wird, was Sie wissen müßten, um für ihn eine optimale Lösung zu finden.

Die Psychologie und die Psychoanalyse haben eine Reihe von Verhaltensstrategien gefunden, mit denen Menschen Konflikte und unangenehme Gefühle vor sich selbst und anderen verbergen. Sie werden als Abwehrmechanismen bezeichnet. Die wichtigsten finden Sie in der Übersicht auf den folgenden Seiten.

Abwehrmechanismen

1. Verdrängung: Nicht-Wahrhaben-Wollen eines Erlebnisses, eines Wunsches oder Bedürfnisses. Das Verdrängte geht nicht verloren, sondern bleibt in Gestalt widersprüchlicher Gefühle und innerer Konflikte erhalten.

2. Rationalisierung: Nachträglich findet der Betreffende eine »vernünftige« Scheinbegründung für impulsives, triebhaftes Verhalten. Wir neigen dazu, beweisen zu wollen, daß wir uns bei all unseren Handlungen stets etwas Sinnvolles gedacht haben, daß wir planvoll und umsichtig vorgingen.

3. Substitution: Ausrichtung einer impulsiven Handlung auf ein Ersatzobjekt. Beispielsweise die Wut an dem Gesprächspartner abreagieren, weil derjenige, über den wir uns in Wahrheit ärgern, gerade nicht greifbar ist. Auch das Zerschmettern von Geschirr fällt in diese Kategorie.

4. Projektion: Eigene Wünsche und Bedürfnisse werden nicht eingestanden, sondern einer anderen Person zugeschrieben. Zum Beispiel: Jemand kommt mit seinem Geld nicht aus. Statt sein eigenes Verhalten zu ändern, schimpft er auf die Verschwendungssucht des Staates, die er aus seinen Steuern mitfinanzieren muß.

5. Vermeidung: Was Angst einflößt und unangenehm wirkt, das sucht man zu umgehen. Die Furcht vor Risiken hat zur Folge, daß wichtige Erfahrungsbereiche aus dem Leben ausgeblendet werden. Man zeigt nur dort Initiative, wo man sich sicher fühlt. Vermeidung geht oft mit Ohnmachtsgefühlen einher: Wer einige Male erfahren mußte, daß er nichts ändern kann, sucht sich andere Betätigungsfelder. Das ist eine der wichtigsten Quellen für die vielbeklagte Politikmüdigkeit und die sinkende Beteiligung an Bundes-, Landes-, Kommunal- und Europawahlen.

6. Sublimierung: Gefühle und Wünsche, die als primitiv oder gar pervers gelten, werden auf Gebieten abreagiert, die als sozial wertvoll eingeschätzt werden. Ein aktueller Witz illustriert diesen Mechanismus: Ein Junge sagt zu seinem Vater: »Ich wünsche mir zum Geburtstag einen Panzer.« Der Vater: »Kriegsspielzeug? Auf keinen Fall!« Entgegnet sein Sohn: »Dann wünsche ich mir einen Panzer und einen Blauhelm.« Der Vater: »Friedensmission? Ja, wenn das so ist …«

7. Identifizierung: Übernehmen der Gründe jener Autorität, die die fraglichen Wünsche, Gefühle und Bedürfnisse negativ bewertet oder verbietet. Beispiel: Ein Mann schaut gern jedem hübschen Mädchen hinterher – zum Ärger seiner Frau, die daraufhin tagelang nicht mehr mit ihm spricht und sich nicht von ihm berühren läßt. Weil er seine Frau nicht verlieren, sich ihr aber auch nicht einfach unterordnen will, macht er sich jetzt alle moralischen Urteile der Gesellschaft zu eigen, die Untreue verurteilen. Bei Zusammenkünften mit seinen Freunden erlebt man ihn von nun an als besonders eifrigen Verfechter lebenslanger ehelicher Treue.

8. Überkompensation: Statt seine Schwierigkeiten zu beseitigen, sucht der Betreffende zum Ausgleich überdurchschnittliche Erfolgserlebnisse auf einem anderen Gebiet. Zum Beispiel: Jemand hat keine Ausstrahlung auf Frauen, stürzt sich statt dessen auf seine Arbeit, macht Karriere und hofft, seine Chancen beim anderen Geschlecht mit seinem sozialen Aufstieg zu verbessern – eine durchaus realistische Hoffnung.

9. Regression: In Konfliktsituationen greift das Individuum auf frühkindliche Verhaltensweisen zurück, zum Beispiel auf Trotzreaktionen, jähe Wutausbrüche, Schmollen und Weinen.

10. Konversion: Psychische Konflikte werden »geschluckt« und verwandeln sich in körperliche Symptome. Nach einiger Zeit treten sie als psychosomatische Krankheiten in Erscheinung. Das sind funktionelle Störungen, die von Kopfschmerzen bis zum Herzinfarkt reichen, für die der Arzt aber keine organische Ursache ausmachen kann.

Zögernde Neuorientierung

Die genaue Kenntnis dieser Mechanismen ist für die Erste Hilfe nicht immer ein Gewinn. Die Freude über einen richtig erkannten psychologischen Zusammenhang verleitet den Helfer, dem Partner die gerade gefundene Interpretation seiner Probleme mitzuteilen. Das zwingt diesen sich mit der Deutung auseinanderzusetzen – in der Regel abwehrend. Der unbefangene Laie hat in diesem Moment durchaus Vorteile.

Rückschläge. Nehmen wir an, Sie haben mit ihrer Freundin zwei, drei Gespräche geführt. Sie kam am Ende der letzten Zusammenkunft allmählich zu der Einsicht, daß sie an dem Bruch mit Ihrem langjährigen Gefährten nicht ganz unschuldig ist. Bei Ihrem nächsten Treffen fällt sie jedoch in den Anfangszustand fortgesetzter Anklagen zurück. Sie sind verständlicherweise enttäuscht. Das Falscheste wäre es, Ihrer Freundin zu sagen: »Na hör mal, du hast doch beim letzten Mal selbst zugegeben, daß es ohne deine Sturheit nicht zu diesem Bruch gekommen wäre.« Ein solcher Satz kann das Ergebnis aller bisherigen Gespräche wieder über den Haufen werfen.

Mit Rückschlägen ist zu rechnen. Der Mensch ist kein Automat; gedankliche und gefühlsmäßige Neuorientierung ist ein Prozeß, der Umwege und Kurven beinhaltet. Es kann durchaus vorkommen, daß Ihrer Freundin beim letzten Mal ein Licht aufgegangen ist, diese Selbsterkenntnis sie aber so erschreckt hat, daß sie sie zunächst zu verdrängen sucht. Wenn Sie den Rückschlag genauso akzeptieren wie alles andere, was sie bisher sagte, und in Ruhe das therapeutische Gespräch weiterführen, wird sie nach einer Weile von selbst auf die Selbsterkenntnis aus der vorigen Zusammenkunft zurückkommen. Hier gilt es, abzuwarten und nicht zu drängen. Sich Zeit lassen ist paradoxerweise die zeitsparendste Weise zu helfen.

Notfall-situationen

Sie kennen nunmehr die Arzneien, die Ihnen die Hausapotheke des Seelenhelfers zu bieten hat. Sie wissen, welche Anforderungen bei einem Notfall auf Sie zukommen, was für Methoden Ihnen zur Verfügung stehen, mit welchen Besonderheiten Sie bei dem Betroffenen zu rechnen haben und welche möglichen Fehler zu vermeiden sind. Krisenfälle in Ihrer Umgebung werden Sie nicht mehr unvorbereitet treffen. Was Sie jetzt noch benötigen, ist das Wissen, wie Sie diese Arzneien – also Einstellungen, Einsichten und Gesprächsmethoden – in den unterschiedlichen Krisensituationen optimal verabreichen können.

Besonderheiten von Notsituationen

Die folgenden Kapitel beschreiben die wichtigsten Fälle, in denen psychische Erste Hilfe erforderlich wird. Ich beginne mit jenen dringenden Notfällen, die jeder von uns gedanklich mit Blaulicht und Rettungswagen assoziiert, in denen ein dramatisches Ereignis nur wenige Sekunden Zeit zum Überlegen läßt – dann müssen wir handeln. Das sind Situationen, in denen Sie am ehesten vom Grundmodell des Erste-Hilfe-Gesprächs abweichen werden, das Sie im letzten Kapitel kennenlernten. Die Schnelligkeit, mit der geholfen werden muß, und die Bedrohlichkeit des Geschehnisses für den Betroffenen verlangen von Ihnen rasche Maßnahmen, um das Opfer überhaupt erst einmal einem stabilisierenden Gespräch zugänglich zu machen.

Später behandle ich jene Fälle, in denen Ihnen mehr Zeit zur Verfügung steht, also Krisen, Konflikte und Verhaltensstörungen, die eine längere Vorgeschichte haben. In jedem Abschnitt gebe ich eine Beschreibung der Situation und der Störung sowie möglicher Ursachen. Soweit erforderlich, erhalten Sie an dieser Stelle schon Hinweise für weitergehende Maßnahmen wie längerfristige Selbsthilfe oder das Aufsuchen eines professionellen Therapeuten.

Unfälle und Überfälle

Abendstunde, Einbruch der Dämmerung. In einer Hauseinfahrt liegt eine ältere Frau. Sie atmet schwer und stöhnt leise. Sie entdecken Blutspuren. Statt den Blick abzuwenden und weiterzugehen, laufen Sie in das Café zwei Häuser weiter und alarmieren Polizei und Rettungsdienst. Dann eilen Sie zu der Verletzten zurück. Inzwischen haben sich einige Schaulustige angesammelt, die sich die Hälse verrenken, Vermutungen anstellen oder von eigenen früheren Erlebnissen mit Unfällen und Überfällen berichten. Einer schlägt vor, die Person in die stabile Seitenlage zu bringen, weiß aber nicht mehr genau, wie das geht. Ein anderer, offenbar eifriger Krimileser, behauptet, daß nichts verändert werden darf, für den Fall, daß es sich um ein Verbrechen handelt. Ein dritter meint, die Frau sei betrunken und ihr sei recht geschehen. Sie schauen immer wieder die Straße hinunter, ob nicht endlich Polizei und Krankenwagen eintreffen. Die Frau am Boden scheint immer noch unter Schock zu stehen. Was tun in der Zwischenzeit?

Bemerkenswert an dieser Situation ist die Hilflosigkeit nicht nur des Opfers, sondern auch der Umstehenden. Kaum jemand fühlt sich fähig, Verantwortung zu übernehmen und kompetent einzugreifen. Das liegt nicht nur an der Mentalität der Bewohner anonymer Großstädte, bei unangenehmen Begegnungen lieber beiseite zu schauen und die Einmischung anderer zu überlassen. Entscheidend für die Hilflosigkeit ist vielmehr das plötzliche Erschrecken darüber, in eine Situation geraten zu sein, für die einem keine bewährten Verhaltensweisen zur Verfügung stehen. Die meisten hoffen, nie in ein solches Vorkommnis verwickelt zu werden.

Daß sich diese Hoffnung erfüllt, wird immer weniger wahrscheinlich. Es steigt nicht nur die Zahl der Opfer von Verkehrsunfällen und kriminellen Delikten. Auch die zunehmende Vereinzelung – das Singledasein – trägt dazu bei, daß sich Notfälle häufiger als früher in einer anonymen Öffentlichkeit ereignen statt im geschützten Rahmen der Familie.

Ein plötzlicher Notfall

Hilflosigkeit der Zeugen

Wie können Sie in einem solchen Fall – das Opfer scheint nicht oder kaum bei Bewußtsein, Sie wissen nicht genau, was passiert ist und was ihm fehlt – sinnvoll helfen? Die Dortmunder Psychologen Bernd Gasch und Frank Lasogga (1995) haben in einem mehrjährigen Forschungsprojekt, das noch nicht abgeschlossen ist, professionelle Helfer wie Feuerwehrleute, Sanitäter, Polizisten, Sozialarbeiter und Krankenhauspersonal, aber auch Opfer von Unfällen nach ihren Erfahrungen befragt. Bei der Frage, welche Maßnahmen Menschen in problematischen Situationen guttun, stellten die Helfer das Gespräch mit den Opfern und die fachliche Kompetenz (reibungslose Organisation der technischen Abläufe, sichere Anwendung medizinischer Maßnahmen, sicherer Umgang mit gaffenden Zuschauern) in den Vordergrund. Beim Gespräch kommt es vor allem auf dessen beruhigende Wirkung und die Fähigkeit an, zuhören zu können.

Beruhigen und zuhören

Vorsichtiger Körperkontakt

Die Betroffenen fanden es entlastend, wenn sie nicht allein gelassen wurden. Vor allem ältere Menschen hielten vorsichtigen Körperkontakt für hilfreich. Dazu gehören das Halten der Hand, leichte Berührungen an der Schulter sowie das Abwischen von Schweiß von der Stirn. Nützlich ist es auch, den Verletzten in eine angenehme Lage zu drehen oder eine Decke unter- oder überzulegen (sofern möglich). Berührungen an anderen Körperregionen, insbesondere intensivere Berührungen am Kopf, wurden eher als unangenehm erlebt. Sowohl Helfer wie Betroffene fanden es wichtig, daß der Helfer Informationen gibt, welche Maßnahmen er ergreift. Dagegen will in diesen ersten Minuten kaum jemand detailliert über seinen Zustand aufgeklärt werden. Am wichtigsten ist offenbar, nicht passiv daneben zu stehen, sondern sich um Hilfsbedürftige zu kümmern. Auf die Frage, welche Verhaltensweisen schädlich oder unnütz sind, wurden den beiden Dortmunder Psychologen die gleichen Handlungen genannt, die ich schon im vorigen Kapitel »Verbotsschilder« beschrieb. Es ist schädlich, den Verunglückten Vorwürfe zu machen, auch dann, wenn das naheliegt (sie also durch eigenen Leichtsinn in ihre unangenehme Lage geraten sind). Der Hilfsbedürftige muß sich erst wieder fangen, bevor man mit ihm über Feh-

Vorwürfe vermeiden

ler und Lehren diskutieren kann. »Gute Ratschläge« und Besserwisserei von Umstehenden wurden ebenfalls negativ beurteilt. Selbst bei anscheinend bewußtlosen Opfern sollte man
vermeiden, laut darüber zu spekulieren, was dem am Boden Liegenden fehlen könnte. Es ist nicht auszuschließen, daß der Betroffene diese Äußerungen (zumindest in ihrem Tonfall) noch
wahrnimmt. Ebenfalls zu vermeiden sind Hektik bzw. Teilnahmslosigkeit. Ruhiges, aber bestimmtes Auftreten gilt als optimal.
Die Methode der Polizei, zuerst nach Personalien und Unfall-
hergang zu fragen, ohne Verständnis für die psychische Verfassung der Opfer zu zeigen, wurde von einigen Befragten bemän-
gelt. Die Untersuchung brachte auch ans Licht, daß viele
Menschen glauben, jeder Hilfsbereite würde sich im Ernstfall
instinktiv richtig verhalten und die hier genannten Verhaltensregeln seien eigentlich Selbstverständlichkeiten. Bei einer Über-
prüfung anhand einer simulierten Herzattacke eines Untersu-
chers zeigte sich, daß die gleichen Personen völlig verwirrt oder
entgegen den Regeln handelten, als sie dann tatsächlich unerwartet Erste Hilfe leisten sollten.

Bei Unfällen und Überfällen ist es sinnvoll,

▶ Ruhe zu bewahren
▶ Gesprächskontakt herzustellen und zu halten
▶ vorsichtigen Körperkontakt zu suchen
▶ sicher aufzutreten und Kompetenz zu zeigen
▶ Informationen zu geben über Maßnahmen, die eingeleitet
  worden sind
▶ Schaulustige fernzuhalten oder zu beschäftigen.

Unnütz oder schädlich sind

▶ das Opfer sich selbst zu überlassen
▶ Vorwürfe
▶ Ratschläge
▶ Belehrungen oder Besserwisserei
▶ Hektik oder Teilnahmslosigkeit (Passivität)

(nach Gasch/Lasogga 1995)

Basisregeln für die Erste Hilfe bei Unfällen und Überfällen

1. Sage, daß du da bist und daß etwas geschieht!
Der Verletzte soll spüren, daß er in seiner Hilflosigkeit nicht allein ist. Gehen Sie zu dem Betroffenen hin. Schon der einfache Satz: »Ich bleibe bei Ihnen, bis der Krankenwagen kommt« wirkt entlastend und beruhigend. Er soll auch in den folgenden Minuten weiter über eingeleitete Maßnahmen informiert werden, zum Beispiel »Gleich kommt der Krankenwagen« oder »Sie kommen in gute Hände. Ich habe gerade das Rote Kreuz angerufen; sie sind schon unterwegs«.

2. Schirme den Verletzten vor Zuschauern ab!
Neugierige Blicke sind für Hilflose unangenehm. Plazieren Sie sich so, daß Sie eine Barriere zwischen dem Opfer und den Zuschauern bilden. Weisen Sie Schaulustige freundlich, aber bestimmt zurück: »Bitte treten Sie zurück!« Störenden Zuschauern, die überflüssige Ratschläge erteilen oder von eigenen und gehörten Erlebnissen berichten, geben Sie eine Aufgabe! Sagen Sie zum Beispiel »Kümmern Sie sich bitte darum, daß die Unfallstelle abgesichert ist« oder »Helfen Sie mir bitte, die Zuschauer auf Distanz zu halten, und sorgen Sie für Ruhe!«

3. Suche vorsichtigen Körperkontakt!
Halten Sie die Hand oder die Schulter des Betroffenen; das wird als angenehm und beruhigend empfunden. Berührungen am Kopf und an anderen Körperteilen wirken dagegen eher beängstigend und sind deshalb zu vermeiden. Begeben Sie sich auf die gleiche Höhe wie der Verletzte, knien Sie neben ihm, oder beugen Sie sich herab. Bleiben Sie in einem Abstand von einem halben bis zu einem Meter. Wenn der Verletzte durch Kleidung eingeengt wird, friert, unbequem liegt oder seine Sachen zerrissen sind, bringen Sie

ihn in eine bequemere Lage[3] und legen Sie eine Decke über ihn.

4. Sprich und höre zu!

Sprechen kann für den Verletzten wohltuend sein. Wenn er redet, hören Sie geduldig zu. Sprechen Sie auch von sich aus in ruhigem, bestimmtem Tonfall, auch zu Bewußtlosen. Das beruhigt nicht nur das Opfer, sondern auch Sie selbst und die Umstehenden. Vermeiden Sie Vorwürfe, Ratschläge, Belehrungen. Fragen Sie: »Soll jemand benachrichtigt werden?« Informieren Sie die eintreffenden professionellen Helfer darüber. Sollten Sie Mitleid verspüren – zeigen Sie Ihre Gefühle.

(leicht verändert nach Gasch/Lasogga 1995, S. 32)

Gasch und Lasogga haben ihre Erkenntnisse in vier einprägsamen Basisregeln formuliert, die Sie in der Übersicht finden. Sofern der Betroffene bei Bewußtsein ist, müssen Sie mit seelischen Schocksymptomen (Zittern, Schweißausbrüche, Weinkrämpfe, Erbrechen) rechnen. Panikreaktionen treten auf: Wechsel von Anklammern und Abwehr, überstürzter Redefluß, wobei bestimmte Sätze ständig wiederholt werden, plötzliche Lachanfälle und sogar Äußerungen von Galgenhumor. All das ist Ausdruck einer ungeheuren emotionalen Spannung, unter der das Opfer steht. Die beste Hilfe leisten Sie, wenn Sie Ihrerseits emotionale Stabilität zeigen. Bleiben Sie ruhig, egal ob der andere sich anklammert oder Sie zurückstößt. Lassen Sie sich auf keinen Fall in eine Diskussion über Anklagen, Gefühle oder flehende Bitten verwickeln. Wiederholen Sie mit fester Stimme, daß Hilfe unterwegs ist und daß Sie bis dahin bei ihm bleiben. Sollte das Opfer sich bereits so weit gefangen haben, daß es von sich aus

Schocksymptome

3 Bei Verdacht auf schwere Knochenbrüche, innere oder Wirbelsäulenverletzungen darf der Kranke nicht oder nur mit größter Vorsicht bewegt werden!

anfängt, über das Vorgefallene zu sprechen, können Sie die (meist extremen) Gefühle des anderen emotional spiegeln. Aber seien Sie zurückhaltend mit jeder Art von Kommentar, und verbieten Sie den Umstehenden, sich Ihrerseits mit Bemerkungen einzumischen. Das Opfer ist in diesem Moment psychisch äußerst labil. Es ist durchaus möglich, daß eine anscheinend harmlose Bemerkung einen erneuten seelischen Schock auslöst.

Ein Opfer sieht seinen Anteil an einem Unfall oder Überfall häufig anders als ein unbeteiligter Beobachter. Es versucht nach außen eine Mitschuld zu leugnen, ist aber innerlich häufig überzeugt, daß es nicht zu dem Vorfall gekommen wäre, wenn es sich anders verhalten hätte. Dafür werden so irrationale Argumente herangezogen wie »Wäre ich heute zu Hause geblieben« oder »Was habe ich nach zehn eigentlich auf der Straße zu suchen« bis zu »Schon als Kind, als ich auf dem Eis eingebrochen war …«. Es dauert meist Wochen oder Monate, bis die Beteiligten den Hergang realistisch einschätzen. Kommentare, Interpretationen oder direktive Anweisungen (»Nun reißen Sie sich mal zusammen«) unmittelbar nach dem Vorfall wirken bedrohlich.

Besonderheiten bei Vergewaltigungsopfern

Opfer von sexuellen Gewalttaten sind besonders gefährdet. Sexualität wird einerseits durch die Medien in großem Umfang in die Öffentlichkeit getragen und dort als lustvoll, geheimnisvoll und gefährlich dargestellt. Im persönlichen Erleben bleibt sie andererseits intim und privat. Der Umgang der Betroffenen selbst, aber auch ihrer Umgebung, mit einer solchen Straftat ist von diesen Widersprüchen geprägt und erschwert den Prozeß der psychischen Verarbeitung.

In Deutschland werden jährlich etwa 7000 Vergewaltigungen zur Anzeige gebracht. Die Dunkelziffer ist sehr hoch, sie beträgt schätzungsweise das Zehn- bis Zwanzigfache. Daß die Betroffenen den Weg zur Polizei scheuen, hat gute Gründe. Viele der **Angst der Opfer** Frauen, die die Tat zur Anzeige brachten, berichteten hinterher, daß sie diesen Weg kein zweites Mal gehen würden. Sie stießen

bei der Polizei fast immer auf Unverständnis und Ungläubigkeit, die Beamten stellten Fragen, aus denen Zweifel an der Wahrheit der Aussagen des Opfers herauszulesen waren. Das Verfahren wurde von den Frauen als demütigend und diskriminierend
empfunden.

Die offizielle Begründung der Polizei lautet, man wolle Falschanzeigen vermeiden. Eine zu diesem Problem durchgeführte Ak-
tenanalyse zeigte aber, daß der Anteil von Falschanzeigen bei
nur etwa einem Prozent liegt; diese wurden im Laufe des Verfahrens schnell aufgedeckt. Im Strafverfahren selbst müssen sich
die Opfer vom Verteidiger des Täters Unterstellungen bezüglich
der eigenen Schuld gefallen lassen. Ihr Intimleben wird an die
Öffentlichkeit gezogen. Vor versammeltem Publikum müssen sie
die schrecklichen Minuten noch einmal durchleben. Hinzu kommt
die Angst vor Freispruch und Rache des Täters.

Vergewaltigung ist in erster Linie eine Gewalttat. Dem Täter geht **Geschädigt**
es nicht um seine sexuelle Befriedigung, sondern darum, sein **durch Gewalt**
Opfer zu demütigen. Die Sexualität ist nur das Mittel, um sein
Ziel zu erreichen. Folgerichtig leiden die Betroffenen auch am
meisten unter Erniedrigung, Angst, Ekel und Schock. Da der
Täter massive Drohungen einsetzt, um sein Opfer gefügig zu
machen, fürchten die meisten der Frauen in dieser Situation tatsächlich um ihr Leben. Der Gedanke, überleben zu wollen, bestimmt alle Reaktionen. Zugleich wissen sie, daß das Geschehene von der Gesellschaft nur dann als Gewalttat akzeptiert wird,
wenn sie sich wehrten. Allerdings ist ihnen klar, daß sie damit
schwere Aggressionen von seiten des Täters riskieren. In einer
Telefonbefragung von Opfern stellte Maren Licht (1991, S. 42)
fest, daß sich in der Tat nur ein Viertel der Frauen körperlich zur
Wehr setzte. Die meisten reagieren mit Reden, Flehen, An-das-
Gewissen-Appellieren oder Weinen. 85 Prozent sagten, ihre Versuche, den Täter zu beeinflussen, hätten keine Wirkung gehabt.
Nur eine brachte den Täter erfolgreich von seinem Vorhaben ab,
eine andere handelte einen Kompromiß aus. Bei einer führte die
körperliche Gegenwehr dazu, daß der Angreifer noch brutaler
wurde.

Die Legende vom heimlichen Einverständnis

Obwohl längst durch Forschungen widerlegt, wird den Opfern in der Öffentlichkeit immer noch unbewußtes Provozieren oder heimliches Einverständnis unterstellt. Das ist vor allem dann der Fall, wenn Opfer und Täter sich kennen, wenn also jemand aus dem Bekannten- oder Verwandtenkreis heraus Sexualität mit brutalen Mitteln erzwingt. Das ist weit häufiger der Fall, als es die Darstellungen der Boulevardpresse ahnen lassen. Der Überfall durch einen bewaffneten Unbekannten ist eher die Ausnahme. Diese »klassische« Vergewaltigung wird auch am ehesten zur Anzeige gebracht, weil die Öffentlichkeit in diesem Fall leicht von der Schuldlosigkeit des Opfers zu überzeugen ist. Täter aus dem eigenen Umfeld gehen oftmals brutaler vor als Unbekannte.

Das Verhalten des Umfelds

Fast alle Frauen erlebten nach der Tat in ihrer Umgebung mangelndes Verständnis und Ratlosigkeit, so daß sie zu der Überzeugung kamen, die psychischen Folgen allein durchstehen zu müssen. *Negativ* wurden erlebt:

▶ Vorwürfe vom Partner, der Polizei und den Eltern
▶ Skepsis, Ungläubigkeit und der Verdacht, harmlose Geschehnisse zu übertreiben
▶ schneller Gesprächsabbruch und Rückzug von Partnern und Bekannten
▶ Bagatellisieren (»Sei froh, daß du nicht verletzt bist«)
▶ Ungeduld (»Es ist vorbei, nun reiß dich mal zusammen«)
▶ Erschrecken und Abwehren.

Positiv erlebt wurden:

▶ Akzeptieren und Bestätigen, daß das Opfer gerade etwas Furchtbares erlebt hat
▶ Mitgefühl und Rücksichtnahme
▶ vorurteilsfreies Zuhören
▶ aktive Unterstützung, zum Beispiel bei der Anzeige und anderen institutionellen Schritten.

Die seelische Verarbeitung dauert Jahre

Die seelische Verarbeitung, vorausgesetzt, daß sie überhaupt gelingt, nimmt in aller Regel mehrere Jahre in Anspruch. Anfangs leiden die Frauen unter dem »Rape Trauma Syndrom«, einer Streßreaktion, die den psychischen Gesamteindruck verändert. Das Opfer versucht entweder seine chaotischen Gefühle zu kontrollieren und verbirgt sie deshalb hinter einer Maske scheinbarer Ruhe. Die Folge sind oft psychosomatische Beschwerden, also körperliche Reaktionen auf seelische Konflikte, zum Beispiel Übelkeit, Erbrechen, Appetitlosigkeit, Schlaflosigkeit, Nervosität. Oder es reagiert hyperexpressiv: Gefühle wie Wut oder Furcht werden ausgelebt in Spannungszuständen, plötzlichem Weinen, Schluchzen, Unruhe oder auch ständigem unangemessenem Lächeln. Bei vielen wechseln in den ersten Wochen Dämmerzustände des automatischen Vor-sich-hin-Lebens mit Weinkrämpfen in schlaflosen Nächten ab.

Erst danach setzt ein allmähliches Begreifen ein. Scheinbar kehren die Betroffenen zur Normalität zurück, in Wahrheit wird das Erlebnis weitgehend verdrängt und das damit verbundene seelische Leid unterdrückt. Als Folge verändert sich das Körpergefühl. Freß- und Magersucht sind häufig, ebenso Vernachlässigung des eigenen Körpers oder umgekehrt exzessiver Waschzwang. Vielfältige Ängste treten auf, insbesondere vor Menschenansammlungen, Dunkelheit, bestimmten Orten (U-Bahn, einsame Plätze), fehlenden Fluchtmöglichkeiten und Personen, die sich hinter der Betroffenen befinden. Das Selbstwertgefühl ist erschüttert. Viele werden mißtrauisch und depressiv, andere werden selbstbewußter und aggressiver, vor allem Männern gegenüber. Medikamentenabhängigkeit und Selbstmordversuche sind nicht selten.

Erst nach Jahren gelingt es vielen (nicht allen!), das Erlebnis bewußt zu verarbeiten, also sich zu den empfundenen Gefühlen zu bekennen und das Geschehene mit seinen Folgen in die eigene Biographie zu integrieren. Das Opfer muß ein neues Bild von sich selbst akzeptieren lernen und dies in seine bisherigen Vorstellungen von sich und der Umwelt integrieren. Nur allmählich gelingt es ihm, seinen eigenen Anteil am Geschehen realistisch einzuschätzen. Die Gefühle für den Täter, anfangs oft Mitleid oder im Gegenteil Mordphantasien, weichen allmählich einer realistischen Wut, die sich auch gegen eigene Schwächen und Nachgiebigkeit richtet.

Der erste Kontakt nach der Tat stellt entscheidende Weichen für

Der erste Kontakt nach der Tat

das seelische Befinden des Opfers in den Folgejahren. Wenn der erste Ansprechpartner unsensibel, vorwurfsvoll und ungläubig reagiert, wird die Betroffene dazu neigen, sich mit dem Erlebnis zu verkriechen. Für den Helfer leiten sich folgende Konsequenzen ab (in Anlehnung an Licht 1991, S. 127):

1. Das Opfer befindet sich in einer tiefen Krise, aber es ist nicht geistig gestört. Man soll es wie eine »Normale« behandeln.

2. Der Helfer soll aktiv auf die Betroffene zugehen und Hilfsangebote unterbreiten. Das Opfer ist aufgrund der Vorurteile der Gesellschaft und der eigenen Verwirrtheit oft nicht in der Lage, selbst nach Hilfe zu suchen.

3. Der erste Schritt muß sein, Gesprächsbereitschaft herzustellen. Akzeptanz, Zuhören, Mitgefühl sorgen dafür, daß sich das Opfer mit seinen seelischen Verletzungen nicht isoliert.

4. Zu institutionellen Schritten darf das Opfer nicht überredet werden. Statt dessen sollten seine eigenen Bedürfnisse nach Strafverfolgung Ermutigung erfahren. Manchmal kann es nötig sein, das Opfer vor rüden Methoden der Behörden zu schützen, zum Beispiel durch die Forderung, daß weibliche Beamte zugegen sind, wenn der Fall untersucht wird. Lehnt das Opfer ab, Anzeige zu erstatten, sollte der Helfer diesen Wunsch akzeptieren.[4]

5. Weitergehende Unterstützung soll zum Ziel haben, der Betroffenen die psychische Belastbarkeit, das Selbstvertrauen und die sozialen Fähigkeiten zurückzugeben, über die sie vor der Tat verfügte. Dieses Ziel kann meist nur teilweise erreicht werden. Als Psychotherapie sind am besten Verhaltenstherapien geeignet, die gezielt Ängste bekämpfen und soziale Fähigkeiten trainieren (siehe Kapitel »Professionelle Hilfe«).

Andere Gewalttaten Übrigens werden auch Männer Opfer von (homosexuellen) Vergewaltigungen. Die psychischen Folgen sind die gleichen wie bei Frauen. Andere schwere Verbrechen – Raubüberfälle, ernste

---

[4] Vergewaltigung ist in der Sprache der Rechtssprechung ein Offizialdelikt, das heißt, die Staatsanwaltschaft ist verpflichtet, eine Vergewaltigung auch dann strafrechtlich zu verfolgen, wenn das Opfer keine Anzeige erstattet, sondern die Behörden über Dritte von der Tat erfahren. Das kann im Extremfall dazu führen, daß das Opfer, wenn es nicht zur Vernehmung erscheint, mit Blaulicht abgeholt und vorgeführt werden kann.

Körperverletzungen, Mordversuche, Geiselnahmen – ziehen sehr ähnliche seelische Folgen für die Betroffenen nach sich, da sie den Gewaltaspekt mit der Vergewaltigung gemeinsam haben. Der Helfer kann sich deshalb in diesen Fällen an den Hinweisen dieses Abschnittes orientieren.

Schockierende Mitteilungen

Jeder weiß, daß Menschen unerwartet an Krebs erkranken, plötzlich nahe Angehörige verlieren oder durch andere Katastrophen aus der gewohnten Lebensbahn gerissen werden. In das Interesse für dramatische Schicksale und das Mitleid für die Betroffenen mischt sich meist die Erleichterung, daß man selbst und das eigene Umfeld von solchen Katastrophen bisher verschont blieben. Aber es ist nur eine Frage der Zeit, bis wir selbst in unserer Umgebung dem Tod und anderen ernsthaften Verlusten begegnen. In aller Regel sind wir schlecht darauf vorbereitet. Unsere Gesellschaft fördert die Verdrängung des Sterbens und Leidens in Randbereiche – abgetrennte Klinikabteilungen, Alten- und Pflegeheime –, damit wir im Alltag nicht dauernd an die Endlichkeit unseres Daseins denken müssen. Wettbewerbs- und Leistungsdenken führt zu einer hohen Wertschätzung von Gesundheit, Jugend und Erfolg. Schmerzen, Scheitern, Alter und Krankheit sind nur so weit interessant, wie sich mit ihrer Bekämpfung (oder wenigstens Milderung) Geld verdienen läßt. Frühere Gesellschaften besaßen bewährte Rituale, die die Verlustbewältigung erleichterten. In der Gegenwart ist es dem einzelnen selbst überlassen, wie er damit fertig wird. Wenn er von einem solchen Verlust erfährt, ist es für ihn deshalb meist ein plötzlicher Bruch, der seine Lebensplanung, Zukunftserwartungen und Identität durcheinanderbringt.

Welche Mitteilung schockiert, ist bei jedem Menschen verschieden. Was den einen völlig aus der Bahn wirft, kann für einen anderen lediglich eine leichte Enttäuschung sein. Für den einen

Dramatische Schicksale

Was den einzelnen schockiert

ist der Tod der Mutter ein schwerer Schlag, den anderen erschüttert die plötzliche Kündigung seines zwanzigjährigen Arbeitsrechtsverhältnisses viel stärker. Entscheidend dafür, ob Hilfsbedürftigkeit besteht, ist immer der Grad der persönlichen Betroffenheit. Im allgemeinen lösen folgende negativen Nachrichten, wenn sie unerwartet eintreffen, beim Empfänger einen seelischen Schock aus:

▶ der Arzt hat eine tödliche Krankheit diagnostiziert (Krebs, Aids)

▶ unerwarteter Todesfall einer nahestehenden Person

▶ Diagnose einer lebenslangen Behinderung oder chronischen Krankheit bei ihm oder dem Lebenspartner

▶ Geburt eines behinderten Kindes

▶ plötzliche Trennung von einem geliebten Partner

▶ schwerer Betrug eines nahen Angehörigen

▶ plötzlicher Verlust einer langjährigen Arbeitsstelle.

Auch andere Ereignisse, wie schwere Unfälle, Brandkatastrophen oder Ungerechtigkeiten, können tiefe Einschnitte in den Lebenslauf darstellen. Wenn die Mitteilung eines solchen Ereignisses bei dem Betroffenen einen schweren Schock auslöst, so versucht er zunächst, die neue Realität zu verdrängen und zu verleugnen. Er aktiviert seelische Abwehrmechanismen (siehe Kapitel »Die Psyche des Betroffenen« Seite 59–61) und hält am Ungewissen fest. Charakteristisch ist auch der Versuch, das Problem zu bagatellisieren (»es wird schon nicht so schlimm sein«) und aufkommende Zweifel, der Schwierigkeit durch Nicht-wahrhaben-Wollen entgehen zu können, beiseite zu schieben. Sind die Fakten so offensichtlich, daß es nicht möglich ist, die Katastrophe zu verdrängen, hilft sich der Betroffene mit der Hoffnung, daß sich alles noch als Irrtum herausstellen wird. Er erinnert sich beispielsweise an Berichte der Presse über verwechselte Aidsproben und Fehldiagnosen.

Der Wunsch, die Realität zu verleugnen

Bei Nachrichten, deren Wahrheit sich sehr schnell unzweifelhaft herausstellt, wie etwa der Tod eines nahen Angehörigen, geht der Schock oft schon nach wenigen Stunden, maximal aber nach zwei Tagen, in Trauer über. Allerdings sind spektakuläre

Fälle bekannt, wo das Offensichtliche geleugnet wurde und der Betroffene gegen allen Augenschein darauf bestand, daß der andere noch lebte. Hilfreich ist hier ein frühzeitiger Kontakt mit dem Verstorbenen. Die Realität des aufgebahrten Toten, die Möglichkeit, in feierlicher Form Abschied zu nehmen, hilft den Angehörigen, die neue Wirklichkeit zu akzeptieren.

Psychischer Schock

Der psychische Schock steht am Anfang eines längeren Prozesses der Verarbeitung des Verlustes, der sich über Monate und Jahre hinziehen kann (näheres im folgenden Kapitel Seite 88). Ob es langfristig gelingen wird, mit der persönlichen Katastrophe fertig zu werden, entscheidet sich schon in den ersten Stunden nach Empfang der Nachricht. Die Seele gerät aus dem Gleichgewicht, wird labil und damit sehr empfänglich für neue Eindrücke. Alles, was in diesen Stunden geschieht, wird viel sensibler wahrgenommen und stellt die Weichen für die Zukunft. Die Zeit scheint sich zu dehnen, die Minuten vergehen unendlich langsam.

Der Versuch, die neue Realität zu verleugnen, wird leider von Ärzten, Angehörigen und Freunden unterstützt, indem sie vertrösten, verschonen und Teile der Wahrheit verschweigen. Das Bemühen, dem Betroffenen die schlimme Nachricht möglichst schonend und häppchenweise beizubringen, erschwert ihm den Weg zu eigenen Wahrheitsfindung. Um so tiefer trifft ihn der Schlag, wenn er schließlich erkennen muß, daß das Entsetzliche schon seit längerem wahr und tage- oder wochenlang verleugnet worden ist. E. Schuchard (1987) hat solche Fälle untersucht und berichtet, daß für einige der betroffenen Menschen an dieser Stelle der Lernprozeß abbrach. Sie versteiften sich darauf, die verharmlosenden Berichte naher Angehöriger für bare Münze zu nehmen, und bestritten alle Wahrnehmungen, die dem widersprachen. Wenn sie mit ihrem Kummer allein gelassen wurden, war dieses Verhalten ein Selbstschutz vor der als bedrohlich empfundenen Wahrheit. Wer den Kopf in den Sand steckt, wird allerdings auf lange Sicht seinen Realitätssinn verlieren.

Verschonen und vertrösten

Die wichtigste Hilfe bietet ein gesichertes und stabiles Umfeld. Alle anderen Beziehungen des Betroffenen sollten so weiterge-

Ein stabiles Umfeld hilft

führt werden, wie er es bisher gewohnt war. Das nichtdirektive Gesprächsverfahren des emotionalen Spiegelns findet in dieser Situation sein ideales Anwendungsgebiet. Der Helfer sollte auf keinen Fall den unter Schock Stehenden drängen, sich das Unfaßbare sofort und schonungslos einzugestehen. Viel hilfreicher ist es, zu fragen, was er gerade erfahren hat, und aus den Antworten heraus die Gefühle der Ungläubigkeit, des Entsetzens und des Zweifelns zu spiegeln:

▶ »Du bist schockiert zu hören …«;
▶ »Du kannst einfach nicht glauben, daß …«;
▶ »Der Gedanke erschreckt dich …«;
▶ »Du fragst dich, ob sich … nicht einen schlechten Scherz mit dir erlaubt.«
▶ »Du bezweifelst …«
▶ »Du fühlst dich betrogen (beleidigt, angegriffen, …)«
▶ »Du willst einfach in Ruhe gelassen werden.«

Verdrängungen bewußt machen

Wenn sich der Betroffene durch Ihre Hilfe über seine Gefühle des Nicht-wahrhaben-Wollens klar wird, kommt er nach einiger Zeit von selbst dazu, sich genauere Nachrichten zu verschaffen. Sie veranlassen ihn weder, sich an von Ihnen mitleidig hingeworfene Strohhalme zu klammern, noch sich gegen Ihre schonungslose Aufklärung durch starrköpfiges Leugnen zu wehren. Wenn Sie seine Gefühle spiegeln, wird er von selbst nach mehr Information fragen. Dann beantworten Sie seine Frage so nüchtern wie möglich, geben aber nur die Information, die verlangt wurde – nicht mehr. Überlegen Sie selbst, wie Sie sich in einer vergleichbaren Lage verhalten würden. Das Verdrängen von schlimmen Nachrichten hat die positive Funktion, den Schock zu dämpfen, die Wahrnehmung der Katastrophe über einen längeren Zeitraum zu strecken und damit das, was die Psyche pro Minute zu verarbeiten hat, auf ein erträgliches Maß zu reduzieren. Eine »Schocktherapie« wäre genauso schädlich wie ein völliges Verleugnen. Es sollen dem Betroffenen keine Informationen vorenthalten oder entstellt werden, aber das Tempo, in dem er den Verlust für sich akzeptiert, muß er selbst bestimmen. Es sind Fälle bekannt, wo es bei dem Betroffenen zu Panikreaktionen in Form von psychotischen Zusammenbrüchen, Verzweiflungstaten und Selbstmord kam. Er darf nicht gedrängt werden. Mit welchen Komplikationen muß der Helfer rechnen? Erstens ist es möglich, daß in dieser Situation über die gegenwärtige Katastrophe hinaus frühere, lange verdrängte Ängste zum Vorschein kommen. Bei Partnerverlust kann sich herausstellen, daß der Betroffene einst heiratete, weil er Furcht vor Einsamkeit hatte, und solche Ängste kehren nun massiv zurück. Oder er hat jahrelang versucht, gesund zu leben aus Angst, später hilflos zu sein und anderen zur Last zu fallen, und mit der Krebsdiagnose wird diese Besorgnis schneller akut als erwartet. Das kann in schweren Fällen den Helfer überfordern und Anlaß für eine begleitende Psychotherapie oder die Teilnahme an einer Selbsthilfegruppe sein (siehe dazu Kapitel »Professionelle Hilfe« und »Adressen und Telefonnummern« Seite 243–256 und 259 ff.).

Verdrängte Ängste brechen hervor

Zweitens kann es passieren, daß der eingetretene Verlust die Handlungsfähigkeit im Alltag erschüttert. Wenn beispielsweise der Partner weggezogen oder gestorben ist, funktioniert die gewohnte Arbeitsteilung im Haushalt nicht mehr. Während des psychischen Schocks steht der Betroffene zusätzlich noch vor der Notwendigkeit, seinen Lebensstil neu einzurichten. Wenn sich Angehörige entschließen, vorübergehend einige Angelegenheiten des Betroffenen mitzuverwalten, so müssen sie darauf achten, daß dieser sich nicht darauf verläßt, daß sie auf Dauer die Lücke füllen, die der Verschwundene oder Verstorbene hinterlassen hat. Ich erinnere an meine Bemerkungen im vorigen Kapitel über das Setzen von Grenzen für die eigene Hilfsbereitschaft. Sagen Sie eindeutig, in welchem Zeitraum und in welchem Umfang Sie bei der Neuordnung der Lebensgewohnheiten Unterstützung bieten wollen. Der Helfer darf dem Partner seine Pflichten nicht abnehmen, sondern soll ihn lehren, sie in Zukunft selbst zu übernehmen. Die gemeinsame Beschäftigung mit den kleinen Dingen des Alltags ist übrigens eine hervorragende Möglichkeit, dem anderen die Umstellung auf die neue Realität zu erleichtern.

Auswirkungen im Alltag

Situationen, die Einmischung verlangen

Der Berliner Kripobeamte Reinhard Kautz hat mit einer Kollegin 105 Tests in U-Bahnen durchgeführt. Er betätigte sich als Anmacher und Belästiger, sie mimte das Opfer. Das Resultat: Männer fühlten sich nur selten verpflichtet einzugreifen. Wenn die Kollegin sich wie ein hilfloses graues Mäuschen benahm, fand sie überhaupt keine Unterstützung. Antwortete sie auf die Belästigung hingegen selbstbewußt, mit lautem Protest, dann machten sich die mitfahrenden Frauen stark für sie.[5]

Männer halten sich zurück

Seit Anfang der neunziger Jahre haben Gewalttaten in S-Bahnen, U-Bahnen und an anderen öffentlichen Plätzen deutlich zugenommen. Die europäischen Länder sind auf dem Wege, sich in der Kriminalität amerikanischen Verhältnissen anzunähern. Da Verbrechen und körperliche Aggressionen immer mit der vollen Aufmerksamkeit der Medien rechnen können, ist die Angst vor Überfällen ebenfalls dramatisch angewachsen. Immer weniger Leute, vor allem Frauen, trauen sich nach der Dämmerung allein auf die Straße. Die vorhandenen Ängste stehen allerdings in keinem Verhältnis zur realen Gefahr: Die Wahrscheinlichkeit, bei einem Verkehrsunfall ums Leben zu kommen, ist deutlich größer als die Gefahr, einem Gewaltverbrechen zum Opfer zu fallen. Am meisten fürchten Frauen, attackiert, verletzt, beraubt und umgebracht zu werden, aber in Wahrheit sind 85 Prozent aller Opfer von Gewalttaten Männer.

Zeugen aktivieren

Bedenklich ist jedoch eine andere Tendenz: Mit steigender Kriminalität sinkt die Bereitschaft zufälliger Zeugen, helfend einzugreifen. Psychologen haben festgestellt, daß es meistens nicht Angst ist, was die Beobachter hindert, dazwischenzugehen, sondern die Unsicherheit, ob man die Situation richtig einschätzt und effektiv Hilfe leisten kann. Vor allem Männer fürchten, sich mit unbeholfenen Bemühungen zu blamieren. Den Wunsch Unbeteiligter, sich herauszuhalten, nutzen die Täter aus.

Wenn Sie in Verkehrsmitteln Gewalttaten beobachten oder selbst

---

[5] Nach einem Bericht des Berliner Stadtmagazins „zitty", Heft 5/1995, S.22f.

angegriffen werden und Sie haben den Eindruck, der oder die Täter könnten Ihnen körperlich überlegen sein, suchen Sie nach Hilfe bei anderen Mitreisenden. Wenden Sie sich möglichst an eine Frau, die einen resoluten Eindruck macht. Frauen sind in der Regel hilfsbereiter als Männer. Ein Mann muß damit rechnen, daß ein Täter sich auf einen Zweikampf mit ihm einläßt, während eine Frau davon ausgehen kann, daß der Angreifer bei ihr Hemmungen hat zuzuschlagen. Wen Sie auch um Unterstützung bitten, begnügen Sie sich auf keinen Fall mit einem einfachen Hilferuf. Sprechen Sie stets die Person, von der Sie sich Beistand erhoffen, konkret an, zum Beispiel: »Sie dort mit der grünen Jacke, bitte helfen Sie mir!«

Frauen meist hilfsbereiter

Ein häufiger Fehler besteht darin, daß das Opfer eines Angriffs viel zu spät reagiert. Wir alle hoffen, wenn es brenzlig wird, daß der Angreifer nicht bis zum Äußersten geht, sondern von selbst aufhört. Je früher sich jemand wehrt, desto besser sind die Aussichten, daß die Gewaltbereitschaft des Angreifers abgewiesen wird. Was zunächst wie ein kleines Geplänkel erscheint, kann schnell eskalieren. Ein Täter schlägt niemals aus heiterem Himmel zu. Er benötigt eine psychologische Vorbereitung. Er führt zuerst sein Gegenüber in seine Opferrolle ein und baut sich als Angreifer vor ihm auf.

Rechtzeitig eingreifen

Sobald jemand unangenehm wird, sollte der oder die Belästigte sich erheben, den Platz wechseln und für alle deutlich vernehmbar verkünden: »So eine Frechheit!« oder »Lassen Sie mich in Ruhe!« Die anderen werden aufmerksam. Mehr als 90 Prozent der Übeltäter ziehen sich zurück, wenn sie merken, daß sich die Situation nicht so entwickelt, wie sie es erwartet haben. Das fällt ihnen im Anfangsstadium noch leicht, sie können hinterherrufen: »Blöde Tussi, ich hab doch gar nichts gemacht«, und der Fall ist erledigt. In einem späteren Stadium sähe ein Rückzug wie eine Niederlage aus; viele Angreifer machen allein deshalb weiter, weil es für sie eine Frage der Ehre und der Demonstration von Stärke ist, die begonnene Auseinandersetzung bis zum bitteren Ende durchzuziehen.

Viel schwieriger ist die Lage, wenn Sie mit dem Täter allein sind.

Allein mit dem Täter

Die gängigen Verteidigungsmittel sind alle unzulänglich. Messer sind gefährlich; wenn der Täter sich auf einen Zweikampf einläßt, kann es für Sie um Leben und Tod gehen. Elektroschokker sind nicht effektiv genug. Tränengas ist so verbreitet, daß die Täter damit rechnen. Sie können ihn damit nur außer Gefecht setzen, wenn Sie den Überraschungseffekt auf Ihrer Seite haben. Reinhard Kautz, der nach seinen Tests in U-Bahnen seit 1992 Anti-Gewalt-Seminare durchführt, empfiehlt den Body-Alarm. Das sind Geräte von der Größe einer Streichholzschachtel, aus denen im Ernstfall ein Stöpsel gezogen wird. Ein schriller Pfeifton lärmt unaufhörlich. Vielleicht wird der Hilferuf gehört – auf jeden Fall nervt der Lärm den Täter und stört ihn erheblich.

Haben Sie kein derartiges Gerät bei sich, können Sie es mit einem Hilferuf versuchen. Dabei nicht »Hilfe!« schreien, sondern »Feuer!«, also eine Gefahr beschwören, die eventuelle Zeugen selbst betreffen könnte. Meist eilen dann einige Leute an ihre Fenster. Unter Umständen schreckt das den Täter ab. Eine weitere Möglichkeit ist die psychologische Verteidigung (siehe auch Naumann 1995, S. 83 f.). Das Entscheidende ist wiederum die Abwehr der Opferrolle im Anfangsstadium. Der Täter erwartet ungefähr folgendes Szenarium.

»He, bleib stehen. Zeig dein Geld her.«

»Ich habe nichts bei mir.«

»Quatsch nicht.« (Zückt sein Messer.)

Psychologische Verteidigung

Mit der psychologischen Verteidigung vereiteln Sie ihm diesen Anfang. Sie ergreifen die Initiative und zwingen ihm ein anderes Szenarium auf. Am einfachsten erreichen Sie das, indem Sie seine Aufmerksamkeit von sich weg auf seine eigene Person lenken.

Wenn der Täter sagt: »He, bleib stehen …«, lassen Sie ihn gar nicht erst ausreden, sondern wenden sich ihm sofort zu: »Sie wünschen?«

»Zeig dein Geld her, sonst ….«

»Was haben Sie da an Ihrer Hand?«

(Oder: an Ihrem Ohr, Auge, Stirn …, als hätten Sie seine Aufforderung nicht gehört. Dabei legen Sie ein gewisses Interesse in Ihren Tonfall.)

»Was?!«

»Nun, der Fleck da. Wissen Sie, was Hautkrebs ist?«

»Quatsch keinen Blödsinn.«

»Ich bin Medizinstudent (Arzt, Krankenschwester). Haben Sie schon mal eine Gewebeprobe untersuchen lassen?«

Wichtig ist nicht, ob Ihr Gegenüber Ihnen die Geschichte mit dem Hautkrebs glaubt, sondern daß Sie ihn hindern, über sein ursprüngliches Thema – Ihr Geld – zu reden. Wenn Sie in diesem Stil fortfahren, unbeirrbar, indem Sie weitere Fragen stellen, erreichen Sie auf jeden Fall zwei Dinge. Sie nehmen die Rolle des verschüchterten Opfers nicht an und verunsichern den Übeltäter. Und Sie gewinnen Zeit. Das kann, wenn der Überfall an einem öffentlichen Ort stattfindet, wo der Angreifer ständig mit dem Auftauchen weiterer Passanten rechnen muß, bereits Ihre Rettung sein. Das Entscheidende an der psychologischen Verteidigung besteht darin, daß Sie, ohne abzuwarten, sogleich mit einer Frage, die inhaltlich nichts mit dem Überfall zu tun hat, die Initiative ergreifen. Und diese Initiative dürfen Sie nie mehr aus der Hand geben. Solange Sie immer weiter fragen, verhindern Sie, daß der Täter Sie auffordern kann, Ihr Geld herauszugeben.

Die Initiative übernehmen

Extreme Lebenseinschnitte (Krisen)

**Akute
Überforderung**

Unter einer seelischen Krise versteht die Psychologie eine akute Überforderung des Systems der gewohnten Verhaltensweisen durch belastende äußere und innere Ereignisse. Es handelt sich dabei um Geschehnisse von wenigen Stunden bis längstens vier bis sechs Wochen. Sie treten plötzlich und überraschend ein, haben etwas Bedrohliches an sich und sind mit Verlusten oder Kränkungen verbunden. Einerseits stellen sie bisherige Werte und Ziele in Frage, erzeugen dadurch Angst und Ratlosigkeit, verlangen aber zugleich nach schnellen Entscheidungen und aktivem Handeln.

Krisen erschüttern das seelische Gleichgewicht. Die Betroffenen haben Schwierigkeiten mit den alltäglichen Kleinigkeiten wie essen, schlafen, arbeiten gehen und den Haushalt besorgen. Sie sind äußerst sensibel. Ein einziges Wort oder ein kritischer Blick kann über Feindschaft und Freundschaft, Kündigung des Arbeitsplatzes oder Wohnung, Gewalttaten oder Selbstmord entscheiden. Krisen enthalten aber nicht nur Gefahren, sondern auch die Chance, Bewegung in eine festgefahrene Lebenssituation zu bringen. Aus dem Gleis geworfen zu werden – das kann den Betroffenen veranlassen, dem bequemen Verharren im Selbstmitleid ade zu sagen und endlich aktiv zu werden, um sein Leben zum Besseren zu wenden.

**Krisen sind
äußerlich
erkennbar**

Eine Krise bringt nicht nur die Seele durcheinander, sondern ist auch äußerlich wahrnehmbar an Erscheinungen wie:

▸ Nervosität, Ängstlichkeit, Unsicherheit
▸ Aggressivität (in Worten und körperlich, gegen andere und sich selbst)
▸ Niedergeschlagenheit (Depressivität)
▸ Fehlverhalten, also Handlungen, die nicht zur Situation passen
▸ getrübte Wirklichkeitswahrnehmung.

Die Verarbeitung einer Krise kann bis zu mehreren Jahren dauern; manchen gelingt sie nie. Sie kann um so besser gemeistert werden, je früher und je entschlossener Hilfe einsetzt. Da in dieser Zeit erhöhte Selbstmordgefahr besteht, kann der von Ihnen geleistete Beistand lebensrettend sein. Typischerweise läuft der Prozeß einer erfolgreichen Krisenbewältigung in mehreren Phasen ab. Am Anfang steht der Schock über das Ereignis. Die Betroffenen versuchen zunächst, das Problem zu verleugnen oder mit den gewohnten Verhaltensstrategien zu meistern. Wenn das nicht gelingt, geraten sie in einen depressiven Zustand, aus dem heraus sie allmählich zu einer Neuorientierung finden. Dabei sind Rückschläge möglich. Mit der Akzeptierung der neuen Lage und der Neuorganisation des Lebens finden die Betroffenen in den Alltag zurück. (Details in den folgenden Abschnitten.) Der Helfer sollte grundsätzlich in folgenden Schritten vorgehen (nach Ciompi 1993, S.21f.):

Schritte der Krisenintervention

▶ *Den Krisenanlaß verstehen.* Was hat zu der Krise geführt? Wie ist die momentane Situation des oder der Betroffenen?

▶ *Das Problem definieren.* Wie sieht der Betroffene seine Schwierigkeiten? Womit kommt er nicht zurecht, und wie würde er seine Lage gern ändern? Wichtig ist, daß sich Helfer und Betroffene auf eine gemeinsame Problemsicht einigen können.

▶ *Gefühle ausdrücken.* Durch emotionales Spiegeln soll Emotionen wie Trauer, Schmerz, Kränkung, Angst, Scham und Schuld, aber auch Wut und Verbitterung Ausdruck verschafft werden, damit der Leidende sie nicht in sich hineinfrißt.

▶ *Konfrontation mit der Realität.* Wie kann man erreichen, daß der Betroffene seine dringlichsten Lebensaufgaben aufrechterhält, also einkauft, zur Arbeit geht, den Kontakt mit Verwandten und Bekannten nicht abreißen läßt? Zu diesem Zweck müssen Helfer und Hilfsbedürftiger unter Umständen einen gemeinsamen Plan aufstellen, der in kleinen Schritten Normalität im Tagesablauf garantiert.

▶ *Nach neuen Lösungen suchen.* Starke Belastungen erfordern mitunter drastische Veränderungen an bisherigen Gewohnheiten. Wenn die bisherigen Schritte kein Ergebnis brachten, muß ein radikaler Bruch mit der aktuellen Situation ins Auge gefaßt werden, zum Beispiel eine Trennung vom Partner, ein Umzug in eine andere Stadt, ein Arbeits- oder Berufswechsel. In anderen Fällen hilft ein neues Hobby, Sich-in-Arbeit-Stürzen, Sport oder eine Psychotherapie.

▶ *Bilanz ziehen.* Hat sich das seelische Gleichgewicht wieder gefestigt, sollte das Ergebnis durch ein rückblickendes Gespräch überprüft werden. Das hilft auch vorbeugend, in Zukunft neue Krisen erfolgreicher zu meistern.

Die folgenden Abschnitte befassen sich mit den Besonderheiten von fünf der häufigsten kritischen Situationen.

Verarbeitung von Todesfällen

Umgang mit Sterbenden und Hilfe für Trauernde

Das Folgende schließt an den Abschnitt »Schockierende Mitteilungen« aus dem vorigen Kapitel an und behandelt zwei Probleme: den Umgang mit Sterbenden und die Hilfe für Trauernde. Die psychischen Probleme sind sehr ähnlich, auch wenn es sich für den Betroffenen einmal um Gefahr für das eigene und im zweiten Fall um den Verlust eines fremden Lebens handelt. In beiden Fällen tritt eine hohe seelische Belastung ein, deren Folgen von Außenstehenden oft unterschätzt werden.

Der Umgang mit Sterbenden

Am Anfang steht in der Regel die ärztliche Diagnose, daß eine Krankheit einen unumkehrbaren Verlauf nimmt und die Schädigung mit den vorhandenen medizinischen Mitteln nicht mehr behoben werden kann. Der Tod wird deshalb in voraussagbarer Zeit eintreten. Die Tatsache, daß die moderne Medizin den klinischen Tod in vielen Fällen weit hinausschieben kann, hat eine öffentliche Diskussion um Sterbehilfe und menschenwürdiges Sterben entfacht. Sie zeigt, daß die maximale Lebensverlängerung um jeden Preis nicht das Ziel eines menschenwürdigen Daseins sein kann. Ein Drittel aller Sterbenden muß heute ein langes Krankenlager hinter sich bringen. Arzt und Angehörige stehen außerdem vor der Entscheidung, ob man dem Todkranken eine Lebenshoffnung erhalten will, die er für den Kampf ums Überleben braucht (und deshalb Teile der Wahrheit

Menschenwürdiges Sterben

verschweigen soll), oder ob die Achtung vor dem Sterbenden verlangt, ihm die Wahrheit zu sagen, damit er sich auf sein Ende vorbereiten kann. Auch Berichte über Menschen, die aus eigener Kraft eine Krebserkrankung überwunden haben, beweisen, daß der Schock, tödlich erkrankt zu sein, Willenskräfte zu mobilisieren vermag, deren Stärke wie ein medizinisches Wunder wirkt.

Sterben ist von Einsamkeit geprägt. Menschliche Nähe und Anteilnahme können dieses Gefühl des Auf-sich-gestellt-Seins mildern. Den Sterbenden an die Hand zu nehmen, durch Körperkontakt Wärme und Geborgenheit zu vermitteln, das ist hilfreicher als die teuerste technische Klinikausstattung. Offene Gespräche – sofern der Todkranke noch bei klarem Bewußtsein ist – bieten ihm Gelegenheit, sich am Ende des Lebens Dinge von der Seele zu reden, zu denen in den Jahren davor der Mut fehlte. Zuwendung und Zuspruch sind nötiger denn je. Ob es angebracht ist, dem Todkranken die Wahrheit über seinen Zustand zu verschweigen, muß im Einzelfall entschieden werden, und zwar nach der Charakterstärke des Betroffenen. Bedenken Sie aber, daß Sterbende durchaus nicht alles glauben, was man ihnen erzählt, und auch nicht jede angebotene Hoffnung ergreifen, wenn sie zu unrealistisch ist. Außerdem können Sie jahrelang aufgebautes Vertrauen mit einem Schlag verspielen, wenn der Kranke Sie in einer so existentiellen Frage bei einer Lüge ertappt.

Sterbende sind einsam

Die amerikanische Psychiaterin Elisabeth Kübler-Ross hat Ende der sechziger Jahre Interviews mit Sterbenden durchgeführt und erkannt, daß – psychologisch gesehen – das Sterben in fünf Etappen verläuft. Wer sie kennt, hat es leichter, beim Gespräch mit einem Todkranken den richtigen Ton anzuschlagen:

Fünf Phasen des Sterbens

1. Nicht-wahrhaben-Wollen. Unmittelbar nach der Diagnose redet sich der Patient ein, daß das alles nicht stimmen oder nicht so schlimm sein könne. Er erinnert sich an Meldungen über Fehldiagnosen und klammert sich daran, daß die statistisch geringe Wahrscheinlichkeit eines glücklichen Ausgangs für ihn zutreffen wird. Nachdem der erste Schock überwunden ist, befallen

Das Sterben verleugnen

den Kranken erste Zweifel an seiner Siegesgewißheit. Er versucht den Zustand des Nicht-zur-Kenntnis-Nehmens jedoch aufrechtzuerhalten, indem er nur solche Informationen aufnimmt, die Ungewißheit und Hoffnung bestärken. Alles, was die düstere Prognose des Arztes bestätigt, überhört und übersieht er. Der Helfer sollte in dieser Zeit nicht versuchen, dem Kranken einen »Realitätsschock« zu verpassen. Die Abwehr der Todesgewißheit bewahrt ihn vor einem seelischen Zusammenbruch. (Immer wieder begehen Menschen, nachdem sie von einer Aids- oder Krebserkrankung erfahren haben, Selbstmord.) Besser ist es, einerseits anzuerkennen, daß immer Hoffnung besteht, ihm aber andererseits zu empfehlen, seine irdischen Angelegenheiten zu regeln für den Fall, daß seine Krankheit – wider Erwarten – eine Wendung zum Schlechteren nimmt.

Aggressionen gegen das Schicksal

2. Zorn. Nach kurzer Zeit setzt sich die Realität durch. Der Kranke wird von Ärger und Wut übermannt, daß gerade ihm so etwas zustoßen muß. Die aggressiven Gefühle richten sich gegen jeden und gegen alles, was er irgendwie mit seiner Krankheit in Verbindung bringen kann: die Krankheit und den Tod selbst, den Arzt und das Versagen der Medizin, Freunde, Verwandte, auch gegen Gott. Viele fressen ihren Zorn jedoch in sich hinein, entweder weil sie einen gehemmten Charakter besitzen oder weil die nächsten Angehörigen Gefühlsausbrüche scharf mißbilligen. Der Betroffene fühlt sich dann schuldig wegen seiner Gefühle; er schämt sich, daß er sich außerstande sieht, sein Schicksal demütig zu akzeptieren. Das kann zu schweren Depressionen führen.

Wenn Sie als Helfer in der Lage sind, den Zorn, der sich ja nicht gegen Sie persönlich richtet, auszuhalten, unterstützen sie den Kranken am besten, mit seinem Gefühlschaos fertig zu werden. Leider reagiert die Umgebung des Kranken auf seine Wutausbrüche meist ebenfalls mit Wut, wodurch ein Teufelskreis sich gegenseitig verstärkender Anklagen entsteht. Dadurch entfremden sich Verwandte noch am Totenbett. Wie können Sie eine Eskalation vermeiden? Verstärken Sie körpersprachlich alle sachlichen Äußerungen des Kranken. Unsinnige Anklagen nehmen

Sie unbewegten Gesichtes zur Kenntnis, ohne zuzustimmen oder zu protestieren. Durch emotionales Spiegeln entlasten Sie ihn und helfen ihm, sich über seine Empfindungen klarzuwerden. Sagen Sie beispielsweise:

»Du findest es ungerecht, daß ausgerechnet dir so etwas zugestoßen ist.«

»Du bist wütend auf … (diese Diagnose, den Arzt, usw.)«

»Du fühlst dich schuldig, weil du vorhin die Schwester angeschrien hast.«

In dieser Phase wird der Kranke sich gegen die Selbsterkenntnis seiner Gefühlslage wehren und deshalb Ihre Äußerungen bestreiten: »Ich bin überhaupt nicht wütend. Aber du mußt doch zugeben …« Fangen Sie auf keinen Fall einen Streit an (»Natürlich bist du wütend ….«). Akzeptieren Sie vielmehr seine Berichtigungen, und spiegeln Sie weiter: »Du meinst also, du ärgerst dich lediglich darüber, wie der Arzt mit dir gesprochen hat.« Damit helfen Sie dem Kranken bald die nächste Etappe zu erreichen.

3. Die Zeit des Verhandelns. Der Patient beginnt mit Gott oder dem Schicksal zu feilschen, um Aufschub zu bitten und Gelübde abzulegen: »Wenn ich diesmal davonkomme, will ich mein Leben völlig umkrempeln, kein Alkohol, keine Zigaretten mehr, werde Sport treiben, großzügige Spenden für die Krebshilfe (Aids-Hilfe usw.) bereitstellen …«

Das ist menschlich und begrüßenswert. Der Helfer sollte den Kranken für seine gute Absichten loben. Hat der Kranke jedoch das Gefühl, der nahende Tod sei eine Strafe für früheres Versagen, Vergehen oder Sünden, setzt der Ausverkauf ein. Dies kann man wörtlich nehmen, denn oft fangen die Kranken an, zahllose Ärzte zu konsultieren, ihr gesamtes Vermögen in die Taschen von Wunderheilern, Religionsgemeinschaften und Wahrsagern zu schaufeln. Dahinter steht nicht allein die Angst vor dem Tod, sondern auch das vergebliche Bemühen, sich von uneingestandenen Schuldgefühlen freizukaufen. Mißlingt dieser Versuch, versinkt der Kranke in Resignation: Er erhält nur, was er verdient.

Mit dem Schicksal feilschen

Der Helfer leistet in diesem Fall schon viel, wenn es ihm gelingt, das Gespräch aufrechtzuerhalten. Dabei sollte er sowohl Selbstanklagen wie Ausflüchte des Kranken, ohne zu streiten zur Kenntnis nehmen und die widersprüchlichen Gefühle aussprechen, mit denen der Patient sich herumplagt. Dann besteht noch eine gewisse Chance, daß der Betroffene schließlich seine Lage akzeptiert und seinen Frieden findet.

Das Ende bleibt unabwendbar

4. Hoffnung oder Verzweiflung. Irgendwann erkennt der Patient zweifelsfrei, daß der Tod nicht mehr aufzuhalten ist. Alle Hoffnung gilt jetzt nicht mehr der Genesung, sondern einem menschenwürdigen Sterben. Es geht darum, Schmerzen zu vermeiden, nicht als Bewußtloser monatelang künstlich am Leben erhalten zu werden, den Nachlaß und die Beisetzung zu regeln und einfühlsame Menschen in den letzten Stunden bei sich zu haben. Der Helfer sollte sachlich mit dem Sterbenden über all das reden, worüber er sich noch Sorgen macht, und ihm unaufdringlich bei der Regelung seiner Angelegenheiten beistehen. Von diesem Zeitpunkt an braucht über Heilungserwartungen und Zukunftsillusionen nicht mehr gesprochen zu werden.

Wenn zuvor der Ausverkauf einsetzte, überkommt den Kranken tiefe Bitterkeit. Er versinkt in Depression und Verzweiflung. Er ist meist sehr still und will mit niemandem mehr reden. Durch Ihre Anwesenheit und Handhalten können Sie sein seelisches Leiden mildern.

Das Schicksal akzeptieren

5. Zustimmung. Am Ende akzeptiert der Sterbende sein Schicksal. Wenn er seine Gefühle bei Ihnen aussprechen konnte, empfindet er Frieden und Gleichmut. Sein Interesse an der Außenwelt läßt nach, er konzentriert sich ganz auf seine letzte Stunde. Er ist bereit, den Tod anzunehmen.

Im Falle der Verzweiflung jedoch wünscht der Patient sogar, daß endlich der Tod kommen und ihn von seiner Verlassenheit und seinem Elend befreien möge.

Das Wichtigste, was Sie zu dieser Zeit leisten können, ist Beistand, also anwesend sein und eine friedliche Stimmung verbreiten.

Die Menschen aus der nächsten Umgebung des Kranken haben

entscheidenden Einfluß darauf, ob es dem Sterbenden gelingt, bis zu Gleichmut und innerem Frieden zu gelangen. Wenn Sie in die Lage kommen, einen Sterbenden in seinen letzten Wochen zu begleiten, kann es nützlich sein, sich mit Fragen der Sinndeutung des Todes zu beschäftigen. Das hilft, sich in das seelischen Befinden des Todkranken einzufühlen. In der Bundesrepublik glauben 48 Prozent nicht an ein Leben nach dem Tod. Dennoch möchten 82 Prozent kirchlich bestattet werden (Köhler 1992). Neben der Tradition, die festlegt, was »ein anständiges Begräbnis« ist, spielt auch das Bedürfnis eine Rolle, auf Nummer Sicher zu gehen. Das belegen auch die Verkaufserfolge von Büchern, die sich mit Erfahrungen aus dem Jenseits beschäftigen. Nichtreligiosität bedeutet also durchaus nicht fehlende Hoffnung auf eine Fortsetzung der Existenz nach dem Tode. Wenn der Sterbende und der Helfer unterschiedliche Auffassungen über Sterben und Jenseits haben, ist besondere Sensibilität im Gespräch erforderlich. Auf keinen Fall sollte die letzten Stunden zur Überzeugungsarbeit für die eigene Auffassung mißbraucht werden.

Sinndeutung des Todes

Bei Ausbruch einer chronischen Krankheit, lebenslanger Behinderung (Erblindung, Querschnittslähmung, Verlust eines Armes oder Beines usw.) und Geburt eines behinderten Kindes erleben die Betroffenen eine ähnliche Krise, die in ihrer Schwere durchaus dem eben Geschilderten gleichkommt. Als Helfer können Sie sich in diesen Fällen an den Ratschlägen für Sterbende orientieren.

Hilfe für Trauernde

Der Verlust einer nahestehenden Person löst einen ähnlichen Prozeß der Neuorientierung aus. Der soziale Status des Hinterbliebenen ändert sich: von der Ehefrau zur Witwe, vom Kind zur Waise, vom Kind zum Familienältesten. Nicht nur äußere Angelegenheiten, sondern auch die eigene Identität muß neu organisiert werden. Die Psychologen sprechen von Trauer*arbeit*, um zu zeigen, was für ein mühseliger Prozeß für den einzelnen

Trauerarbeit

dahintersteht. In der Liste der menschlichen Streßfaktoren rangiert der Tod des Partners auf Platz Eins. Im Durchschnitt erleben wir alle zehn bis fünfzehn Jahre den Tod eines nahen Angehörigen. Es ist also nicht nur für die Hilfe bei anderen, sondern auch für unsere eigene Vorbereitung auf Trauerzeiten nützlich zu wissen, mit welchen Komplikationen wir rechnen müssen.

Da wir selbst Verluste fürchten und die Beeinträchtigungen durch sie als unangenehm empfinden, neigen wir dazu, Trauernde zu meiden. Sie erinnern uns daran, daß Beziehungen von einem Tag zum anderen zerbrechen können, daß wir gegen Tod und Unglück nicht gefeit sind. Zugleich fühlen wir uns ihnen gegenüber hilflos. Trauernde wollen den Verstorbenen zurückhaben. Wer zu helfen versucht, muß mit Enttäuschung rechnen, weil er nicht leisten kann, was der Trauernde unbewußt erwartet. Außerdem belastet die Ohnmacht gegenüber dem Tod auch den Helfer selbst.

Nicht trösten, nicht verschonen

Menschen, die Trauernden helfen wollen, müssen sich vor zwei Fehlern hüten. Einerseits neigen wir dazu, den Betroffenen lediglich zu vertrösten. Wir reden uns ein, wenig tun zu können, auf die Zeit setzen zu müssen, die alle Wunden heilt. Wir geben dem Trauernden das Gefühl, daß er allein mit seinem Schmerz fertig werden muß. Andererseits versuchen manche, aus der »Hilflosigkeit heraus zu helfen« (Kast 1989). Wir behandeln den Betroffenen wie ein rohes Ei, versuchen ihm jede Belastung und jede Verantwortung abzunehmen. Das birgt zwei Gefahren. Der Trauernde, der jede Hilfe gern annimmt, verliert die Fähigkeit, sein Leben selbständig zu gestalten, verläßt sich in allem nur noch auf uns. Und er vertieft sich noch mehr in seinen Schmerz, da jede äußere Ablenkung fehlt. Wenn sich dann keine »Besserung« einstellt, richtet sich Wut des Trauernden über den Verlust auf den Helfer: »Was nutzt mir deine Hilfe, wenn es mir am Ende schlechter geht als vorher?«

Der Helfer sollte sich wie beim Umgang mit Sterbenden zunächst über seine eigene Einstellung zum Tod klarwerden. Wenn es ihm gelingt, ihn als Aspekt des Lebens zu akzeptieren, und weiß, wie sehr uns Verluste aus dem Gleichgewicht werfen, wird er in der Lage sein, Trauernde auf ihrem Weg zu begleiten.

Die Kenntnis der Phasen des Trauerns ist wiederum nützlich für den sensiblen Umgang mit Betroffenen.

1. Nicht-wahrhaben-Wollen. Im Gegensatz zum eigenen Sterben läßt sich die Wahrheit des Geschehens recht einfach erweisen. Wenn anfangs der Betroffene angesichts der Nachricht vom Tod eines nahen Angehörigen wie schockiert ist, das Telegramm oder der Anruf wie ein böser Traum erscheint, löst sich dieser Zustand nach wenigen Stunden oder Tagen, wenn er mit dem Toten selbst konfrontiert wird, ihn aufgebahrt sieht und Kontakt mit anderen Trauernden oder dem Begräbnisunternehmen bekommt. Am Anfang stehen laute Klagen, die meist erst nach der unmittelbaren Konfrontation mit der Wirklichkeit einem stillen Schmerz weichen.

Der Helfer kann zunächst nichts weiter tun, als dafür zu sorgen, daß der Betroffene sich von dem Verlust selbst überzeugt.

2. Gefühlschaos. Sobald der Betroffene die veränderte Wirklichkeit begriffen hat, brechen sehr verschiedenartige, widersprüchliche Gefühle hervor. Der Schmerz über den Verlust paart sich mit der Wut darüber, daß man ausgerechnet jetzt im Stich gelassen wurde. Angst, Ärger, aber auch Schuldgefühle brechen hervor. Gleichzeitig kann Freude und Erleichterung aufkommen, daß endlich ein neuer Lebensabschnitt beginnen kann. Da unsere Gesellschaft in dieser Situation allein Trauer und seelischen Schmerz als »anständige« Gefühle akzeptiert, kann es schnell passieren, daß der Betroffene sich zugleich wegen seiner Wut und seiner Freude schuldig fühlt. Daher leiden Trauernde in dieser Phase unter Schlaflosigkeit und haben das Gefühl, sich zusammennehmen zu müssen.

In dieser Zeit helfen Gespräche, die dem Betroffenen ermöglichen, seine Gefühle auszudrücken. Wichtig ist, daß er merkt, daß auch die Wut und die Freude auf Verständnis stoßen. Das heißt nicht, daß Sie als Gesprächspartner zugestehen, Sie würden in seiner Lage genauso empfinden; es genügt, wenn Sie sagen, daß er das Recht hat, die widersprüchlichen Gefühle zur gleichen Zeit zu empfinden und sich ihrer nicht schämen muß.

Verleugnen verdrängen

Entsetzen und heimliche Erleichterung

Innerliche Erstarrung

3. Beherrschung. Der Trauernde beginnt den Verlust als unwiederbringlich zu empfinden. Er hört auf, seine Gefühle nach außen zu tragen, empfindet statt dessen Selbstmitleid, sehnt sich nach der verlorenen Bezugsperson, sieht sich unter Umständen als Mensch mit gebrochenem Herzen. Gleichgültigkeit und übertriebene Empfindlichkeit wechseln einander ab. Sätze wie »Was habe ich noch vom Leben«, »In mir ist alles wie tot« oder »Am besten, der Tod holt auch mich« sind typisch.

Die beste Hilfe besteht darin, den Trauernden nicht allein zu lassen und mit alltäglichen Verrichtungen zu beschäftigen, um ihn von Selbstanklagen und depressiven Stimmungen abzulenken. Warten Sie ab, bis der Betroffene das Bedürfnis zeigt, über den Verstorbenen zu sprechen. Das ist ein Zeichen, daß die vierte Phase des Trauerprozesses erreicht ist.

Innere Auseinandersetzung

4. Neuorientierung. Der Trauernde kann an nichts anderes mehr denken als an den Toten. Es beginnt die innere Auseinandersetzung mit dem Verstorbenen. In Erinnerung werden schöne und schlimme Stunden noch einmal durchlebt, offene Rechnungen werden präsentiert. Der Helfer sollte durch vorsichtiges Nachfragen und Spiegeln der Gefühle diesen inneren Dialog unterstützen. Wichtig ist, daß sich der Trauernde klar wird, was der Verstorbene in sein Leben an Positivem wie Negativem hineingebracht hat – und was dieser von ihm genommen hat. Menschen, die sich über diese Fragen klarwerden, finden sich leichter und schneller mit dem Verlust ab. In gewisser Weise zieht der Trauernde Bilanz und bereitet sich darauf vor, sich von der seelischen Allgegenwart des Verstorbenen frei zu machen. Trauernde gehen in dieser Zeit nicht selten zu dem Grab, um mit dem Toten zu sprechen.

In dem Maße, wie es dem Trauernden gelingt, seinen Frieden mit dem Verstorbenen zu machen, benötigt er Zeit, in der er sich von seiner Umgebung zurückzieht, für niemanden zu sprechen ist. Er empfindet die Pflege von Kontakten mit Nichttrauernden als Belastung. Obwohl der Rückzug von sozialen Bezugspersonen in anderen Fällen ein Alarmzeichen für psychische Probleme ist, dürfen Sie in dieser Phase des Trauerns den Wunsch

Sozialer Rückzug

nach Alleinsein respektieren. Sobald er sich mit dem Verlust arrangiert hat, sucht der Trauernde wieder die Verbindung zu seiner Umgebung.

Manche Menschen versuchen in dieser Zeit eine neue dauerhafte Verbindung einzugehen. Es besteht die Gefahr, daß der Trauernde nur einen Ersatz für den Verstorbenen sucht oder umgekehrt jemanden, der vom Äußeren und vom Charakter völlig anders ist. Eine solche Beziehung ist mit an Sicherheit grenzender Wahrscheinlichkeit zum Scheitern verurteilt, weil nicht die neue Bezugsperson, sondern der Verstorbene das alleinige Kriterium der Partnerwahl ist. Das gleiche Problem liegt vor, wenn eine Witwe sich plötzlich entschließt, Krankenschwester zu werden oder sich der Wohltätigkeit zu widmen. Sie versucht eigentlich nur, den Verstorbenen weiter zu pflegen. Es war eine sehr weise Einrichtung früherer Gesellschaft, ein Trauerjahr vorzuschreiben, bevor ein neuer Lebensinhalt erwählt wird.

Überstürzte neue Bindungen

5. Zustimmung. Es gelingt, den Verlust zu akzeptieren und sich wieder der Welt zuzuwenden. Der Trauernde gewinnt genügend Distanz zum Toten, um sich auf eigene Ziele und Wünsche zu besinnen. Das heißt aber nicht, daß der Mensch wieder das ist, was er vorher einmal war. Jeder ernste Verlust hinterläßt Narben auf der Seele. Der Betroffene geht einerseits viel offener und gefühlvoller auf andere zu, denn er weiß, daß ein Partner sterben kann. Er versucht, diesmal alles das auszuleben und auszusprechen, was er beim Verstorbenen versäumt hatte. Andererseits ist er vorsichtiger als früher. Er weiß, wer sich in einer Beziehung mit Gefühlen engagiert, muß dafür den schmerzvollen Preis des Trauerns bezahlen.

Den Verlust akzeptieren

Hilfreiche Gespräche richten sich in dieser Zeit auf die Zukunft und das neu gewonnene Selbstverständnis.

Trotz der hier genannten Grundregeln bleibt jeder Trauerprozeß individuell und einmalig. Trauer sollte niemals wie eine Art Krankheit betrachtet werden, die der Betroffene nun mal durchstehen muß, sondern in erster Linie als eine wichtige menschliche Erfahrung, deren Erleben und Überwinden dem Menschen zu neuer Selbsterkenntnis und Reife verhilft.

Trauer als Lebenserfahrung

Verlassenwerden und andere schwere Enttäuschungen

Verlusterfahrung

Beinahe jeder muß mehrmals im Leben erfahren, daß Beziehungen scheitern, Menschen mit einem Mal nicht mehr länger an unserer Seite stehen wollen, uns enttäuschen, betrügen oder einfach nicht mehr beachten. Worte wie »Enttäuschung« oder »Betrug« zeigen, daß es ein Unterschied ist, wie wir als Betroffene die Sache auffassen und wie der andere oder Dritte das Geschehene beurteilen. Ob ein Verlust und damit eine seelische Krise ausgelöst wurde, dafür ist immer die Sicht des einzelnen entscheidend. Im Unterschied zum Verlust durch den Tod spielt hier die erlittene Kränkung eine wichtige Rolle und die Hoffnung, daß der andere es sich noch einmal überlegt, also zurückkehrt. Trennungen gehören zu den erschütterndsten Ereignissen, die uns im Leben widerfahren. Jährlich trennen sich in Deutschland über hundertsechzigtausend Ehepaare und außerdem doppelt soviel unverheiratet zusammenlebende Paare. Auf der Liste der schlimmsten Streßfaktoren rangieren sie auf Platz zwei (nur noch übertroffen vom Tod des Partners).

Kränkungen

Während allgemein der Tod eines nahen Angehörigen als berechtigter Anlaß für Schmerz und Trauer gilt, wird der Weggang eines Partners von der Gesellschaft selten ernst genommen. Man klopft dem Verlassenen aufmunternd auf die Schulter, hilft sich mit Sprüchen wie »Er war es sowieso nicht wert« oder »Andere Mütter haben auch schöne Töchter« aus der Verlegenheit und empfiehlt, sich zusammenzureißen und Gleiches mit Gleichem zu vergelten. Ganz anders reden wir, wenn der Partner gestorben ist! Diese unterschiedliche Auffassung der Gesellschaft hat auch der Betroffene verinnerlicht und schämt sich seiner Trauer wegen eines Lebenden.

Das Selbstwertgefühl leidet

Eine Enttäuschung zu verarbeiten kann mehrere Jahre dauern.[6] Die Kränkung des Selbstwertgefühls hinterläßt seelische Spu-

---

[6] Nach fünf und mehr Jahren des Zusammenlebens wirken die Folgen einer Trennung bei Frauen im Durchschnitt zweieinhalb Jahre nach, bei Männern eineinhalb Jahre und bei Kindern ein Jahr (Weber 1994).

ren, die nie völlig vernarben. Dabei leidet keinesfalls nur der, der verlassen worden ist. Auch derjenige, der die Trennung einleitet, hat Kränkung und Enttäuschung erlebt und sieht keinen anderen Ausweg, als einen radikalen Schnitt zu vollziehen – oft unter Zweifeln und Hemmungen. Sein einziger Vorteil liegt darin, daß er im Ablösungsprozeß schon ein, zwei Stufen weiter ist als sein Partner. Der Trauerprozeß läuft bei Trennungen und anderen schweren Enttäuschungen in folgenden Stufen ab:

1. Nicht-wahrhaben-Wollen. Im schnellen Wechsel stellen sich die Partner auf Trennung, Wiederannäherung und erneute Trennung ein. Manchmal nur seelisch, häufig aber auch in Wirklichkeit: Mehrmals wird der Weggang angekündigt und wieder hinausgeschoben. Bis in die Morgenstunden werden Beziehungsprobleme diskutiert. »Können wir nicht unser Zusammensein auf eine andere Grundlage stellen?« fragt sich der eine und gesteht sich im gleichen Moment ein, daß dieser Versuch schon in früheren Jahren einige Male gescheitert ist. »Wenn du mir nur in ein, zwei Punkten entgegenkommen könntest!« seufzt der andere und weiß doch insgeheim, daß es damit auch nicht getan wäre. Es fällt schwer, sich einzugestehen, daß man für den Partner nicht mehr das gleiche empfindet wie früher. In Gedanken wird bereits der Trauerprozeß durchgespielt. Gleichzeitig stellt man sich dieselbe Beziehung mit einem anderen oder mit demselben, in wichtigen Charakterzügen veränderten Partner vor. Schließlich vollzieht einer (oder beide) die Trennung.

Hoffnung auf Rückkehr

In dieser Phase ist es schwer, effektiv zu helfen. Der Betroffene sucht das Gespräch meist nur, um sich über seinen Partner zu beklagen und in Ihnen einen Verbündeten zu suchen. Zeigen Sie Verständnis, aber ergreifen Sie nur dann Partei, wenn Sie eindeutig der Freund des einen sind und den anderen kaum kennen. Auch dann sollten Sie vermeiden, in Beschimpfungen des Partners einzustimmen. Alle Urteile Ihres hilfsbedürftigen Freundes sind von Wut und Enttäuschung, aber nicht von nüchterner Einschätzung bestimmt. Wie leicht kann es in dieser Phase passieren, daß die beiden erneut zusammenkommen und Sie dann

Nicht Partei ergreifen!

als jemanden betrachten, der sie auseinanderbringen wollte! Es wäre nicht das erste Mal, daß sich zwei Verfeindete in gemeinsamer Front gegen einen Dritten wieder zusammen finden. Am besten fahren Sie, wenn Sie sich darauf beschränken, die indirekt geäußerten Gefühle zu benennen (siehe auch Abschnitt »Verbotsschilder« unter »Vorsicht mit Ratschlägen« Seite 55 f.).

Zorn und Erlösung

2. Gefühlschaos. Neben Schmerz, Sehnsucht, Wut, Angst vor dem Alleinsein, Zorn und Versagensgefühlen empfindet der Enttäuschte auch Freude, Erleichterung, ja sogar Euphorie. Je mehr Streit und Haß die letzten Wochen verdüsterten, um so stärker ist im ersten Moment die empfundene Erlösung. Sehr schnell folgt der Katzenjammer. Nach dem ersten Genuß der neuen Freiheit merkt man bald, was man mit dem Partner alles aufgegeben hat. Der Platz im Bett ist leer, am Wochenende fällt einem die Decke auf den Kopf, ja man wünscht sogar, daß der andere mit seinem Gemecker die Stille ausfüllen möge. Flüchtige Liebschaften können die Lücke nicht schließen.

Die Schuldfrage

Schuldgefühle treten in den Vordergrund. Ständig wird mit dem anderen ein innerer Dialog geführt. Wer ist woran schuld? Was wäre, wenn ich anders gehandelt hätte? Was wäre, wenn ich an jener Stelle damals …? Dort, wo die Partner noch Kontakt haben, brechen immer wieder Streitereien aus. Indem sie sich die Schuld an kleinen wie großen Versäumnissen gegenseitig zuschieben, blockieren beide den Prozeß der Trennung. Es gelingt ihnen nicht, über ihr Verhalten unabhängig vom anderen nachzudenken. Schwierig wird es dadurch, daß zumindest derjenige, der verlassen worden ist, die Hoffnung auf eine Rückkehr noch nicht aufgegeben hat.

Ablenkung

Der Betroffene benötigt Gespräche mit Außenstehenden und Ablenkung. Zeigen Sie Verständnis für die chaotischen Gefühle. Der Ablösungsprozeß schreitet voran, wenn er erkennt, daß die Partnerschaft nicht an Bosheit, sondern an charakterlicher Verschiedenheit gescheitert ist. Daß der Partner Fehler gemacht und sich während der Zeit des Sich-Trennens nicht souverän verhalten hat – wäre es nicht besser, ihm seine menschlichen Schwächen zu verzeihen, statt immer wieder mit ihm zu hadern?

Bei der Ablenkung geht es nicht darum, Bars abzuklappern und über die Stränge zu schlagen. Wenn Ihr Freund oder Ihre Freundin merkt, daß die glänzendste Vergnügungsstätte an die stille Zweisamkeit mit dem oder der Verflossenen nicht heranreicht, wird die Verzweiflung noch wachsen. Bitten Sie den Betroffenen vielmehr, Sie bei einigen Ihrer Angelegenheiten zu unterstützen: die Wohnung zu renovieren, die Steuererklärung auszufüllen, bei einem Möbeltransport zu helfen usw. Begründen Sie Ihre Bitte damit, daß Sie wissen, daß auf ihn Verlaß ist, daß er schon immer besser mit Formularen zurechtkam als Sie, daß Sie seine handwerklichen Fähigkeiten schätzen. Wenn der andere merkt, daß er nicht allein bleibt, sondern für andere wichtig ist, wird das seine innerliche Ablösung von dem früheren Partner beschleunigen.

3. Beherrschung. Der Enttäuschte sieht allmählich ein, daß der Verlust endgültig ist. Schmerz und Trauer herrschen vor. Wie bei der Trauer um Verstorbene versuchen manche, durch eine neue Liebe den Schmerz zu betäuben. Man neigt zu Selbstmitleid. **Selbstmitleid**

Ablenkende Tätigkeiten, bei denen der Betroffene selbst aktiv werden muß, sind die beste Hilfe. Eine neue Liebe kann nützlich sein – vorausgesetzt, man strebt noch nichts Festes an. Nach einiger Zeit wird er dazu übergehen, Bilanz zu ziehen.

4. Neuorientierung. Man will gar nicht an den Partner denken, und dennoch geht er einem nicht aus dem Sinn. Während der Betroffene in der zweiten Phase nur anklagend über den Partner sprach und in der dritten seinen Schmerz in sich hineinfraß, gelingt es ihm allmählich, mit Abstand über die vergangene Zeit zu sprechen. In der Sprache des »Einerseits – andererseits« wird ein Fazit versucht. Das ist zwar weit entfernt von jeder Sachlichkeit, aber man erkennt das Bestreben, Distanz zu gewinnen. Manch einer überlegt, ob er nicht ein Buch über seine Erfahrungen schreiben soll. Wenn Sie helfend das Gespräch mit dem Betroffenen führen, stellen Sie ihm folgende Fragen: **Abstand gewinnen**

▶ Welche Verantwortungen hatte dir der Partner abgenommen, die du nun selbst übernehmen mußt?

▶ Was hast du am anderen gemocht und was abgelehnt, worin sich Eigenheiten von dir verbergen? (Hättest du dir zum Beispiel gewünscht, er wäre weniger verschwenderisch mit Geld umgegangen, weil es dir selbst schwerfällt, deine Ersparnisse zusammenzuhalten?)

▶ Was hat der Verlorene in dir zum Vorschein gebracht, was du nicht mehr missen möchtest?

▶ Was möchtest du in Zukunft anders und besser machen, was würdest du genauso machen?

▶ Womit kommst du noch nicht zurecht?

Bilanz ziehen Ich habe diese Fragen mit Absicht allgemeiner formuliert, als Sie sie Ihrem Freund oder Ihrer Freundin stellen werden, da jede Partnerschaft sehr individuelle Probleme einschließt, die zu erkennen ich Ihnen von meinem Schreibtisch aus nicht abnehmen kann. Je konkreter Sie und damit der Betroffene die Fragen stellen und beantworten kann, desto leichter vollendet sich der Prozeß der Neuorientierung.

Gelingt das Bilanzziehen nicht, wird der Betroffene nach neuen Kontakten und Betätigungsfeldern suchen, ohne mit sich ins reine gekommen zu sein. Alle Aktivitäten werden dann nur dazu dienen, den Trennungsschmerz zu betäuben, statt Elemente einer eigenständigen, unabhängigen Lebensführung zu werden. Wirkliche Glücksgefühle können nicht aufkommen, Klagen wie »Es wird nie mehr so sein wie früher« herrschen vor.

Neue Kontakte *5. Zustimmung.* Der Verlassene findet neue Kontakte zur Welt und eine neue Identität. Er hat inzwischen eine Reihe von Erfahrungen ohne den Verlorenen gemacht. Befürchtungen wie »Ich werde nie wieder jemanden finden wie ihn/sie« werden durch eine neue Liebe widerlegt oder erweisen sich als weniger gravierend als befürchtet, weil neue Interessen und Probleme in den Vordergrund treten. Wie nach einer Trauer um Verstorbene versucht der Betroffene, aus der schmerzlichen Erfahrung zu lernen. In eine neue Beziehung geht er mit Vorsicht, weil er weiß, wie schnell die Euphorie über ein neues Glück in Kränkung und Einsamkeit umschlagen kann.

Während der gesamten Zeit ist es wichtig, wenn Sie helfen wollen, dem anderen das Gefühl zu geben, daß Sie für ihn da sind, damit keine Angst vor Einsamkeit aufkommt. Zeigen Sie ihm, daß Sie ihn schätzen und auf seine Fähigkeiten Wert legen. Damit gleichen Sie die Kränkung des Selbstwertgefühls aus, die er während der Trennung unweigerlich erfahren hat. Wenn der andere merkt, daß es noch Menschen gibt, die sich für ihn interessieren und seine Stärken schätzen, wird die Trennung leichter fallen, weil der Verlorene dann nicht die einzige wichtige Bezugsperson für ihn ist.

Schwere Entscheidungskonflikte

Dem französischen Philosophen Johannes Buridan aus der ersten Hälfte des 14. Jahrhunderts wird folgendes Gleichnis zugeschrieben: Wenn Sie einen hungrigen Esel zwischen zwei gleich große, gleich duftende und gleich weit entfernte Heubündel stellen, wird er letztlich verhungern, weil er sich zwischen beiden gleich verlockenden Futterquellen nicht entscheiden kann. Buridans Esel wird seit jener Zeit immer wieder genannt, wenn es darum geht, das Problem der Willensfreiheit zu erläutern. Ein praktischer Versuch würde zeigen, daß der Esel in Wahrheit nicht einen Moment zögern würde, sich einem der beiden Bündel zuzuwenden, es mit gutem Appetit zu verzehren und sich nicht eher um das andere zu kümmern, als bis das erste in seinem Magen verschwunden ist.

Buridans Esel

Aber das Gleichnis wurde von einem Menschen erfunden und demonstriert ein Problem, das nur der Mensch kennt. Mit vorausschauendem Denken begabt, versucht er zu ergründen, welche von mehreren Entscheidungsmöglichkeiten die beste für ihn sein wird. Da sich Zukünftiges nur mit einer gewissen Unsicherheit voraussagen läßt, kann es sehr schnell geschehen, daß zwei einander ausschließende Alternativen gleich verlockend und gleich abstoßend erscheinen.

Vorausschauendes Denken

An einem vertrauten Arbeitsplatz festhalten oder den Sprung in eine neue Tätigkeit wagen? Dem Partner Zugeständnisse machen oder lieber eine Trennung in Kauf nehmen? Allein wohnen oder zusammenziehen? Mit unsicherer Arbeitsstelle einen hohen Kredit aufnehmen, um ein Haus zu bauen, oder lieber in der teuren Mietwohnung bleiben? In einem Konflikt mit dem Nachbarn lieber klein beigeben oder vor Gericht gehen? Ich vermute, mein Partner betrügt mich; soll ich weitermachen, als habe ich nichts bemerkt, ihn zur Rede stellen, ohne von seinen Unschuldsbeteuerungen wirklich überzeugt zu werden, oder soll ich einen Privatdetektiv engagieren, der mir Gewißheit bringt? Mein Sohn treibt sich mit Skinheads herum und hat im Supermarkt geklaut; ist es besser, ihn unter Hausarrest zu stellen, oder soll ich mich verständnisvoll geben?

Entscheidungs-
risiken

In den meisten Fällen überlegen wir nicht lange, sondern entscheiden uns kurz entschlossen für die Alternative, die unserer Wesensart am ehesten entspricht. Dennoch kommt es immer wieder vor, daß jemand – vor allem, wenn er einem bestimmten Problem zum ersten Mal begegnet – sich nicht entscheiden kann. Vor allem dann, wenn beide Varianten gravierende Nachteile oder Gefahren in sich bergen. Nicht selten ist der Betroffene nach einiger Zeit von seiner Entscheidungsunfähigkeit vollkommen paralysiert, kann nicht mehr schlafen, arbeiten oder an irgend etwas anderes denken. Hält der Konflikt längere Zeit an, können Herz- und Kopfschmerzen und Verdauungsstörungen die Folge sein. Spätestens dann werden wir als guter Freund oder Bekannter um Rat gefragt.

Niemandem
die Entscheidung
abnehmen!

Bei allen Beispielen, die ich für Entscheidungskonflikte genannt habe, hängt es von den konkreten Umständen und den Vorlieben des Ratsuchenden ab, welche Alternative die bessere ist. In diesem Fall dürfen Sie ihm keinesfalls antworten: »Ich rate dir, folgendes zu tun: …« Sonst befolgt entweder der Ratsuchende Ihre Empfehlung und macht Sie für ein eventuelles Scheitern verantwortlich, oder – wenn ihm Ihr Rat nicht gefällt – er vermutet, daß Sie gegen ihn und für den Sohn/ Partner/ Arbeitgeber Partei ergreifen. Gehen Sie lieber so vor:

1. Spiegeln Sie die ambivalenten Gefühle Ihres Gesprächspartners!

Widersprüchliche Gefühle aussprechen

Beispiele: »Einerseits fürchtest du, daß dein Sohn in ein kriminelles Milieu abgleitet, andererseits hast du Angst, daß er sich völlig deinem Einfluß entzieht, wenn du ihm nicht mehr erlaubst, selbst über sein Leben zu entscheiden.«

»Einerseits fühlst du dich von deinem Partner eingeengt und nicht verstanden, andererseits hast du Angst vor dem Alleinleben.«

»Du fühlst dich an deiner bisherigen Arbeitsstelle zwar ganz wohl, aber die Herausforderung, die mit der neuen Stelle verbunden ist, reizt dich.«

Setzen Sie dies fort, bis der Ratsuchende genau ausgesprochen hat, welches die Alternativen sind, zwischen denen er sich entscheiden muß, welche Wünsche, Hoffnungen und Befürchtungen mit jeder Variante verbunden sind und warum er sich nicht entschließen kann.

2. Erstellen Sie mit dem Ratsuchenden eine Liste des Für und Wider. Dabei sollen alle Vor- und Nachteile so aufgeschrieben werden, daß deutlich wird, wie wichtig sie für den Ratsuchenden selbst und andere Personen aus seinem Umfeld sind. Versuchen Sie dabei herauszufinden, welcher dieser Punkte Ihrem Bekannten die Entscheidung so schwer macht.

Liste des Für und Wider

3. Fordern Sie den Ratsuchenden auf zu entscheiden, auf welchen der Vorteile er keinesfalls verzichten und welchen der Nachteile er keinesfalls in Kauf nehmen würde. Nennt er sehr viele Punkte, erstellen Sie gemeinsam eine Rangfolge.

4. Fordern Sie ihn auf, die Liste in Ruhe durchzugehen und nun eine Entscheidung zu treffen. Wenn möglich, lassen Sie ihm dafür einige Tage Zeit. Dabei sollten Sie sich beide klarmachen, daß es wahrscheinlich keine optimale Variante gibt, sondern – was er letztlich auch wählt – daß er Unsicherheiten und Verluste einplanen muß. Verraten Sie auch jetzt nicht, wie Sie entscheiden würden. Werden Sie gefragt: »Wie würdest du entscheiden?«, antworten Sie sinngemäß: »Ich bin nicht an deiner Stelle, und mir fehlen eine Reihe deiner Informationen (Erlebnisse, Erfahrungen, Kenntnisse), um sinnvoll wählen zu können.

Ich verstehe jedoch, daß du dir immer noch unsicher bist.« Die Entscheidung muß in jedem Fall der Ratsuchende selbst treffen – selbst dann, wenn Sie eigentlich glauben, aufgrund Ihrer Lebenserfahrung oder Ihres größeren inneren Abstands sehr genau zu wissen, was für den anderen gut wäre.

Niemals unter Druck entscheiden!

5. Üben Sie keinen Druck aus, endlich zum Ende zu kommen. Bestenfalls können Sie sagen, wenn beide Varianten gleich viel Nachteile wie Vorteile haben, dann ist es letztlich egal, wie er entscheidet. Sollte Ihr Bekannter sich jedoch aufgrund der Liste euphorisch zu einer Variante entschließen, dann dämpfen Sie den Optimismus ein wenig. Fragen Sie: »Was machst du, wenn es schiefgeht?« Damit vermeiden Sie, daß er drei Wochen später empört zu Ihnen sagt: »Deine blöde Liste! Ohne sie hätte ich mich niemals so entschieden und wäre nicht voll 'reingerasselt.«

Lieber falsch als gar nicht entscheiden

Schwierig wird es, wenn Ihr Bekannter grundsätzlich dazu neigt, wichtige Entschlüsse lange hinauszuzögern, in der Hoffnung, das Problem löse sich irgendwann von allein. Die Erfahrung lehrt, daß eindeutige Entscheidungen, die sofort getroffen werden, dem langsamen Weiterwachsen eines Konflikts vorzuziehen sind – selbst dann, wenn sich die Entscheidung später als fehlerhaft herausstellen sollte. Weiterwachsende Konflikte erhöhen in jedem Fall die Schwierigkeiten: Der Haß und die Entfremdung zwischen den Partnern wächst; der Sohn verstärkt seine Opposition, weil seinen Eltern gleichgültig zu sein scheint, was er tut; für die neue Arbeitsstelle hat sich inzwischen ein anderer beworben. Nach einer Entscheidung, selbst wenn sie fehlerhaft war, stehen Sie schlimmstenfalls vor einem neuen zu entscheidenden Konflikt. Haben Sie mit dem Sohn verständnisvoll gesprochen, und er hat Sie ignoriert, wissen Sie, daß Sie so nicht weiterkommen. Hielt die neue Arbeitsstelle nicht, was Sie sich davon versprochen haben, werden Sie sich neu bewerben und beim nächsten Mal klüger sein. Haben Sie Ihren Partner verlassen und fühlen sich allein hundeelend, nutzen Sie Ihre Selbsterkenntnis bei der Suche nach einer neuen Beziehung. Wenn der Ratsuchende monatelang zu keinem Entschluß kommt und der Konflikt weiter schwelt, weil auch Partner/Sohn/Arbeitgeber ihn nicht vor vollendete Tatsachen stellen, machen Sie mit ihm einen Vertrag. Bis zu einem bestimmten Stichtag verpflichtet er sich, eine Entscheidung zu treffen. Schlimmstenfalls, indem er würfelt. Es ist dann nicht mehr so wichtig, welche Variante er tatsächlich wählt, sondern daß die dauernde Handlungsunfähigkeit beendet wird.

Verarbeiten von Versagenssituationen

Prüfungen, Bewerbungsgespräche, öffentlich reden – so unangenehm den meisten Menschen solche Bewährungssituationen sind, so erleichtert stellt man hinterher fest, daß es gar nicht so schlimm war, wie man fürchtete. Dann darf man frohen Herzens die Belohnung, die unsere Leistungsgesellschaft den Siegern in Form von Lob, guten Zensuren oder Verbesserung der beruflichen Position bereitstellt, genießen. Der eine oder andere findet schließlich Geschmack an Herausforderungen dieser Art und liebt es, sich ihnen immer wieder zu stellen.

Angst in Bewährungssituationen

Wo Sieger gekürt werden, muß es zwangsläufig auch Verlierer geben. Bewährungssituationen sind mit der Möglichkeit des Scheiterns verbunden. Immer wird es Menschen geben, die durch Prüfungen fallen, die schon fünfzig erfolglose Bewerbungsgespräche hinter sich haben, die bei öffentlichen Auftritten auf Desinteresse stoßen oder gar ausgebuht werden. Wieder andere suchen seit Jahren einen Ehepartner und werden stets abgewiesen, sind das schwarze Schaf der Familie oder der Außenseiter ihres Arbeitsteams.

Sieger und Verlierer

Das Gefühl, versagt zu haben, ist mit einer ernst zu nehmenden Kränkung des Selbstwertgefühls verbunden. Es hat daher überhaupt keinen Sinn zu trösten: »Nicht so schlimm, das kann jedem mal passieren. Als ich sechzehn war, habe ich zum Beispiel hintereinander drei Prüfungen verhauen.« Jeder weiß, daß er nicht der erste ist, der irgendwo gescheitert ist. Aber in unserer erfolgsorientierten Gesellschaft möchte niemand dazugehören. Sicher gibt es Leute, die scheitern. Aber ich doch nicht!

Wer sich in eine Bewährungssituation begibt, braucht eine ordentliche Portion Selbstvertrauen, um sie mit Erfolg durchzustehen. Jeder weiß, daß die fachlichen Kenntnisse und charakterlichen Stärken nicht viel nützen, wenn man sie nicht mit Überzeugungskraft präsentieren kann. Wer einmal gescheitert **Teufelskreis** ist, fürchtet die Wiederholung des Mißerfolgs. Er denkt beim **des Mißerfolgs** nächsten Mal nur noch daran, allen denkbaren Fettnäpfchen auszuweichen. Diese Vorsicht fesselt seine ganze Aufmerksamkeit und hindert ihn, sich auf den Vortrag, das Gespräch, die vorteilhafte Darstellung seiner Vorzüge zu konzentrieren. Das macht ein neues Scheitern wahrscheinlich. Damit kann der Teufelskreis einer Verliererkarriere eingeleitet werden, die eines Tages bei Suchtverhalten, Selbstmordversuchen und in psychiatrischer Behandlung endet.

Versagenssituationen dürfen deshalb nicht bagatellisiert werden. Schon die Zeugnisvergabe leitet jedes Jahr eine Selbstmordserie unter Schülern ehrgeiziger Elternhäuser ein. Wenn jemand der Überzeugung ist, er habe die Erwartungen nicht erfüllt, die an ihn gestellt waren, dann ist sein subjektives Empfinden des Scheiterns entscheidend, nicht die Beurteilung Außenstehender. Wie können Sie jemanden wiederaufbauen, der glaubt, ein Versager zu sein?

Gefühle spiegeln 1. Spiegeln Sie seine Gefühle, und versuchen Sie auf keinen Fall, die Schwere seiner Selbstbeschuldigungen zu mildern. Beispiele:

»Du hast den Eindruck, daß du versagt hast.«

»Du bist unzufrieden mit dir.«

»Du bist wütend, weil dir das passiert ist.«

»Du fühlst dich wertlos und völlig am Boden.«

»Du hast riesige Angst, daß du es bei der Wiederholungsprüfung wieder nicht packst.«

Wenn Sie seine Versagensängste in aller Schärfe zur Sprache bringen, wird der Gescheiterte nach kurzer Zeit anfangen, seine negative Selbsteinschätzung zu relativieren: »Na ja, aber die Einleitung habe ich ganz gut hingekriegt« oder »Zunächst schien es recht gut zu laufen, aber als er mich nach meinen praktischen Erfahrungen fragte, fing ich an zu stottern. Dabei hätte ich wirklich was zu erzählen gehabt«.

2. Loben Sie jetzt den Mut, daß er sich der Herausforderung stellte und angefangen hat, realistisch einzuschätzen, was geklappt hat und was nicht. Möglicherweise wird Ihr Partner entgegnen, daß er dennoch durchgefallen ist/abgelehnt wurde.   **Realismus**

3. Sagen Sie, daß Sie gern wissen möchten, woran es genau gelegen hat. Gehen Sie den Ablauf der Prüfung, des Bewerbungsgesprächs, der Rede usw. in allen Einzelheiten durch, und halten Sie gemeinsam – wenn nötig schriftlich – fest, was gelungen war und was nicht (und was die Ursache für das Mißlingen war).   **Rückblick**

4. Überlegen Sie gemeinsam, wie man die selbsterkannten Fehler beim nächsten Mal vermeiden kann. Erarbeiten Sie dafür ein kleines Übungs- oder Trainingsprogramm, und legen Sie für jeden erfolgreich absolvierten Übungsschritt kleine Belohnungen fest.   **Fehlerkorrektur**

5. Ermuntern Sie den Partner, neue, aber bescheidenere Herausforderungen zu suchen – möglichst solche, die so einfach sind, daß ein Scheitern ausgeschlossen ist, er sich aber dennoch anstrengen muß. Er braucht ein paar Erfolgserlebnisse, bevor es wieder ernst wird.   **Erfolgserlebnisse organisieren**

Wer in einer öffentlichen Rede versagte, sollte ein paarmal im Familien- oder Freundeskreis zu einem Thema reden, das ihm nicht leichtfällt. Wer durch eine Prüfung fiel, kann bei seinem Lehrer um Konsultationen nachsuchen und dort seine Kenntnisse schon einmal überprüfen lassen. Wer bei Bewerbungsgesprächen nervös wird, nimmt vielleicht an einem Kommunikationskurs der Volkshochschule teil und absolviert dann einige Übungen, die die Selbstsicherheit erhöhen, zum Beispiel: **Einige Übungen**

▶ Eine Stunde durch die Geschäftsstraße gehen und unbekannten Passanten einen guten Tag wünschen.

▶ Einen Tag lang in einem Nachbarort Tourist spielen und Einheimische nach Sehenswürdigkeiten, Verkehrsverbindungen und Restaurants ausfragen.

▶ Zu verschiedenen Behörden gehen und hartnäckig nach Auskünften fragen, die nicht unbedingt in deren Zuständigkeit fallen. Dabei sich nicht mit einer Abweisung zufriedengeben, sondern freundlich, aber bestimmt nachbohren.

Zum Training der Selbstsicherheit und sozialer Fähigkeiten gibt es umfangreiche Ratgeberliteratur, auch zu speziellen Fragen, wie Bewerbungsgespräche, Flirten oder Rhetorik. Jeder Buchhändler und Bibliothekar kann Ihnen die nötigen Auskünfte geben. Weitere Hinweise finden Sie außerdem im Kapitel »Vorbeugen und Nachheilen: Maßnahmen zur Seelenhygiene«, Seite 231–242.

Selbstmordversuch

Alle in diesem Buch behandelten Notfälle, Krisen und Konflikte können Auslöser eines Selbstmordes sein. Ob dieser letzte Ausweg gewählt wird, hängt von einer ganz bestimmten Konstellation der Faktoren ab, die zu der Krise geführt haben. Die Notsituation hat sich so zugespitzt, daß der Betroffene sich existentiell bedroht fühlt. Er verspürt nackte Angst. Die Lage erscheint ihm aussichtslos, und um den – seiner Meinung nach vernichtenden – Konsequenzen zuvorzukommen, bringt er sich um. Besonders gefährdet sind Süchtige, Depressive, Vereinsamte, Menschen, die schon einmal versucht haben, sich umzubringen, und Angehörige helfender Berufe (in dieser Reihenfolge). Eine relativ neue Risikogruppe sind Mobbingopfer. In Deutschland töten sich etwa 16 von 100 000 Menschen. Selbstmorde sind bei älteren Menschen achtmal so häufig wie bei jüngeren (Bräutigam 1991). Auf einen erfolgreichen Selbstmord kommen etwa zehn bis zwanzig Versuche, von denen nur ein Bruchteil bekannt wird. Selbstmordversuche kommen am häufigsten im Alter zwischen 15 und 30 und zwischen 55 und 65 Jahren vor (Hillmann 1980). Ein Selbstmordversuch ist immer ernst zu nehmen, auch dann, wenn er so dilettantisch angelegt war, daß der Verdacht entsteht, der Täter wollte seine Umwelt nur erschrecken. In jedem

Die Not ist existentiell

Ein Hilfeschrei

Fall handelt es sich um einen Hilfeschrei und das Scheitern anderer Strategien, den Konflikt zu lösen. Bei Selbstmordkandidaten klaffen die Ansprüche, die sie an sich selbst und die Welt stellen, und ihre realen Möglichkeiten weit auseinander. Größenphantasien und Minderwertigkeitsgefühle liegen dicht beieinander. Aus Situationen, in denen beide unvereinbar sind, neigen sie zu fliehen, nicht selten durch Drogen-, Alkohol- oder Medikamentenmißbrauch (Kast 1989). Es handelt sich überdurchschnittlich häufig um Menschen, die kein Scheitern vertragen. Die Probleme, die zum Selbstmordversuch führen, sind daher schon im Vorfeld sichtbar, werden aber von den nächsten Angehörigen und Freunden häufig übersehen.

Seit Ringel (1969) sprechen die Fachleute von einem präsuizidalen Syndrom. Darunter versteht man ein Bündel von Verhaltensweisen, das bei Menschen, die später einen Selbstmordversuch unternehmen, sehr häufig auftritt. Am effektivsten kann man im Vorfeld helfen. Jeder sollte daher in der Lage sein, ein präsuizidales Syndrom zu erkennen, und wissen, wie es sich herausbildet.

Präsuizidales Syndrom

Am Anfang der Entwicklung stehen – wie bei vielen anderen seelischen Notlagen auch – Kränkungen, Enttäuschungen und Verluste, die das Selbstwertgefühl beeinträchtigen. Eine Selbstmordgefahr entsteht, wenn der Betroffene, um seine Selbstachtung nicht zu verlieren, sich aus Angst zu versagen nicht der unangenehmen Wirklichkeit stellt, sondern zur Realitätsflucht neigt. Das heißt, er beginnt die Welt schlecht und sich als edel einzuschätzen, oder umgekehrt, die Menschen seiner Umgebung als tüchtig und sich selbst als Versager zu beschreiben. Konflikte werden verdrängt oder geleugnet. So reagieren Menschen, denen es an seelischer Stabilität fehlt, die viele Versagenserlebnisse hatten (siehe Seite 107) oder seit ihrer Kindheit bereits unter Minderwertigkeitskomplexen leiden. Phantasien über eine friedliche, harmonische Welt jenseits der irdischen Konflikte kommen hinzu.

Folgende Alarmzeichen machen das präsuizidale Syndrom (Ringel 1969, Kast 1989) aus:

Alarmzeichen

Einengung

1. Allmählich wachsende Einengung des Erlebens, Wahrnehmens und des sozialen Umfeldes. Sie tritt in vier Bereichen auf:

▶ als situative Einengung: Ein Großteil der Möglichkeiten, das Leben zu gestalten, geht verloren. Meist liegt eine Verkettung äußerer Umstände und innerer Wehrlosigkeit vor. Viele Selbstmordversuche werden unternommen, wenn der Betroffene seine Wohnung oder seine Arbeit verliert. Statt aber den Kampf mit den widrigen Umständen aufzunehmen, verfällt er in Resignation und versucht, unter den eingeschränkten Umständen weiterzumachen. Bald kommt er aber zu der Überzeugung, daß das Leben nun nicht mehr lebenswert ist. (Der Verlust der Wohnung, an die sie seit Jahrzenten gewöhnt waren, ist häufig Anlaß für Selbstmord bei älteren Leuten. Jüngere legen eher die Hand an sich wegen Trennungen, Sucht, Mobbing oder Verlust des Arbeitsplatzes.)

▶ als dynamische Einengung: Der potentielle Selbstmörder nimmt die Wirklichkeit nur noch einseitig wahr. Er sieht nur noch, was ihn als Versager bestätigt oder was ihm beweist, daß er zu gut für diese Welt ist. Auf unterschiedliche Gegebenheiten reagiert er stets mit den gleichen, stereotypen Verhaltensweisen. Alles, was nicht in sein einseitiges Weltbild paßt, verleugnet er.

▶ als zwischenmenschliche Einengung: Eine Reihe früherer Kontakte geht verloren; der Betroffene wird einsamer. Die übriggebliebenen Beziehungen werden von dem Lebensmüden oft in unrealistischer Weise idealisiert, wenn man ihn danach fragt. Er schwärmt von seinem Freund – ein einzigartiger Mensch, der allen anderen haushoch überlegen ist an Güte und Verständnis –, um nicht zugeben zu müssen, daß selbst in noch bestehenden Beziehungen das Gespräch über ernsthafte Probleme längst erloschen ist. Fragt man ihn, wie jener Freund ihn wahrnimmt und was er für ihn in letzter Zeit getan hat, stellt sich sehr schnell heraus, daß auch jene Freundschaft längst inhaltslos geworden ist.

▶ als Einengung der Werte: Es gibt keine Werte mehr, für deren

Bewahrung es sich lohnt, seine Kraft einzusetzen – weder in der Gesellschaft noch im persönlichen Umfeld. Immer mehr Lebensbereiche werden uninteressant.

2. Aggressionsstau oder Aggressionsumkehr. Der Betreffende kann seine Wut und Verzweiflung nicht mehr nach außen tragen. Er frißt seinen Zorn in sich hinein und versucht ihn in Rachephantasien zu entladen. Dann ist es nicht mehr weit bis zu der Idee, die Urheber seiner Wut mit seinem Selbstmord zu bestrafen in der Hoffnung, daß sie ein Leben lang unter Gewissensqualen leiden werden. Viele kehren ihren Ärger gegen sich selbst. Sie denken an Selbstmord, um sich selbst für ihr Versagen und ihre Hilflosigkeit zu bestrafen.

Verdrängte Aggressionen

3. Selbstmordphantasien. Einengung und Aggressionsstau können auch bei anderen schweren Krisen vorkommen. Typisch für zukünftige Selbstmörder sind laut geäußerte Absichten sich zu töten. In Stunden der Verzweiflung hat jeder von uns schon einmal gesagt: »Ich möchte mich am liebsten umbringen.« Die wenigsten verbinden damit eine klare Absicht. Ein wirklicher Selbstmordversuch steht bevor, wenn die Ideen über die Auslöschung des eigenen Lebens konkrete Gestalt annehmen. Je detaillierter sich jemand äußert, desto größer ist die Gefahr, daß er demnächst Ernst macht. Wer also schon die Tötungsart weiß, die Stunden angeben kann, in denen er ungestört zur Tat schreiten kann, vielleicht schon die Tabletten besorgt hat – der ist von der Umsetzung seiner Absichten nicht mehr weit entfernt. Nach den Gründen gefragt, warum er an Selbstmord denkt, hören wir, daß er endlich mal Ruhe haben und alles vergessen will, gelegentlich auch den Wunsch, es jenen zu zeigen, die ihn so schnöde behandelt haben.

Detaillierte Selbstmordpläne

Je früher Sie eine Selbstmordabsicht erkennen, desto größer sind die Aussichten auf erfolgreiche Hilfe. Die Krise, die zu Einengung und Selbstmordideen führt, wird meist durch äußere Gegebenheiten ausgelöst. Häufig genügt es schon, Unterstützung bei der Regelung der Lebensumstände anzubieten, um die Zuspitzung der inneren Krise zu vermeiden. Wenn Sie also bei der Suche nach einer neuen Wohnung, einem neuen Arbeitsplatz oder

Frühzeitig eingreifen

auch einer neuen Partnerschaft helfen können, haben Sie womöglich ein Leben gerettet. Auch die frühzeitige Unterstützung bei den anderen psychischen Notfällen, die in diesem Buch dargestellt sind – Trauer, Ängste, Versagenssituationen, Sucht, Depression –, beugen unter Umständen einem Selbstmordversuch vor. Damit sind nicht alle seelischen Schwierigkeiten beseitigt, aber Sie haben zumindest erreicht, daß die Krise den Betreffenden nicht in Lebensgefahr bringt.

Wenn das präsuizidale Syndrom schon sehr weit fortgeschritten ist, wenn Sie erst durch sehr konkrete Selbstmordphantasien auf die Gefahr aufmerksam werden, kann es für vorbeugende Hilfe schon zu spät sein. In diesem Fall sollten Sie zunächst mit dem Betreffenden über seine Phantasien reden. Bedenken Sie, daß in dieser Situation schon akute Lebensgefahr besteht, daß das ganze Leben Ihres Gegenübers schon von der Krise erfaßt ist, daß er von Panik und einem Gefühl der Ausweglosigkeit beherrscht ist. Auch dann, wenn er das mehr oder weniger geschickt zu verbergen sucht. Weiter unten finden Sie die Regeln für ein Gespräch mit jemandem, der sich gerade umbringen will. Die dort genannten Prinzipien – die Absicht und den Ablauf der Selbstmordhandlung konkret durchsprechen, eine Vertrag machen, daß er Sie anruft, bevor er sich umbringt – dürfen Sie auch schon im Vorfeld der Tat anwenden, falls Sie den Eindruck haben, Ihr Partner könnte in jedem Moment zur Ausführung seiner Absicht schreiten.

Professionelle Hilfe

Wenn Sie nicht sicher sind, daß Sie die Gefahr abgewendet haben, zögern Sie nicht, um professionelle Hilfe nachzusuchen. Für die Telefonseelsorge ist beispielsweise die Abwendung akuter Selbstmordgefahr das tägliche Brot. Rufen Sie dort an, und schildern Sie den konkreten Fall. Man wird Ihnen raten, was Sie in diesem Moment tun können und auch die Hilfe von Therapeuten vermitteln, die auf diesem Gebiet Erfahrung haben. Manch einer zögert, Fachleute heranzuziehen, weil er eine Zwangseinweisung in eine psychiatrische Anstalt fürchtet. Diese Angst ist unnötig. Im Vorfeld, solange der Betreffende noch nicht versucht hat, Ernst zu machen, besteht keine Handhabe für eine

Einweisung ohne Einwilligung der Betroffenen. Man wird vielmehr dafür sorgen, daß der Gefährdete nicht allein gelassen wird, daß jemand aus seinem Bekannten- oder Verwandtenkreis bei ihm bleibt. Außerdem wird eine Kriseninterventioin eingeleitet mit dem Ziel, zunächst die akute Gefahr des Sichumbringens abzuwenden.

Nur eine geringe Zahl der Selbstmordgefährdeten plant die Tat auf längere Zeit im voraus und setzt sie dann planmäßig um. In diesem Fall hätten Sie als Helfer geringe Chancen einzugreifen. Es stellt sich auch die ethische Frage, ob wir das Recht haben, jemanden gegen seinen Willen am Sterben zu hindern. Ein berühmtes Beispiel für diese Art des Aus-dem-Leben-Scheidens ist der Schriftsteller Jean Améry, der in seinem Buch »Hand an sich legen. Diskurs über den Freitod« die Möglichkeit des Selbstmordes verteidigte und seine Ansichten zu seinem sechzigsten Geburtstag in die Tat umsetzte. **Lang geplanter Selbstmord**

In den meisten Fällen haben wir es jedoch mit einer Impulshandlung zu tun. Das bedeutet, trotz der schweren Krise und der konkreten Selbstmordphantasien entschließt sich der Gefährdete aus einem plötzlichen Affekt heraus, jetzt die angesammelten Tabletten wirklich zu nehmen, den vor Wochen schon gekauften Strick tatsächlich an der Decke zu befestigen und den Kopf durch die Schlinge zu stecken oder über die Balkonbrüstung zu klettern. Daß es sich um einen vorübergehenden Impuls handelt, erkennen wir daran, daß vier von fünf Lebensmüden, die in der Klinik wieder aufwachen, keine Lust mehr verspüren, den Versuch zu wiederholen (Kast 1989, S. 58). In dieser Impulsivität liegt unsere Chance für wirksame Hilfe. Es gilt, dem Gefährdeten über jene Minuten hinwegzuhelfen, in denen seine Todessehnsucht konkrete Gestalt annimmt. **Impulshandlung**

In Deutschland werden jährlich etwa 20 000mal Selbstmordabsichten in Abschiedsgesprächen angekündigt. Um helfen zu können, auch dann, wenn Sie unvermutet angerufen werden und unvorbereitet reagieren müssen, ist es nützlich, sich in einer ruhigen Stunde seine eigene Einstellung zum Selbstmord bewußt zu machen. Sind Sie bereit, dem Gefährdeten zuzugestehen, daß er **Einstellungen des Helfers** letztlich selbst entscheiden darf, ob er weiterleben oder sterben will? Wenn Sie glauben, daß niemand das Recht hat, sich umzubringen, werden Sie es schwer haben, mit dem Gefährdeten in einen Dialog zu treten. Er wird merken, daß Sie in erster Linie an Ihrem Erfolg als Helfer interessiert sind und ihn für das Leben um jeden Preis agitieren wollen statt zu verstehen, daß jemand tatsächlich in eine Lage kommen kann, wo für ihn ein Weiterleben nicht mehr lohnt. Auch unter professionellen Therapeuten ist die Allmachtsphantasie weit verbreitet, sie könnten tatsächlich über das Leben und den Tod eines fremden Menschen befinden. Meist begründen sie es mit dem Satz, ein Selbstmörder sei gar nicht in der Lage, zwischen Leben und Sterben zu wählen, und müsse deshalb zu seinem eigenen Schutz in einer Klinik unter ständige Beobachtung gestellt werden. Wenn Sie wollen, daß der Gefährdete Sie ernst nimmt, sollten Sie ihm deutlich sagen, daß die letzte Entscheidung letztlich bei ihm selbst liegt und Sie ihn nicht hindern werden, wenn er keine andere Möglichkeit sieht, sein Problem zu lösen.

Abschieds-gespräche

Eine nicht unbeträchtliche Zahl von Gefährdeten verspürt das Bedürfnis, noch einmal mit jemandem zu reden, bevor er aus dem Leben scheidet – besonders dann, wenn ihn der Impuls zu seiner Tat plötzlich überkommt. Manchmal werden anonyme Institutionen gewählt wie etwa die Telefonseelsorge, manchmal aber auch Bekannte, in der Regel solche, die ihm nicht allzu nahestehen. Dahinter stecken verschiedene Bedürfnisse: die Umgebung zu bestrafen, indem Sie stellvertretend für alle anderen ohnmächtig mitverfolgen müssen, wie er zur Tat schreitet; dafür zu sorgen, daß die zu Bestrafenden auch bald von der Tat erfahren, damit sie Seelenqualen leiden; dafür zu sorgen, daß die Leiche bald gefunden wird; vielleicht auch, daß Sie noch ein Argument finden, das ihn ohne Gesichtsverlust von der Ausführung seiner Absicht zurückhält.

Zeit gewinnen

Werden Sie als Partner eines solchen Gespräches gewählt, egal ob per Telefon oder in Form eines letzten Besuches, versuchen Sie vor allem Zeit zu gewinnen, bis der Impuls vorübergeht. Sprechen Sie offen und deutlich über alle Aspekte seines Vorhabens.

Die Lage ist so dramatisch, daß es keinen Sinn mehr hat, zu umschreiben und vorsichtig zu formulieren. Sie können keine schlafenden Hunde mehr wecken; wenn Ihnen jemand einen Selbstmord ankündigt, sind alle Hunde längst hellwach und auf dem Sprung zuzubeißen. Den genauen Ablauf eines solchen Gesprächs kann ich Ihnen nicht vorgeben; zuviel hängt von der Situation und Ihrer beider Persönlichkeit ab. Aber folgende Elemente – wenn möglich in dieser Reihenfolge – sollten zur Sprache kommen:

1. Zeigen Sie Ihre Betroffenheit und spiegeln Sie seine Gefühle der Hilflosigkeit und der Verzweiflung (siehe das Beispiel im Abschnitt »Anforderungen an den Helfer«, Seite 25 ff.).

Gefühle aussprechen

2. Fragen Sie nach, so konkret wie möglich: »Du willst dich also umbringen? Womit denn?«

3. Fragen Sie nach Einzelheiten:

»Du willst dich mit Tabletten vergiften? Hast du welche zu Hause? Wie viele? Wann willst du sie nehmen?«

Detailliertes Nachfragen

»Du willst dich aufhängen? Wo? Was für einen Strick hast du?« An den Antworten merken Sie, ob der andere bereit ist, sofort zur Tat zu schreiten. Der Gefährdete rechnet in der Regel nicht mit solchen Fragen, sondern hat eher Hemmungen, über die Details zu sprechen. Versuchen Sie auf jeden Fall, genaue Antworten zu bekommen. Daß er im Vorfeld über technische Einzelheiten nachdenken muß, versetzt ihm einen Realitätsschock, der ihn in seiner Gewißheit, daß er seine Absicht gleich umsetzen wird, bereits verunsichern kann.

4. Fragen Sie ihn, ob er die Folgen der von ihm gewählten Tötungsart kennt. Sprechen Sie mit ihm über alle scheußlichen Details. Hängen ist mit Samenerguß, Einnässen und Einkoten verbunden. Tabletten haben unangenehme und lang anhaltende Brechanfälle zur Folge, das Sterben ist langwierig, und er wird sich hundeelend fühlen. Aus dem Fenster springen oder vor die U-Bahn werfen hat mit weit spritzendem Blut, zerfleischten Organen, halbverdauten Essensresten und anderen ekligen Überresten der menschlichen Anatomie zu tun, die weit verstreut vor aller Augen liegen. Schildern Sie, wie denen zumute sein wird,

Die häßlichen Folgen

die die Schweinerei wieder beseitigen müssen, und wie spöttisch sie über den Verursacher reden werden. Selbstmörder haben sich häufig in einem idealistischen Gedankengebäude verstrickt, worin sie mit einer edlen und entschlossenen Geste Bilanz ziehen. Die Konfrontation mit der sinnlich-konkreten Seite ihres Vorhabens holt sie wieder auf die Erde zurück. Weisen Sie auch darauf hin, daß sehr viele Selbstmörder ihre Tat überleben, aber lebenslange körperliche Schäden davontragen. Da mindestens neunzig Prozent aller Selbstmordversuche scheitern – wegen Ungeschicklichkeit oder weil sie zufällig zu früh gefunden werden –, sollte der Betreffende darüber nachdenken, ob er bereit wäre, körperliche und seelische Beeinträchtigungen auszuhalten.

Soziale Bindungen

5. Fragen Sie: »Wer wird dich finden? Wer wird an deinem Grab stehen?« Da sich Selbstmörder meist von aller Welt verlassen vorkommen, lösen Sie mit dieser Frage ein Nachdenken über noch bestehende Beziehungen aus. Wenn Sie die Überlegung auslösen: Wer ist mir wichtig?, erkennt der Gefährdete, daß er vielleicht doch noch nicht alle Lebensmöglichkeiten verspielt hat. Außerdem zwingen Sie ihn erneut, sich mit der Realität der Tat und des Nachher zu befassen.

Ziele und Wünsche

6. Fragen Sie: »Was willst du mit deinem Tod erreichen?« Als Antwort erhalten Sie in der Regel: Frieden finden, Ruhe haben, nicht mehr über … nachdenken müssen. Dann fragen Sie weiter: »Ruhe wovor?« Oder spiegeln Sie die Gefühle: »Du hast alles satt.« Wichtig ist, daß Sie in ein Gespräch über den Sinn seines Selbstmordes kommen: Wen will er bestrafen? Mit welchen Schwierigkeiten will er nichts mehr zu tun haben?

7. Wenn Sie glauben, die Gründe gut verstanden zu haben, sagen Sie: »Ich sehe, du hast gute Gründe, dich zu töten. Wenn du keinen anderen Ausweg hast, kann ich dich auch nicht daran hindern. Mich würde nur interessieren, ob du wirklich schon alles probiert hast.«

Vorgeschichte der Krise

Sprechen Sie nun über die Vorgeschichte der Krise. Wenn er das nicht will, sagen Sie, Sie seien noch nicht ganz überzeugt, daß er wirklich schon alle anderen Möglichkeiten ausprobiert hat. Versuchen Sie nun, möglichst in Form von Fragen, ihn zu einem

Aufschub zu bewegen: »Wie wär's, wenn du dir erst mal einen Kaffee machst? Etwas zu essen zubereitest? Dir noch den Abendkrimi im Fernsehen anschaust? Wenn du danach immer noch Selbstmord machen möchtest, dann werde ich damit einverstanden sein. Ich möchte mir nur sicher sein, daß es mehr ist als eine plötzliche Laune.«

8. Schließen Sie auf diese Weise mit dem Gefährdeten einen regelrechten Vertrag, was er tun wird, bevor er sich tötet. Bringen Sie ihn dazu, verschiedene Alltagshandlungen zu unternehmen, die ihn in die Wirklichkeit zurückwerfen: Radio hören, eine Zigarette rauchen, etwas trinken, eine Zeitung kaufen usw. Und vereinbaren Sie unbedingt, daß er Sie noch einmal anruft, bevor er Ernst macht.

»Vertrag« schließen

Verweilen Sie so lange wie möglich bei jedem der acht Punkte. Da Sie ihm über einen zeitlich begrenzten Selbstmordimpuls hinweghelfen müssen, sollte das Gespräch ausführlich und detailliert sein. Versuchen Sie jede Antwort, die Sie erhalten, tief auszuloten. Sorgen Sie dafür, daß Gefühle und Verdrängungen zur Sprache kommen, indem Sie emotional spiegeln und aufmerksam zuhören. Erst wenn das eine Thema erschöpft ist, gehen Sie mit einer Frage zum nächsten Problem über.

Eine sehr erfolgreiche Gesprächsmethode in dieser Situation ist die Umdeutung. Der Gefährdete verbindet genauso wie seine Umwelt mit seinem Vorhaben bestimmte Wertvorstellungen, zum Beispiel, daß der Selbstmord eigentlich ein verwerflicher Akt ist und ein Versagen bezeugt. Wenn Sie diese negative Bewertung in eine positive verkehren, können Sie Ihr Gegenüber unterstützen, wieder Mut zum Leben zu fassen. Sie sagen beispielsweise, daß der Selbstmord eigentlich ein mutiger Akt ist, daß es zwar die letzte Art einer Problemlösung ist, aber dennoch eine Problemlösung. Daß viele Menschen sich überhaupt nicht bemühen, ihre Probleme zu klären, und daß sein Mut und seine Kompromißlosigkeit Sie mit Hochachtung erfüllen. Wenn Sie merken, daß der Betroffene seine Tat noch gar nicht unter diesem Aspekt gesehen hat, können Sie als nächstes Ihre Überzeugung äußern, daß Sie ihm zutrauen, die eine oder andere Schwie-

Umdeutung

rigkeit – die Sie dann konkret benennen müßten – auch auf andere Weise zu bereinigen.

Seien Sie aber vorsichtig, wenn Sie als Nichtfachmann zu dieser Methode greifen. Wenn Sie in Wahrheit nicht glauben, daß Selbstmord Mut erfordert, sondern das eher für ein feiges Ausweichen vor der Wirklichkeit halten, wird der andere Sie durchschauen. Dann haben Sie jeden Kredit verspielt, weil er den Eindruck gewinnt, daß es Ihnen nur um Ihre Selbstbestätigung, nicht aber um ihn als Person geht.

Werden Sie für das letzte Gespräch gewählt und es gelingt Ihnen zu erreichen, daß der andere seine tödlichen Pläne zumindest hinausschiebt, müssen Sie überlegen, ob Sie sich mit der Hoffnung begnügen, daß er von allein zum Leben zurückfindet. Ob Sie, wenn er dennoch Hand an sich legt, seine Entscheidung respektieren werden. Oder wollen Sie sichergehen und seine Verwandten und den Rettungsdienst alarmieren? Diese Entscheidung kann ich Ihnen nicht abnehmen. Aber Sie können davon ausgehen, daß – wenn der Gefährdete Sie als letzten Gesprächspartner aussuchte – er auch ahnen wird, wie Sie entscheiden werden.

Die Zukunft planen

Ist es Ihnen gelungen, einen etwas längeren Aufschub zu erreichen, planen Sie mit dem Gefährdeten die nächsten Minuten, Stunden und Tage genau durch: wann er aufstehen wird, mit welchen Tätigkeiten er seine Zeit füllt. Lassen Sie sich immer wieder versprechen, daß Sie vor einem neuen Versuch benachrichtigt werden. Wenn Sie merken, daß Sie Kontakt und eine gewisse Vertrauensbasis gefunden haben, können Sie anfangen, sich mit seinen tieferliegenden Schwierigkeiten zu befassen. Bei einem Selbstmörder liegen in der Regel viele Krisen übereinander, die Sie erst einmal entwirren und einzeln in Angriff nehmen müssen. Das drängendste Problem muß zuerst angepackt werden. Es hat keinen Sinn, alle Krisen auf einmal beheben zu wollen. Wenn möglich, lassen Sie sich versprechen, daß Ihr Partner Ihnen in den nächsten Tagen seinerseits bei einigen kleineren Problemen helfen wird. Das wichtigste wird aber das Gespräch nach den Regeln des Kapitels »Die Hausapotheke des Seelenhelfers« sein. Zu Ihrer Hilfe habe ich die wichtigsten Leitsätze für den Umgang mit Selbstmordgefährdeten in einer Übersicht zusammengestellt (Seite 122).

Ist es zu einem Selbstmordversuch gekommen, haben zwar, wie schon erwähnt, annähernd achtzig Prozent keine Lust mehr, sich erneut zu töten, aber die zugrunde liegende Krise schwelt fort. Wird der Betreffende in eine Klinik eingeliefert, kümmern sich professionelle Krisenberater um ihn. Anders, wenn der Versuch in der Familie bleibt, keine schweren Verletzungen eingetreten sind und die Angehörigen deshalb darauf verzichten, einen Arzt hinzuzuziehen. In den ersten vierundzwanzig Stunden nach der Tat ist der Betroffene besonders empfänglich für Hilfe und Neuorientierung. Es ist unbedingt erforderlich, daß jemand, der nicht von den Krisen betroffen ist, unter denen der Selbstmordgefährdete leidet, unmittelbar nach der Tat mit ihm ein verständnisvolles Gespräch führt. Gelingt es nicht, eine Neuorientierung in Gang zu setzen, wird eine Wiederholung des Selbstmordversuches wahrscheinlich. Wenn in der eigenen Bekanntschaft kein verständnisvoller Zuhörer gefunden werden kann, der auch konkrete Hilfe leisten kann (zum Beispiel bei der Suche nach einer neuen Wohnung oder Arbeitsstelle), sollte ein Therapeut hinzugezogen werden. Leider weigern sich viele nach einem Selbstmordversuch, Hilfe anzunehmen. Sie bewerten ihren mißlungenen Versuch als erneutes persönliches Scheitern und verweigern das Gespräch darüber, häufig indem sie behaupten, nur versehentlich zuviel Tabletten genommen zu haben, aus Versehen den Gashahn nicht zugedreht zu haben usw. Letztlich ist es verlorene Liebesmüh, jemandem, der absolut nicht will, Unterstützung anzubieten. Da es aber um Leben und Tod geht, gilt in diesem Fall die sonst übliche Regel nicht, daß die Gewährung von Hilfe Freiwilligkeit und Einsicht auf seiten des Hilfsbedürftigen voraussetzt. Welche (bescheidenen) Möglichkeiten es gibt, einen Uneinsichtigen für Ihr Hilfsangebot empfänglich zu machen, finden Sie am Anfang des Kapitels »Sucht«. Über diese Angebote hinaus sollte aber niemand gezwungen werden, Unterstützung zu akzeptieren. Die letzte Verantwortung für sein Leben liegt bei jedem einzelnen selbst.

Die Krise bearbeiten

Hilfeverweigerung

10 Leitsätze für das Gespräch mit Selbstmordgefährdeten

1. Nehmen Sie jede Selbstmordabsicht ernst. Es ist der letzte Versuch eines Lebensmüden, der Mitwelt sein auswegloses seelisches Leiden mitzuteilen.

2. Ein Selbstmordgefährdeter sieht die Welt schwarz-weiß. Dennoch hat er sich noch nicht völlig vom Leben verabschiedet, sonst würde er nicht mit Ihnen sprechen. Er erwartet von Ihnen eine klare Sprache (ohne ängstlich-wohlmeinende Umschreibungen und Verniedlichungen) und aufmerksames Zuhören.

3. Der gefährliche Höhepunkt dauert nicht länger als wenige Stunden. Nehmen Sie sich Zeit, Geduld und Interesse, auch wenn der Gefährdete Ihnen mit unangemessenen Forderungen und ungereimten Anklagen auf den Geist geht.

4. Ein Selbstmörder sucht alle ausweglosen Schwierigkeiten hinter sich zu lassen und eine Art Neugeburt zu finden. Prüfen Sie gemeinsam, ob dieses Ziel nicht auch mit Mitteln, die das Leben bietet, zu erreichen ist.

5. Lassen Sie sich niemals in seine Hoffnungslosigkeit hineinziehen, sondern erfragen Sie die hinter seinen Behauptungen stehenden Tatsachen. Gestalten Sie die Fragen nach seinen Krisen aber nicht zu einem Verhör über seine Lebensführung; Sie könnten seine Panik noch vergrößern. Zeigen Sie vielmehr wohlwollendes Interesse und überlassen Sie ihm die Entscheidung, in welchem Stil er mit Ihnen redet.

6. Menschliche Beziehungen sind das wichtigste Mittel, die ein Weiterleben rechtfertigen. Versuchen Sie herauszufinden, welche anderen Personen ihm wichtig sind. Falls es niemanden gibt, äußern Sie Ihr Interesse an ihm. Reden Sie ihn mit dem Vornamen an, damit zeigen Sie, daß er persönlich gemeint ist.

7. Zeigen Sie Angst um den anderen, aber keine Angst vor seinen Worten, Gedanken und selbstzerstörerischen Plänen.

8. Wenn der andere Ihnen darlegt »… und deshalb muß ich mich töten«, wandeln Sie seine Beweisführung um in » …deshalb könnten Sie sich in … (nach einer bestimmten Frist, wenn diese und jene Möglichkeit nicht mehr offensteht) erhängen (vergiften, die Pulsadern aufschneiden, vor die U-Bahn werfen)«.

9. Versuchen Sie eine Abmachung zu erreichen, daß der Gefährdete Sie noch einmal anruft, bevor er sich umbringt, und daß er zuvor alle anderen ausgehandelten Möglichkeiten ausprobiert.

10. Vergegenwärtigen Sie sich, daß jeder das Recht hat, durch Freitod aus dem Leben zu scheiden, daß jeder von uns in ausweglosen Lagen fähig ist, an Selbstmord zu denken, daß es gut ist, daß uns dieser letzte Ausweg immer offen bleibt – und daß es immer Menschen geben wird, die sich trotz aller Bemühungen unsererseits für dieses letzte menschliche Recht entscheiden werden.

Ängste

Ein menschliches Grundgefühl

Angst ist wie Wut, Freude oder Traurigkeit eine Basisemotion, die Menschen aller Kulturen gemeinsam haben. Die Fähigkeit, Angst zu empfinden, ist uns angeboren und soll uns vor Gefahren schützen. Normalerweise vergeht die Angst wieder, sobald wir uns in Sicherheit gebracht haben. Für viele Menschen sind Ängste jedoch dauerhafte Begleiter ihres Lebens geworden. Sie sind ein Zeichen für unbewältigte Konflikte und starke seelische Spannungen. Die meisten leben mit ihren Ängsten, indem sie angstauslösende Plätze und Ereignisse soweit wie möglich meiden. In schweren Fällen können plötzliche und unkontrollierbare Angstanfälle die Lebenstüchtigkeit stark einschränken. Die Betroffenen ziehen sich auf wenige sichere Lebensräume zurück und sind auf ständige Medikamenteneinnahme angewiesen. Unbeschwertes Genießen wird für sie ein fernes Ideal, das sie nur noch aus Büchern, Filmen und Erzählungen glücklicherer Zeitgenossen kennen.

Formen der Ängste

Es gibt unterschiedliche Formen von Ängsten. In der Ersten Hilfe kommt es darauf an, akute Angstanfälle durch bloßes Dabeisein zu mildern und dem Betroffenen zu ermöglichen, über seine Ängste zu sprechen. Versuchen Sie als Helfer vor allem herauszufinden, um welche Form von Angst es sich handelt und mit welchen seelischen Schwierigkeiten sie in Zusammenhang stehen könnten. Das ist vor allem dann der erste Schritt zur Heilung, wenn dem Betreffenden seine Ängste gar nicht bewußt sind. Viele verdrängen ihre Ängste, verbergen sie hinter rastloser Tätigkeit (»workaholics«) oder versuchen sie wegzuerklären. Zum Beispiel dadurch, indem sie ihr Verhalten als besonders vorausschauend und vorsichtig interpretieren oder kleine Unannehmlichkeiten unverhältnismäßig aufbauschen. Bringen Sie die verdrängten Unsicherheiten und Befürchtungen zur Sprache, damit die Quelle der Ängste ans Licht kommt. Die Behandlung der Angst selbst sollte in der Regel einem Fachmann vorbehalten bleiben.

In der folgenden Übersicht finden Sie die wichtigsten Formen von Angstzuständen und ihre möglichen Ursachen:

Angstzustand	Ursachen
Angst, die seit einigen Wochen oder Monaten ohne erkennbare Ursache immer wieder auftritt – meist in Zusammenhang mit Nervosität, Gereiztheit, Unlust, Abgespanntheit, Abnahme der sexuellen Lust und Vernachlässigung sozialer Kontakte	Befindlichkeitsstörungen aufgrund aktueller seelischer Probleme, die einer Behandlung bedürfen, wenn sie länger als drei bis vier Wochen andauern; Ursachen können sein: Überarbeitung, Streß, Anpassungsprobleme (zum Beispiel bei Schichtarbeit), eintönige Tätigkeit (zum Beispiel Fließbandarbeit), emotionale Probleme bei unverarbeiteten Konflikten
Unkontrollierbare, diffuse Ängste ohne erkennbare Ursache – die unabhängig von aktuellen Konflikten immer wieder auftreten (über längere Zeiträume, meist seit früher Kindheit, dauern unter Umständen lebenslang) – die sich oft gegen den eigenen Körper richten(starke Angst vor Herzstillstand, Geisteskrankheiten, Krebs, Aids …) – mit der Tendenz, sich zu übermächtigen Panikanfällen auszuweiten	Angstneurosen, als Folge starker Über- oder Unterforderung (besitzergreifende Fürsorge oder fehlende Zuwendung) in der Kindheit oder infolge nichtgelungener Verarbeitung schwerer Krisen wie Trauer, Verlust, Trennung, Entscheidungskonflikte (siehe S. 88 ff.)
Angst in Zusammenhang mit Bewährungs- und Belastungssituationen wie – Prüfungen, Bewerbungen, öffentlich reden – schwierige Gespräche, neue Kontakte – neue, schwierige Aufgaben mit hoher Verantwortung – Verlust des Arbeitsplatzes – starke Veränderung der Lebensumstände (Ortswechsel, Trennungen u.ä.)	Furcht infolge von Erziehungsfehlern, die starke Hemmungen und Minderwertigkeits- komplexe zur Folge hatten oder normale Reaktion auf Belastungen; vergeht nach Normalisierung der Lebensumstände, wenn: – die Angst nicht unterdrückt, sondern ausgesprochen wird – Erfolgserlebnisse zu einer raschen Neu- orientierung führen
Angst vor bestimmten Orten oder Objekten wie – geschlossenen Räumen – Menschenansammlungen – Abgründen – Flugzeugen – Spinnen, Blut, Katzen, Männern, Frauen …	Phobien, die von den Betroffenen meist selbst als nicht realitätsgerecht erkannt werden; die Ursache liegt in früheren negativen Erlebnissen, die zufällig in Zusammenhang mit dem Furchtobjekt standen; manchmal verbergen sich hinter Phobien

auch tiefere Störungen wie Angstneurosen oder seelische Konflikte

Angstzustände nach Alkoholgenuß

Verdrängte Ängste, die durch den »enthemmenden« Alkohol ins Bewußtsein dringen, bei starkem und häufigem Trinken auch Wirkung des Alkohols selbst

Angst nach der Einnahme von Medikamenten wie
– Schlaf- und Beruhigungstabletten
– Mitteln zur Förderung der Hirndurch-
blutung mit dem Wirkstoff Piracetam
– Neuroleptika

Nebenwirkungen des Medikaments

Angst bei Entwöhnung von Drogen, Alkohol, Medikamenten, manchmal verbunden mit Schlafstörungen, Herzklopfen, Unruhe und Zittern

vorübergehende Begleiterscheinung des Entzugs

Angst bei körperlichen Krankheiten wie
– Schilddrüsen-Überfunktion
(dann gleichzeitig starker Gewichtsverlust und Schwitzen, hervortretende, glänzende Augäpfel)
– Phäochromozytom (hormonproduzierender Tumor der Nebenniere)
– Herzerkrankungen
– Bluthochdruck
– Hirntumore
– Epilepsie

Begleiterscheinung der Krankheit

Angst in Zusammenhang mit
– Niedergeschlagenheit und Antriebsverlust
– Schlafstörungen, Appetitverlust
– eventuell Selbstmordphantasien

Depression (siehe Seite 215 ff.)

Angst von kleineren Kindern, insbesondere im Dunkeln

kann eine vorübergehende Entwicklungs-phase sein, aber auch ein Hinweis darauf, daß das Kind überfordert ist oder nicht das optimale Maß an Zuwendung erhält

Offene Gespräche und ehrlicher Umgang miteinander beugen am besten jeder Art von Angstzuständen vor. Wenn Sie jemandem helfen wollen, der unter Ängsten leidet, suchen Sie anläßlich einer Situation, in der seine Ängstlichkeit zutage tritt, das Gespräch mit ihm. Sprechen Sie seine Gefühle angesichts der angsterzeugenden Situation an mit der Methode des emotionalen Spiegelns:

Offenheit beugt vor

»Ich habe den Eindruck, es ist dir unangenehm …«
»Du fürchtest …«
»Du hast Hemmungen …«
»Der Gedanken, es könnte … macht dir Angst.«

Wenn Sie erkannt haben, um welche Form von Angst es sich handelt, können Sie sich mit dem zugrunde liegenden Problem befassen. Bei körperlichen Krankheiten, Sucht oder momentanen seelischen Konflikten schwindet die Angst in der Regel mit der angstauslösenden Ursache. Schwieriger ist es bei »grundlosen« Ängsten, Furcht vor bestimmten Situationen und Phobien. Sie erfordern, zumindest in schwereren Fällen, eine gezielte Therapie der Angst. Vor allem Verhaltenstherapien bieten heute gute Heilungschancen, ohne daß in jedem Fall die frühkindlichen Anfänge aufgedeckt werden müssen.

»Grundlose« Ängste

Die Betroffenen werden von unklaren Ängsten überflutet, die sie nicht unter Kontrolle bekommen und deren Auslöser sie nicht kennen. Manche geraten ständig in Angst vor nahezu allem und jedem. Gelegentlich, ohne erkennbaren Grund, steigert sie sich zu Panikanfällen. Da die Betroffenen nicht wissen, woher ihre Ängste kommen, gelingt es ihnen nicht, sie abzuwehren oder furchterregende Situationen zu meiden. In der Folge beginnen sie, sich vor ihren Ängsten zu fürchten. Sie entwickeln eine Angst vor der Angst, in die sie sich hineinsteigern. Die Ängste verwandeln sich in körperliche Beschwerden wie Herzjagen, Atem-

Panik ohne erkennbaren Grund

störungen, Schwitzen, Durchfälle, Zittern, schreckhaftes Aufwachen mitten in der Nacht. Das kann sich bis zu der Angst steigern, jeden Moment durch einen Herzanfall zu sterben oder plötzlich in geistige Umnachtung zu sinken und die Handlungsfähigkeit einzubüßen. Manchmal werden solche Menschen mit Herzinfarktverdacht in eine Klinik eingeliefert. Der Arzt konstatiert dann »ohne Befund«, bemerkt aber, daß sich sein Patient hilflos und allein fühlt (Mentzos 1984).

Angstneurose Es handelt sich um eine Form der Neurose, von der immer mehr Menschen betroffen sind. Besonders Kinder, deren Eltern schon unter Angstneurosen leiden, sind stark gefährdet. Ängstliche Menschen bemühen sich meist, ihre Angstzustände zu verbergen und nach außen den Eindruck zu erwecken, sie wären so locker und lebenstüchtig wie jedermann. Oft erkennt man an der Körpersprache (Arme und Beine eng an den Körper gezogen, zusammengepreßte Lippen, angespannte Gesichtszüge), daß dies eine hohe Selbstbeherrschung erfordert. Angstneurotiker haben aber zugleich den Wunsch, Partner zu finden, denen sie vertrauen können und zu denen sie über ihre Ängste reden können. Als Vertrauensperson helfen Sie am besten, indem Sie gut zuhören und durch emotionales Spiegeln zeigen, daß Sie die Gefühle des Betroffenen verstehen. Das Gespräch wirkt bereits entlastend. Versuchen Sie herauszufinden, unter welchen Umständen die Ängste am häufigsten auftreten und ob es zwischen diesen Situationen Ähnlichkeiten gibt.

Die meisten Partner von Angstneurotikern nehmen deren Probleme nicht ernst. Tröstende (»Ist doch nicht so schlimm.«) oder direktive (»Nun reiß dich mal zusammen.«) Reaktionen sind typisch. Sie vermitteln dem Ängstlichen zusätzlich zu seinen **Verständnis** Schwierigkeiten das Gefühl, ein Versager zu sein. Hilfreicher **zeigen** sind Verständnis und positive Suggestionen: »Du hast es schwer. Aber ich bin überzeugt, du schaffst es.« Aber geben Sie in Ihrem Engagement für einen unter Angst Leidenden ihre Unabhängigkeit nicht auf. Angstneurotiker neigen dazu, sich an hilfsbereite Menschen zu klammern. Wenn Sie merken, daß Sie jemand als Schutzschild gegen eventuelle Panikanfälle immer um sich haben will, sollten Sie Grenzen setzen und einen Therapeuten hinzuziehen.

Menschen mit schweren Angstanfällen suchen irgendwann einen Arzt auf, meist einen Allgemeinmediziner, der angstmindernde Psychopharmaka (Benzoediazepine, Antidepressiva, niedrig dosierte Neuroleptika) verschreibt. Abgesehen davon, daß solche Mittel die zugrunde liegende Ursache nicht bekämpfen, verringert sich ihre Wirkung nach einiger Zeit infolge Gewöhnung, und es besteht die Gefahr einer suchtartigen Abhängigkeit. Die meisten Mittel haben außerdem einen sedierenden Effekt, das heißt, sie vermindern die Fahrtüchtigkeit und Reaktionsschnelligkeit.

Medikamente nutzen wenig

Angstpatienten sollten sich grundsätzlich an einen Psychotherapeuten wenden. Zwar haben auch einige Ärzte eine psychoanalytische Zusatzausbildung durchlaufen und sind in der Lage, eine psychoanalytisch orientierte Kurztherapie durchzuführen. Diese Therapieform zeigt aber gerade bei Angstpatienten kaum Resultate. Erfolgreicher sind die klassische Psychoanalyse und einige Formen der Verhaltenstherapie wie die Reizkonfrontationstherapie oder die rational-emotive Therapie (siehe Kapitel »Professionelle Hilfe«), kombiniert mit dem Erlernen von Entspannungstechniken, insbesondere der Meditation.

Professionelle Hilfe suchen

Furcht vor bestimmten Situationen

Wer unter Belastung steht oder sich in einer Situation bewähren muß, wo viele Augen auf ihn gerichtet sind, spürt sein Herz klopfen, und sein Atem geht schneller. Lampenfieber und Anfälle momentaner Panik treten auf. Das sind äußere Anzeichen dafür, daß der Körper alle Reserven mobilisiert, damit wir die nächsten Minuten erfolgreich durchstehen. Für viele stellt die Furcht vor der Bewährungssituation jedoch eine unüberwindliche Barriere dar. Sie erröten, stottern und vermitteln den Eindruck, der Situation nicht gewachsen zu sein, obwohl sie viel-

Herzklopfen und Lampenfieber

leicht besser vorbereitet und fachlich kompetenter sind als ein anderer, der seine Zuhörer lediglich mit einem Lächeln, ein paar lockeren Sprüchen und selbstsicheren Gesten überzeugt.

Wen die Furcht, sich zu blamieren, daran hindert, seine Fähigkeiten und seine Persönlichkeit ins rechte Licht zu rücken, kann dagegen etwas tun. Was nutzen wochenlange Vorbereitungen, wenn es nicht gelingt, im entscheidenden Moment andere von den Ergebnissen seines Strebens zu überzeugen? Die wichtigste Regel lautet: *Tun Sie genau das, wovor Sie sich fürchten, und tun Sie es immer wieder!*

Sich der Furcht stellen!

Die Hauptquelle der Angst vor risikobehafteten Situationen liegt in Hemmungen und Minderwertigkeitskomplexen. Schuld daran ist meist die frühkindliche Erziehung. Wer von seinen Eltern und in der Schule viel getadelt, aber wenig gelobt wurde, entwickelt ein Bild von sich, daß er jemand ist, der seine Mitmenschen grundsätzlich nicht zufriedenstellen kann. Er zieht es deshalb vor, Aufgaben auszuweichen, von denen er weiß, daß er hinterher ohnehin mit Kritik rechnen muß. Wer aber anfängt, bestimmte Situationen zu meiden, dem fehlt später die Gelegenheit zu erfahren, daß er mit diesen Situationen gut zurechtkommt, sobald keine Eltern mehr da sind, die von vornherein ihren tadelnden Zeigefinger erheben.

Frühkindliche Erziehungsfehler

Glücklicherweise erstreckt sich dieses Vermeidungsverhalten bei den meisten nicht auf alle Situationen, in denen er mit anderen Menschen in Kontakt kommt, sondern jeder der Betroffenen hat ein bestimmtes Gebiet, das er am liebsten meidet. Häufig handelt es sich um ein Betätigungsfeld, auf dem man aufgrund seiner Hemmungen schon einmal versagt hat. Dann versucht man die angstbesetzten Situationen zu meiden und Erfolge auf anderen Gebieten zu suchen. Schwierig wird es, wenn ein Ausweichen aufgrund der Lebensumstände nicht möglich ist:

Vermeidungsverhalten

▶ weil ein Prüfungsängstlicher ein Studium aufnimmt;
▶ weil jemand, der Angst hat, Unbekannte anzusprechen, einen Beruf wie Verkäufer, Arzt oder Lehrer erlernt;
▶ weil Hemmungen sich als Karrierehindernis erweisen;

▶ weil es jemandem mehrfach nicht gelingt, sich gegen seine Kollegen oder gegen Behörden durchzusetzen;

▶ weil jemand im Kontakt mit dem anderen Geschlecht errötet, stottert, sich zurückzieht und deshalb vereinsamt.

Sie können helfen, indem Sie den Betroffenen nach früheren Erfahrungen fragen und eigene Ängste eingestehen. Spiegeln Sie seine Gefühle. Wenn Ihr Partner von sich aus den Wunsch äußert, seine Furcht überwinden zu wollen, können Sie einen Schritt weitergehen. Bieten Sie ihm an, daß Sie sich mit ihm gemeinsam der furchtauslösenden Situation stellen werden. Manch einem fällt es leichter, einen Versuch zu unternehmen, wenn er weiß, daß da jemand im Hintergrund ist, der eingreift, wenn die Dinge außer Kontrolle geraten. (Siehe auch Abschnitt »Verarbeiten von Versagenssituationen« Seite 107 ff.).

Schafft es jemand nicht allein, mit seinen Ängsten zurechtzukommen, bieten sich eine Reihe von Psychotherapien mit sehr guten Erfolgsaussichten an. Die besten Therapien sind die Systematische Desensibilisierung, unter Umständen kombiniert mit Entspannungstechniken, Selbstsicherheitstraining, kognitives Bewältigungstraining, Reizkonfrontationstherapie und rational-emotive Therapie (siehe Kapitel »Professionelle Hilfe« Seite 243 ff.). Der Vorzug dieser Therapien besteht in ihrer Effektivität. Zwanzig Sitzungen in maximal zehn Wochen reichen im Regelfall aus. Psychoanalytische Behandlung kann zusätzlich die frühkindlichen Quellen der Ängste ins Bewußtsein zurückrufen, es dauert aber viel länger, bis eine lindernde Wirkung eintritt.

Anti-Furcht-Therapien

Phobien

Eine Phobie ist immer eine Angst vor etwas konkret Benennbarem. Fast jeder kennt Personen, die unter einer Spinnenphobie, Platzangst oder Flugangst leiden. Die nachfolgende Tabelle nennt die wichtigsten Phobien. Wie man sieht, werden mit diesem Wort sehr unterschiedliche Dinge bezeichnet. Während einige Phobien

Spezifische Ängste

Wichtige Phobien

Akrophobie	Höhenangst	Gynophobie	Angst vor Frauen
Agoraphobie	Platzangst	Hematophobie	Angst vor Blut
Ailurophobie	Angst vor Katzen	Hydrophobie	Angst vor Wasser
Algophobie	Angst vor Schmerzen	Iatrophobie	Angst vor Ärzten
Androphobie	Angst vor Männern	Keraunophobie	Angst vor Gewitter
Anthophobie	Angst vor Bienen	Klaustrophobie	Angst in geschlossenen Räumen
Astrophobie	Angst vor Unwetter	Klinophobie	Angst vor Betten
Autophobie	Angst vor dem Alleinsein	Kynophobie	Angst vor Hunden
Aviophobie	Angst vor dem Fliegen	Mysophobie	Angst vor Mikroben und vor Ansteckung
Belonephobie	Angst vor Nadeln	Nekrophobie	Angst vor Leichen
Botanophobie	Angst vor Pflanzen	Nosophobie	Angst vor Krankheiten
Chromophobie	Angst vor bestimmten Farben	Nyktophobie	Angst vor der Nacht
Dezidophobie	Entscheidungsangst	Ombrophobie	Angst vor dem Regen
Dormatophobie	Angst, an ein Haus gefesselt zu sein	Ophidiophobie	Angst vor Schlangen
		Peccatophobie	Angst vor Sünde
Elektrophobie	Angst vor Elektrizität	Pädophobie	Angst vor Kindern und vor Puppen
Entomophobie	Angst vor Insekten	Sodophobie	Angst vor dem Lernen
Ergophobie	Angst vor Arbeit	Thanatophobie	Angst vor dem Tod
Gamophobie	Angst vorm Heiraten		

(Quelle: Hanisch/Hermanns 1990, S. 88)

nur ein bestimmtes Objekt betreffen, das man leicht meiden kann, betreffen andere grundlegende Merkmale des menschlichen Zusammenlebens und greifen tief in das soziale Leben und den Alltag ein.

Ausgangspunkt für eine Phobie sind in der Regel ein oder mehrere negative Erlebnisse mit dem angstauslösenden Objekt. Wie eine Phobie entsteht, zeigte der Begründer der amerikanischen Verhaltenspsychologie, John B. Watson, Anfang des Jahrhunderts in einem aufsehenerregenden, aber moralisch fragwürdigen Experiment. Als »Versuchskaninchen« diente ihm ein elf Monate

Ein fragwürdiges Experiment

alter Knabe namens Albert, der Sohn eines Kollegen. Das Kind hatte ein weiße Ratte, wie sie von Medizinern und Biologen als

Versuchstiere verwendet werden, zum Spielkameraden. Albert hing sehr an dem Tier. Watson schlug von nun an jedesmal, wenn der Knabe seine Ratte erblickte und die Hand nach ihr ausstreckte, direkt neben Alberts Ohr mit einem Hammer auf einen Eisenstab, so daß der Junge vor dem Knall zusammenschreckte. Bereits nach einer Woche fing der Knabe an zu weinen, wenn er das Tier erblickte – auch ohne Hammerschlag. Watson stellte fest, daß das Kind sich inzwischen auch vor anderen fellbedeckten Objekten wie Kaninchen, Puppen mit Felljacke und sogar vor dem Bart des Nikolaus fürchtete. Auch nach einem Monat hielt der »Lerneffekt« unvermindert an. In seiner Begeisterung für sein Experiment »vergaß« Watson, dem kleinen Albert aus seiner Angst wieder herauszuhelfen. Über das weitere Schicksal des Jungen vermeldet die Fachliteratur nichts.

Einige Arten von Phobien waren schon im Altertum bekannt, aber durch gesellschaftliche Veränderungen entstehen auch neue Phobien. Die Aids-Aufklärung der letzten Jahre hat beispielsweise dafür gesorgt, daß in Deutschland inzwischen mehr Menschen an einer Aids-Phobie leiden als an der Immunschwäche selbst. 50 bis 75 Prozent der Ratsuchenden bei den Gesundheitsämtern gehören nicht zu einer Risikogruppe, unterziehen sich aber dennoch immer wieder einem Test aus Angst vor Ansteckung, oft schon nach einem einmaligen Seitensprung oder nach Erhalt einer Bluttransfusion (siehe auch Hanisch/Hermanns 1990, S.99f.).

Die meisten Menschen können mit ihrer Phobie leben, indem sie die angstauslösenden Objekte meiden und sie als eklig, unangenehm oder bedrohlich bezeichnen. Dadurch vermeiden sie es, sich einzugestehen, daß ihre Angst nicht durch das Objekt verschuldet ist, sondern in ihrer seelischen Verfassung begründet liegt. Wenn ein Ausweichen auf Dauer nicht möglich ist, gehen die Betroffenen zum Arzt, der ihnen ein angstlösendes Medikament verschreibt. Besser ist eine Verhaltenstherapie wie systematische Desensibilisierung (nach Entspannung oder Meditation stellt der Patient sich die Angstsituation vor, bis sie keine Angst mehr auslöst) oder Reizkonfrontation.

**Alltag
des Phobikers**

Gewöhnung an angstauslösende Situationen

Bei leichten Phobien kann man eine graduell sich steigernde Reizkonfrontation allein durchführen. Sie beruht auf dem Prinzip, den Ängstlichen nach und nach an die angstauslösende Situation zu gewöhnen. Der Betroffene sollte zunächst Gelegenheit haben, über sein Angstobjekt zu sprechen und seine Ängste einzugestehen. Danach muß er allmählich an das Angstobjekt herangeführt werden. Zunächst betrachtet er Bilder des Objektes oder hört Geräusche, die mit ihm in Verbindung stehen. Später betrachtet er das Objekt selbst: erst aus der Ferne, dann aus der Nähe, bis er schließlich in der Lage sein sollte, die Anwesenheit des Objektes auszuhalten oder es gar zu berühren und mit ihm umzugehen. Die Wirkung beruht darauf, daß der Betreffende sein Angstobjekt nicht mehr meidet, sondern sich seinen Ängsten und ihren Ursachen stellt. Ein detailliertes Selbsthilfeprogramm finden Sie in: Cor Anneese/Tino Pol: Wege aus der Phobie. Selbsthilfe bei Ängsten, 1995. Bei schwereren Phobien darf die Reizkonfrontation auf jeden Fall nur unter der Kontrolle eines Fachmannes durchgeführt werden.

Sucht

Schluß mit der Heuchelei! Wenn Alkohol, Drogen und Beruhigungstabletten nicht auch ihre angenehmen Seiten hätten, würden kaum so viele Menschen dafür ihr Geld und ihre Gesundheit riskieren. Entscheidend ist immer das individuelle Maß, bei dessen Überschreitung die Gefahr besteht, abhängig zu werden. Süchtig kann man nicht nur nach chemischen Substanzen werden, sondern auch nach psychischen Reizen. Das belegen ausufernde Spiel- und Wettleidenschaften, die Suche nach immer gefährlicheren Abenteuern, Kaufrausch, Magersucht, Freßsucht, Arbeitssucht und Sexsucht. Wortbildungen wie Sehn »sucht«, Hab »sucht«, Geltungs »sucht« oder Eifer »sucht«

Leidenschaft – ein Suchtpotential

belegen die alte Volksweisheit, daß alle starken Leidenschaften ein Suchtpotential enthalten.

Am Entstehen einer Sucht sind viele Faktoren beteiligt. Zum einen ist die Gefahr, abhängig zu werden, unterschiedlich ausgeprägt. Einige werden schon nach wenigen Wochen oder Monaten Alkoholkonsum abhängig, andere trinken ihr ganzes Leben lang größere Mengen, ohne daß eine Sucht entsteht. Daran ist wahrscheinlich eine biologische Veranlagung beteiligt. (Jeder kennt die verheerenden Auswirkungen des »Feuerwassers« auf die Indianer.) Zum zweiten gibt es einen psychischen Faktor. Eine Sucht füllt oft ein seelisches Vakuum aus; sie bietet eine Ersatzbefriedigung für nichterfüllte Wünsche oder fehlende Zuneigung. Andere greifen in Krisenzeiten zu Alkohol oder Tabletten. Sie delegieren die Verantwortung für ihr Leben an die Droge. Zum dritten sind bestimmte soziale Gruppen stärker gefährdet als andere. Jedes Suchtmittel hat seine spezifischen Risikogruppen.

Erschreckende Zahlen

Nach Angaben der Deutschen Hauptstelle gegen die Suchtgefahren sind in Deutschland etwa 120 000 Menschen von illegalen Drogen abhängig, 1,4 Millionen von Medikamenten und 2,5 Millionen von Alkohol. Es gibt 17 Millionen Raucher, 35 Prozent von ihnen (also sechs Millionen) gelten als in starkem Maße nikotinsüchtig.

Abhängigkeit wird verborgen

Eine Sucht bleibt manchmal für lange Zeit unbemerkt. Der Süchtige redet sich dann jahrelang ein, daß er seine Droge »eigentlich« nicht braucht. Die nächsten Angehörigen und Kollegen entdecken die Sucht, wenn überhaupt, eher zufällig. Süchtige sind wahre Meister darin, vor sich selbst und anderen die Abhängigkeit zu verbergen. Das zeigt, wie wichtig es für das Selbstwertgefühl eines Menschen ist, sich frei und unabhängig zu fühlen. Und dies ist auch ein möglicher Ansatzpunkt, Süchtige dazu zu bewegen, Hilfe anzunehmen.

Unter den Menschen mit seelischen Problemen, die sich jeder Hilfe verweigern, bilden Süchtige die größte Gruppe. (Es folgen Personen in einer psychotischen Krise und solche, die gerade einen Selbstmordversuch hinter sich haben.) Süchtige dürfen aber nicht ihren Selbstlügen überlassen bleiben, insbesondere dann nicht, wenn sie durch ihre Abhängigkeit ihre Gesundheit, ihre finanziellen Reserven, ihre Umwelt und schließlich ihr Leben gefährden. Unter den Selbstmordgefährdeten bilden Süchtige ebenfalls die größte Gruppe. Deshalb darf der Helfer in diesen Fällen nicht warten, bis der Betreffende von sich aus um Unterstützung nachsucht, sondern muß versuchen, den Abhängigen zu überzeugen, seine Hilfe anzunehmen.

Wenn der Hilfsbedürftige jede Unterstützung ablehnt: Regeln für den Umgang mit widerständigen Personen

1. Versuchen Sie zunächst das Vertrauen des Hilfsbedürftigen zu erringen. Wenn Sie sich schon seit längerem kennen, verfügen Sie über einen Vorteil, den kein professioneller Krisenberater bieten kann. Drängen Sie ihn nicht, sich zu offenbaren, sondern hören Sie sich nur an, was er Ihnen zu sagen hat.

2. Sprechen Sie aus, was bei Ihnen den Verdacht erregt hat, der andere könnte süchtig sein. Sobald der Partner anfängt, den Verdacht zu widerlegen, Ihnen zu »beweisen«, daß Ihre Beobachtung auf einem Mißverständnis beruht, hören Sie sich seine Argumente in Ruhe an und beschränken Sie sich auf das emotionale Spiegeln: »Du wehrst dich gegen den Verdacht, du könntest süchtig sein ...« »Es ist dir unangenehm, ich könnte glauben, du würdest heimlich trinken.«

3. Sagen Sie, was für Hilfe Sie anbieten können für den Fall, daß der Partner irgendwann einmal Unterstützung benötigt. Erläutern Sie, welche Konsequenzen das für ihn hätte (zum Beispiel, es ist immer jemand da, mit dem er reden kann und der ihn bei plötzlichen Schwierigkeiten nicht allein läßt). Fragen Sie ihn, was er möchte und was nicht.

4. Gehen Sie auf die Gründe ein, die den anderen dazu bringen, Hilfe abzulehnen. Zeigen Sie Verständnis für die Abwehrhaltung. Im Gegenzug können Sie auf Verständnis hoffen dafür, daß Sie sich mit einem Hilfsangebot in seine Angelegenheiten einmischen.

5. Wenn im Gespräch unangenehme Spannungen entstehen: Lenken Sie von Ihrer Meinungsverschiedenheit ab, indem Sie praktisch tätig werden, zum Beispiel Kaffee kochen.

6. Wenn möglich, verbinden Sie Ihr Hilfsangebot mit einer Bitte um Unterstützung in einer Ihrer Angelegenheiten.

7. Wenn Sie jemanden kennen, zu dem der Betroffene eine noch engere Bindung hat als zu Ihnen, sprechen Sie mit dieser Person! Informieren Sie sie über Ihre Beobachtungen und Ihren Suchtverdacht. Beraten Sie gemeinsam, wie sie weiter vorgehen.

8. Üben Sie weder auf den Betroffenen noch auf sich selbst Druck aus. Oft genügt es, ein Hilfsangebot zu machen, und der Süchtige kommt nach einigen Tagen oder Wochen von selbst auf Ihr Angebot zurück.

Falsch wäre es, bei Entdeckung einer Sucht in Panik zu verfal-
len, zu schimpfen, zu toben, Vorwürfe zu machen und sofortige
Abstinenz zu verlangen. Genauso verkehrt ist das andere Ex-
trem. Ihr Verständnis sollte nicht so weit gehen, daß Sie sagen: **Betroffenheit
signalisieren**
»Was du auch tust, ich werde immer zu dir halten.« Bekennen
Sie vielmehr, daß Sie erschrocken sind über Ihre Entdeckung.
Sie sehen sich mit einem Problem konfrontiert, das Sie sehr
ernst nehmen. Sie sind aber überzeugt, daß Sie es gemeinsam
lösen können.
Wenn der Süchtige das Gespräch und den Entzug verweigert,
ist das ein Zeichen, daß er selbst noch nicht genügend unter den
Folgen der Sucht leidet und – was viel schwerwiegender ist –
daß der Konsum der Droge für ihn eine Art Belohnung darstellt.
Dafür gibt es drei Möglichkeiten:
Die *Sucht* kann *Bedürfnisse befriedigen*, die im »nüchternen« **Befriedigung
seelischer
Bedürfnisse**
Alltag zu kurz kommen, insbesondere nach Zuneigung, Frei-
heitsgefühlen oder Geltungsstreben. Oft liefert nicht die Droge
selber die Befriedigung, sondern das soziale Umfeld, in das jemand durch den Drogenkonsum gerät. Haschisch- oder Hero-
insüchtige verfügen über eigene Subkulturen, in denen sie Ka-
meradschaft und Solidarität finden. Alkoholabhängige sind meist
in ein soziales Netz eingebunden, das ihnen ein Gefühl von
Wichtigkeit verleiht: Mittrinker, Komplizen (Barkeeper, Verkäufer von alkoholischen Getränken), Leidende (Ehepartner). Eine
wichtige Entzugsstrategie kann darin bestehen, den Abhängigen aus diesem sozialen Netz herauszunehmen und ihn in andere Verhältnisse einzugliedern, in denen er sich genauso wichtig vorkommen kann, deren Bindung aber nicht auf der Droge
beruht.
Sucht als Selbstbestrafung. Menschen mit beschädigter Selbst- **Selbstbestrafung**
achtung greifen manchmal zum Suchtmittel, weil die Abhängig-
keit sie in ihrem negativen Selbstbild bestätigt. Sie versuchen sich
durch die Sucht zu bestrafen für vermeintliche Sünden, Schand-
taten oder persönliches Versagen. Wenn es ihnen gelingt, ihre
Gesundheit und ihre materiellen Lebensumstände zugrunde zu
richten, sagen sie sich: »Na bitte. Mit mir ist nichts los.«

Realitätsflucht

Sucht als Realitätsflucht. Die Droge wird zunächst gewählt, um sich zu entspannen oder vorübergehend drückende Probleme zu vergessen. Einige fliehen vor tatsächlichen Problemen, andere wollen lediglich das Gefühl innerer Leere verdrängen. Meist tritt der Entspannungs- oder Vergessenseffekt tatsächlich ein und wirkt als Ansporn, sich bei nächster Gelegenheit erneut zu betäuben. In dieser Gruppe finden sich neben Alkoholikern und Medikamentenabhängigen auch die meisten »workaholics«, Spielsüchtigen und leidenschaftliche Sammler.

Süchtige motivieren

Das Sprechen über die Sucht muß zum Ziel haben, daß der Betroffene zum Entzug motiviert wird. Dem Helfer stehen dafür drei Strategien zur Verfügung:

1. Konfrontieren: Da der Süchtige dazu neigt, seine Abhängigkeit zu bemänteln und wegzudiskutieren, sollten Sie für eine klare Sprache sorgen. Zählen Sie auf, was Sie beobachtet haben und daß Sie daraus schließen, daß der Partner süchtig ist. Der Betreffende muß sich eingestehen, daß er die Droge nicht mehr »im Griff« hat und Hilfe braucht. Werden Sie nicht zum Komplizen des Süchtigen, indem Sie das Problem verniedlichen oder vornehm umschreiben, sondern sagen Sie deutlich: »Du bist süchtig, und ich weiß es.«

2. Strukturieren: Versuchen Sie, die konkreten Umstände der Abhängigkeit herauszufinden. Stellen Sie fest, wie stark die Sucht ist, wie lange sie schon besteht, welche angenehmen Begleiterscheinungen den Süchtigen immer wieder zu seiner Droge greifen lassen, welche materiellen und gesundheitlichen Einbußen schon eingetreten sind (und demnächst eintreten werden) und wieweit der Wunsch des Partners reicht, etwas gegen seine Abhängigkeit zu unternehmen. Sagen Sie deutlich Ihre Meinung, aber hören Sie genau zu, wie der Partner sein Problem betrachtet. Dadurch erhalten Sie wichtige Rückschlüsse, ob reale Möglichkeiten eines Entzugs bestehen.

3. Klare Absprachen. Bemühen Sie sich, eine präzise Übereinkunft über Veränderungen in der Lebensweise des Süchtigen zu erreichen. Es genügt nicht, wenn ein Alkoholiker erklärt: »Ich werde versuchen, weniger zu trinken«, sondern die Erfüllung seiner Vorsätze muß überprüfbar bleiben: »Morgen trinke ich nur noch drei Flaschen Bier, die erste um fünfzehn Uhr, die zweite zum Abendbrot, die dritte beim Fernsehen.« Bieten Sie dafür eine Belohnung an, möglichst eine, die die bisherigen Belohnungen, die die Droge bot, ersetzt, zum Beispiel gemeinsame Aktivitäten.

In den meisten Fällen ist ein Entzug ohne professionelle Hilfe nicht möglich. Doch auch wenn der Entzug in Spezialkliniken durchgeführt wird, ist ein Erfolg nicht sicher. Die Rückfallquote ist hoch. Sie beträgt bei Rauschgiftsucht bis zu 90 Prozent, bei Alkoholikern zwischen 60 und 80 Prozent und bei Rauchern (je nach Entwöhnungsstrategie) zwischen 65 und 95 Prozent. Die Erfolgsaussichten können beträchtlich gesteigert werden, wenn die nächsten Angehörigen und Freunde dafür sorgen, daß der Abhängige in neue soziale Umfelder kommt. Als sehr hilfreich haben sich Selbsthilfegruppen erwiesen (wie die »Anonymen Alkoholiker«). Dort treffen Menschen zusammen, die die Schwierigkeiten der Sucht und des Entzugs genau kennen und sich wechselseitig in ihrer Neuorientierung bestärken. Auch Psychotherapien, die den Entzug begleiten, können sinnvoll sein.

Professionelle Hilfe ist nötig

Wer an der Seite von Süchtigen lebt, die von ihrer Droge nicht loskommen, steht in der Gefahr, seelisch und finanziell mitruiniert zu werden. Sie können als Partner sehr schnell selbst hilfsbedürftig werden. Der Partner sollte von Anfang an klarstellen, daß er den Süchtigen unverändert gern hat, aber sein Suchtverhalten ablehnt. Von vornherein muß er deutlich machen, daß er nicht bereit ist, zum Komplizen der Sucht zu werden. Nicht wenige Süchtige fühlen sich von ihrem lamentierenden, aber letztlich seine Sucht deckenden Partner in ihren heimlichen Machtbedürfnissen bestätigt. Ein selbstbewußter Partner bietet Unterstützung für den Entzug, sagt aber eindeutig, daß er Betrugsmanöver (heimliches Weitertrinken) und Rückfälle nicht tolerieren wird. Zugleich sollte er in aller Offenheit seine Kontakte außerhalb der Beziehung pflegen und finanzielle Reserven anlegen, zu denen der Süchtige keinen Zugang erhalten wird. Der

Risiken für den Helfer

Süchtige muß begreifen, daß er tatsächlich viel zu verlieren hat, wenn er an der Droge festhält.

Drastische Maßnahmen

Wenn der Süchtige trotz dieser klaren Alternativen nicht die Kraft zum Entzug findet, sind auch drastische Maßnahmen, wie Einweisung in eine Klinik oder Aufkündigung der Partnerschaft, gerechtfertigt. An einem bestimmten Punkt muß der Partner anfangen, an seine eigene seelische Gesundheit zu denken. Wer an der Seite eines Abhängigen lebt, hat nicht nur eine Verantwortung ihm gegenüber, sondern auch gegenüber sich selbst. Niemand ist verpflichtet, sehenden Auges in den Abgrund zu springen, auf den ein Süchtiger in selbstzerstörerischer Weise zusteuert.

Alkoholabhängigkeit

Das Trinken von alkoholischen Getränken ist ein historisch gewachsener Bestandteil unserer Kultur. Der Alkohol ist deshalb die einzige eindeutig suchtauslösende Droge, deren Genuß und Besitz nicht strafrechtlich verfolgt wird. Sowohl von der Menge als auch den Auswirkungen her ist er bei uns weiterhin die Droge Nummer Eins. In kleinen Mengen – ein Glas Wein pro Tag – kann er sogar die Gesundheit fördern (Verdauung, Abwehr gegen Erkältungskrankheiten, Lösen seelischer Spannungen). Der durchschnittliche Pro-Kopf-Verbrauch liegt aber weit höher. Schätzungsweise drei bis vier Prozent unserer Bevölkerung sind alkoholsüchtig. Trotz aller Aufklärungskampagnen ist der Verbrauch von Alkohol im Steigen begriffen, und zwar um etwa ein Prozent pro Jahr. Da immer mehr Menschen bei uns als Single leben, wird in den nächsten Jahren die Zahl derer, die in ihrer Einsamkeit zur Flasche greifen, erheblich zunehmen.

Droge Nummer eins

Auch ohne Abhängigkeit schädigt regelmäßiger Alkoholkonsum die Gesundheit, insbesondere die Leber, die Bauchspeicheldrüse, das Herz, die Blutgefäße, die Schleimhäute und die sexuelle Potenz. Außerdem werden die Denkleistungen, das Gedächtnis und die seelische Stabilität beeinträchtigt. Bei mehr als der Hälfte aller Verurteilten wegen Vergehen im Straßenverkehr war die zulässige Grenze von 0,8 Promille überschritten. Knapp ein Drittel aller Neueinweisungen in psychiatrische Kliniken gehen auf alkoholbedingte psychische Störungen zurück. Den volkswirtschaftlichen Schaden durch Unfälle, Arbeitsausfall und Behandlungskosten schätzt die Deutsche Hauptstelle gegen die Suchtgefahren auf 50 bis 80 Milliarden Mark im Jahr.

Es gibt eine Reihe von Alarmzeichen, die auf eine beginnende Abhängigkeit hindeuten. Die Grenzen zwischen allmählicher Gewöhnung und suchtartiger Abhängigkeit sind fließend. Je mehr von den folgenden Feststellungen auf eine bestimmte Person zutreffen, desto höher ist ihre Gefährdung:

▶ Wenn ich eine bestimmte Menge trinke, fühle ich mich wohl und entspannt. **Alarmzeichen**

▶ Es gibt belastende Situationen, die ich nur mit Alkohol gut bewältigen kann.

▶ Nach den ersten Gläschen Alkohol bin ich nicht »satt«, sondern spüre das Verlangen, weiterzutrinken.

▶ Meine Gedanken kreisen oft um Wein, Schnaps oder Bier.

▶ Die Tageszeit, zu der ich den ersten Alkohol trinke, verlagert sich immer weiter nach vorn.

▶ Ich trinke lieber, wenn ich allein bin.

▶ Ich habe immer genügend Vorräte an Alkohol zu Hause.

▶ Ich habe manchmal schon Gewissensbisse und Schuldgefühle gehabt, wenn ich Alkohol getrunken habe.

▶ Anderen gegenüber behaupte ich, weniger zu trinken, als es tatsächlich der Fall ist.

▶ Ich vermeide es möglichst, über das Thema Alkohol zu reden.

▶ Ich habe schon mal versucht, eine Zeitlang ohne Alkohol zu leben.

▶ Ich werde nervös und unruhig, wenn ich längere Zeit keinen Alkohol getrunken habe. Manchmal zittern sogar meine Hände.

Stellen Sie beim Gespräch mit Ihrem Partner fest, daß mehrere dieser Sätze auf ihn zutreffen, besteht zumindest die Gefahr, daß er schon abhängig ist. Alarmierend sind Mengen von mehr als 120 (Frauen) bis 150 Milliliter (Männer) reinem Alkohol pro Tag. Versuchen Sie den Betreffenden zu überreden, mindestens eine Woche ganz auf Alkohol zu verzichten und zu prüfen, ob er sich dann schlechter fühlt als vorher. Wenn das der Fall ist oder der Verzicht nicht gelingt, deutet das auf Entzugserscheinungen, also auf eine bestehende Abhängigkeit hin. Heimliche Trinker verstecken außerdem volle und leere Flaschen in ihrer Wohnung und füllen geleerte Flaschen mit anderen Flüssigkeiten, um die ursprüngliche Verwendung der Flaschen zu kaschieren.

Kontrolliertes Trinken

Es hat sich gezeigt, daß totale Abstinenz nicht in jedem Fall notwendig ist. Eine Reihe von Alkoholikern kann, unterstützt von Selbsthilfegruppen und Angehörigen, mit »kontrolliertem Trinken« weiterleben. Als Helfer im Bekanntenkreis können Sie dem Betroffenen helfen, sich zu seiner Abhängigkeit zu bekennen und den Entschluß zu fassen, seinen Alkoholkonsum in den Griff zu bekommen. Nehmen Sie die Widerstände des Abhängigen ernst, zeigen Sie Verständnis, daß es ihm unangenehm ist, sich mit der Gefahr einer Abhängigkeit auseinanderzusetzen. Er

Möglichkeiten, »trocken« zu werden

muß sich nicht unbedingt an einen Arzt wenden. Es gibt Selbsthilfeorganisationen, die ihm Ratschläge für den Entzug geben und während der Kur zur Seite stehen können. Die »Anonymen Alkoholiker« stehen im Telefonbuch. Ihre Zentralstelle befindet sich in München. Außerdem gibt es in jeder größeren Stadt und in jedem Landkreis Beratungsstellen für Alkohol-, Medikamenten- und Drogenprobleme. Dort können Sie weitere Adressen erfragen.

In letzter Zeit hat die Industrie neue Medikamente entwickelt, die eine Entwöhnung unterstützen. Bei einem Test in vierzehn Kliniken stellte sich heraus, daß der Wirkstoff Acamprosat die Zahl derer, die nach einem Jahr Entwöhnung noch »trocken« sind, von 21 auf 43 Prozent erhöhte. Auf seiner Basis wurde ein suchtreduzierendes Medikament entwickelt, das seit 1989 in Frankreich (als »Aotal«) und seit Mitte März 1996 unter dem Namen »Campral« auch in deutschen Apotheken verkauft wird. Ein Entzug umfaßt üblicherweise folgende Schritte:

1. Therapeutische Vorbereitung. In einer Beratungsphase, noch vor einer möglichen Klinikeinweisung, werden die Schritte der Entwöhnung geplant und mit dem Betroffenen abgesprochen. Dabei wird auch die Frage nach möglicher Unterstützung durch die nächsten Angehörigen besprochen.

2. Entzugsbehandlung. In der Regel Aufenthalt in einer Klinik, wo die Folgen des Entzugs medizinisch überwacht und Organschädigungen, die infolge des Alkoholkonsums aufgetreten sind, behandelt werden.

3. Psychotherapie. Sie kann in der Klinik, aber auch in regelmäßigen Sitzungen am Wohnort erfolgen.

4. Sozialtherapeutische Betreuung. Sie dauert mehrere Monate und schließt in der Regel eine Gruppentherapie ein.

5. Rehabilitation. Um Rückfälle zu vermeiden und dafür zu sorgen, daß das soziale Umfeld keinen erneuten Alkoholkonsum begünstigt, stehen dem ehemals Abhängigen Sozialarbeiter, Selbsthilfegruppen oder auch Laienhelfer zur Seite. Es geht vor allem darum zu helfen, daß der Betroffene bei erneuten Krisen und Konflikten nicht zur Flasche greift, sondern seine Schwierigkeiten anpackt und aktiv löst. Das wichtigste ist eine alkoholfreie Umgebung, besonders bei Feiern, soziale Kontakte und viele Vergnügungen, bei denen Alkohol als Stimmungsmacher nicht benötigt wird.

**Ablauf
eines Entzugs**

Nikotinabhängigkeit

Über die Schäden des Rauchens (Lungenkrebsrisiko, verkürzte Lebenserwartung, Kreislaufkrankheiten, Magenleiden, Raucherbein) wurde schon viel geschrieben, und zumindest bei Männern ist ein leichter Rückgang des Zigarettenkonsums festzustellen. Rauchen ist eine »Kinderkrankheit«, ein Drittel aller Vierzehnjährigen raucht bereits, ein Sechstel hat sogar mit dem Rauchen bereits wieder aufgehört. Diese Häufigkeiten ändern sich im späteren Alter nicht mehr wesentlich. Anfangs wirkt Nikotin durchaus positiv: Es dämpft Erregung, wirkt aber anregend bei Ermüdung und schlechter Laune. Die Kehrseite: Zigaretten erzeugen schnell Abhängigkeit. Gelegenheitstrinker ist fast jeder, Gelegenheitsraucher sind selten.

Nikotin – eine Droge?

Dennoch gelten Nikotinabhängige im Gegensatz zu Trinkern nicht als krank und Nikotin nicht als Droge. Das hat den Nachteil, daß Nikotinentwöhnungskuren nicht von den Krankenkassen bezahlt werden – im Gegensatz zu Alkohol-, Medikamenten- oder Rauschgiftentzug. Die Versuche, passiv mitrauchende Angehörige und Kollegen zu schützen, werden von dem Gesetzgeber nur halbherzig betrieben – kein Wunder, die Tabaksteuer in zweistelliger Milliardenhöhe gehört zu den wichtigsten Finanzquellen des Staates. Mehr als die Hälfte aller Raucher sind nicht glücklich über ihre Abhängigkeit. Viele von ihnen haben schon mehrere Entwöhnungsversuche hinter sich, und die Pharmaindustrie verdient nicht schlecht an den angebotenen Medikamenten, die den Entzug unterstützen sollen. Auf ärztliche Warnung schaffen es nur fünf Prozent, mit dem Rauchen aufzuhören. Mit psychotherapeutischer Hilfe gelingt es jedem fünften. Wird zusätzlich sechs Wochen lang ein Nikotinpflaster aufgeklebt, schafft es jeder Dritte. Das Nikotinpflaster, seit 1994 rezeptfrei (auch als Kaugummi), sondert kleine Mengen Nikotin ab und erleichtert den Übergang in die tabakfreie Zukunft. Hypnose hilft beim Aufhören, bietet aber keine Gewähr für das Durchhalten.

Öffentliche Sucht

Es ist möglich, heimlich zu trinken oder Tabletten zu nehmen. Jugendliche können vielleicht eine Zeitlang das Rauchen vor den Eltern verbergen – aber früher oder später bekennt man sich dazu, Raucher zu sein. Da Rauchen ein Massenphänomen ist, also viel häufiger und öffentlicher praktiziert wird als jede andere Sucht, gilt es im Vergleich zu anderen Drogen als harmlose und läßliche Sünde. Die meisten, die einen Entwöhnungsversuch in Angriff genommen haben, kehren bald wieder zur Zigarette zurück. Die körperlichen und seelischen Beschwerden, die mit dem Entwöhnen verbunden sind, werden mehr gefürchtet als die Spätfolgen des Rauchens, die ja noch einige Jahrzehnte auf sich warten lassen werden.

Sie können die Wahrscheinlichkeit, daß eine Entwöhnung gelingt, mit psychischer Erster Hilfe steigern. Hilfreich ist es, wenn mehrere Personen sich gleichzeitig entschließen, mit dem Rauchen aufzuhören, weil sie sich gegenseitig motivieren durchzuhalten. Wichtig ist zunächst wieder das Gespräch über die Befürchtungen, daß der Entzug weh tut, daß es nur schwer gelingt, das unbändige Verlangen nach der Zigarette zu besiegen. Gleichzeitig sollte der Gewinn zur Sprache kommen, den ein erfolgreiches Abgewöhnen nach sich zieht: Das Krebs- und Infarktrisiko sinkt in wenigen Jahren deutlich ab, die Leistungsfähigkeit wird wieder ansteigen. Das Zigarettengeld kann für andere Dinge ausgegeben werden. Der Betreffende darf sich dafür einen Luxusgegenstand leisten, mit dem er schon immer liebäugelte. Es hilft entscheidend, neben dem negativen Ziel des Nichtrauchens auch positive Ziele zu setzen. Dann muß ein konkreter Plan erstellt werden, in welcher Weise das Rauchen aufhören soll, plötzlich oder allmählich (siehe beide Übersichten nächste Seite). Im zweiten Fall muß der Ablauf genau geplant und gemeinsam kontrolliert werden. Das sofortige Aufhören ist sicherer.

Zur Sprache kommen muß auch die Tatsache, daß der Nicht-mehr-Raucher sich in der ersten Zeit manchmal nervös, reizbar und abgespannt fühlen wird. Diese Unlustempfindungen vergehen, sobald der Körper sich auf die Abwesenheit von Nikotin umgestellt hat – etwa nach drei bis vier Monaten. Dicker wird nur, wer als Ersatz für die Zigaretten mehr nascht oder Alkohol trinkt.

Entwöhnung

Positive Ziele setzen

Regeln für das plötzliche Aufhören

▶ Sagen Sie allen Bekannten und Freunden, daß Sie mit Rauchen aufhören wollen und darum bitten, keine Zigaretten mehr angeboten zu bekommen.
▶ Vermeiden Sie Orte, wo viel geraucht wird.
▶ Halten Sie sich soviel wie möglich draußen auf.
▶ Führen Sie zu Zeitpunkten, bei denen Sie bisher zur Zigarette gegriffen haben, ein anderes Ritual ein: einen kleinen Spaziergang, Kaugummikauen oder Bonbonlutschen.
▶ Vermeiden Sie in den ersten Tagen Langeweile und Leerzeiten. Beschäftigen Sie sich mit Hausarbeit, handwerklichen Arbeiten und ähnlichem.
▶ Meiden Sie Getränke, die Ihnen Lust auf eine Zigarette machen, wie Kaffee, Alkohol oder schwarzen Tee.

Regeln für das allmähliche Aufhören

▶ Verlängern Sie Tag für Tag die Wartezeit zwischen den Zigaretten. Planen Sie, innerhalb eines Monats bei null Zigaretten angekommen zu sein.
▶ Legen Sie Situationen fest, in denen Sie nicht mehr rauchen wollen: insbesondere bei der Hausarbeit und beim Autofahren.
▶ Legen Sie einen Platz in der Wohnung fest, wo Sie noch rauchen dürfen, und halten Sie an allen übrigen Stellen ein Rauchverbot ein.
▶ Suchen Sie nach dem Essen und in Pausen eine andere Beschäftigung als Rauchen.
▶ Wenn Sie merken, daß Ihr Verlangen nach einer Zigarette übermächtig wird, zwingen Sie sich, noch zehn Minuten zu warten.
▶ Inhalieren Sie weniger tief, und rauchen Sie alle Zigaretten nur bis zum letzten Drittel, nach einer Woche nur noch bis zur Hälfte. Passen Sie aber auf, daß Sie dadurch nicht mehr Zigaretten anfangen als früher.

Rauschgiftsucht

Obwohl Modeströmungen, die eng mit dem Drogenkonsum verbunden waren, längst passé sind, wächst der Drogenkonsum weiter. Mitte der achtziger Jahre gab es nach Jahren der Stagnation einen dramatischen Anstieg, und zwar bei allen wichtigen Rauschgiften, namentlich aber bei künstlichen, sogenannten Designerdrogen. Die Situation ist insbesondere bei Heroinsüchtigen bedrohlicher geworden, da durch Mehrfachgebrauch von Injektionsnadeln die Gefahr einer HIV-Infektion sehr groß ist. Während vor dem zweiten Weltkrieg Drogensucht vor allem bei Medizinern und Apothekern verbreitet war, findet sich die Mehrzahl der Süchtigen heute unter Jugendlichen. Die meisten von ihnen stammen aus zerrütteten Familienverhältnissen. Sie waren überwiegend verständnislosen und rigiden Erziehungsmaßnahmen ausgesetzt. Sie suchen frühzeitig den Anschluß an eine Szenekultur, in der mit Drogen experimentiert wird. Die alterstypische Experimentierfreude und Neugier fördert das Ausprobieren. Sich den Stoff zu beschaffen stellt die Jugendlichen selten vor Probleme. Die üblichen Aufklärungskampagnen nehmen auf die tatsächlichen Befindlichkeiten der Heranwachsenden wenig Rücksicht. Hanisch und Hermanns (1990) berichten von einer Befragung bei Gymnasiasten. 55 Prozent von ihnen waren neugierig zu erfahren, wie Drogen auf sie wirken. Als bei einer gründlichen Aufklärungsaktion alle Risiken des Drogenkonsums detailgetreu geschildert wurden, wollten hinterher gar 64 Prozent die Drogen probieren.

Verfügbarkeit der Droge und die Vorbildwirkung der Gruppe sind entscheidend, ob tatsächlich ein Versuch mit dem Rauschgift gemacht wird. Mit dem einen Versuch kann bereits die Abhängigkeit eingetreten sein. Die Schritte zum Entzug sind die gleichen wie beim Alkoholismus. Zuerst muß der Süchtige gezwungen werden, seine Abhängigkeit einzugestehen. Das ist einerseits leichter als beim Trinker, weil der Süchtige sich seine Abhängigkeit längst selbst eingestanden hat, andererseits aber schwerer, da er sich meist von allen sozialen Kontakten außer-

Dramatischer Anstieg des Drogenkonsums

Veränderte Drogenkultur

Schwierige Entwöhnung

Die wichtigsten Rauschgifte

Haschisch. Wird aus dem harzigen Sekret der weiblichen Pflanze des indischen Hanfs gewonnen. (Aus ihren getrockneten Blättern, Stengeln und Blüten gewinnt man Marihuana.) Haschisch wirkt auf das vegetative Nervensystem. Es kommt zu einem Gefühl der Entspannung und einer leichten Euphorie. Alle Sinneswahrnehmungen werden intensiver empfunden, und die Zeitabläufe scheinen sich zu verlangsamen. Bei erhöhter Dosis treten Unruhe und Halluzinationen auf. Haschisch erzeugt keine körperliche Abhängigkeit, aber die Gewöhnung an die angenehme Entspannung kann zu seelischer Abhängigkeit führen. Es ist häufig der Einstieg in härtere Drogen, allerdings haben 75 Prozent aller Haschischkonsumenten später kein anderes Rauschgift mehr genommen.

LSD. Abkürzung für **L**ysergs**äure**d**iethylamid. Es wird künstlich hergestellt und oral eingenommen. Es hat halluzinierende Wirkung, wurde vor allem in der Hippiekultur mit dem Ziel der Bewußtseinserweiterung konsumiert. Führt unter Umständen zu schizophrenieähnlichen psychotischen Zuständen, deren akustische und optische Halluzinationen zum Teil beängstigende Inhalte haben. Es kann zu Schäden am Erbmaterial führen und der Einstieg für Heroin sein.

Heroin. Wie medizinisch genutztes Morphin ein Abkömmling des Rohopiums, das durch Anritzen unreifer Fruchtkapseln des Schlafmohns gewonnen wird. Heroin ist ein halbsynthetisches Morphinderivat (Diacetylmorphin), das Ende des vorigen Jahrhunderts zur Schmerzlinderung für die Medizin entwickelt wurde. Nachdem man erkannte, wie schnell es abhängig macht, wurde es nicht mehr als Arzneimittel eingesetzt. Heroin wirkt auf das Zwischenhirn, indem es Lust erzeugt und Schmerzen dämpft. Sehr schnell tritt ein Zustand seelischen Glücks und Unbeschwertheit ein, das Gefühl, alle Alltagssorgen weit hinter sich zu lassen. Heroin macht schnell süchtig, in manchen Fällen schon beim ersten Versuch. Der Körper gewöhnt sich rasch an das Rauschgift, weshalb die Dosis ständig erhöht werden muß, um die gleiche Wirkung zu erzielen. Bleibt der Nachschub aus, treten Entzugserscheinungen auf: starke Unruhe, Nervosität, Zittern, Schüttelfrost, Schweißausbrüche, Erbrechen und starke Schmerzen. Da bei erneutem Heroinkonsum nicht nur die Schmerzen schwinden, sondern zugleich ein großes Glücksgefühl eintritt, ist die psychische Abhängigkeit äußerst hoch.

Kokain. Kommt als natürlicher Wirkstoff im südamerikanischen Coca-Strauch vor. In den Handel gelangt es als weißes Pulver, das zu mindestens 75 Prozent mit Milchzucker oder anderen Stoffen gestreckt wird. Kokain wird meistens geschnupft. Es erzeugt ein euphorisches Glücksgefühl, das nach etwa einer Dreiviertelstunde in einen Zustand der Benommenheit und schließlich in eine ernüchternde, niedergeschlagene Stimmung übergeht. Dieser Absturz weckt ein erneutes Verlangen nach Kokain. Auch an Kokain gewöhnt sich der Körper, so daß er immer höhere Dosen benötigt. Entscheidend für das Suchtpotential ist jedoch die psychische Abhängigkeit.

Crack. Wird aus Kokain mit Backpulver und Wasser zu hitzebeständigen kleinen weißen Klümpchen verbacken. Sie werden in speziellen Pfeifen geraucht, wobei sie krachend zerplatzen (daher der Name Crack). Es wirkt innerhalb weniger Sekunden auf das Gehirn und schädigt die Nerven auf Jahre. Nicht selten sind tödliche Schädigungen von Atem- und Kreislaufsystem die Folge. Es ist die Droge mit dem höchsten Todesrisiko.

Ecstasy: Pillen, die auf dem 1912 entdeckten Wirkstoff 3,4-Methylendioxyn-N-Methylamphetamin (MDMA) beruhen. Wurde als Medikament (Appetitzügler) entwickelt, hat sich aber nicht bewährt. Seit 1965 ist die aufputschende Wirkung bekannt. Ecstasy hat sich ab 1986 in Deutschland als Droge mit dem sanften Kick in der Diskoszene verbreitet, insbesondere im Zusammenhang mit der Technowelle. Bereits Dreizehnjährige nehmen die Pillen, um lange Diskonächte durchzuhalten, die meisten Konsumenten sind zwischen achtzehn und fünfundzwanzig Jahre alt. Gesundheitliche Folgen bei regelmäßigem Gebrauch sind Depressionen, Schlafstörungen, Nervosität, Nierenschmerzen und wahrscheinlich auch Hirnschädigungen. Die ersten Todesopfer gab es bei uns im Frühjahr und Sommer 1995.

halb seiner Szene abkapselt und die strafrechtlichen Folgen des Drogenkonsums fürchtet. Die Erfolgsaussichten sind am größten, wenn der Süchtige mit seiner Subkultur bricht und von sich aus Hilfe sucht. Nicht wenige Suchtkranke entschließen sich erst dann zu einem Entzug, wenn sie durch eine Haftstrafe ernsthaft in Schwierigkeiten geraten sind. Die Zahl der Klinikplätze ist weitaus geringer als die Zahl der Süchtigen, allerdings ist es auch möglich, außerhalb der Klinik den Entzug erfolgreich zu beenden – meist indem der behandelnde Arzt die Ersatzdroge Methadon verabreicht. Methadon ist wie Heroin ein Opiat, hat aber nicht seine euphorisch machende Wirkung. Es verhindert die Entzugserscheinungen, die beim Absetzen von Heroin auftreten. Da Methadon selbst süchtig macht, muß es nach einigen Wochen allmählich reduziert werden.

Ersatzdroge Methadon

Anti-Drogen-Medikament

Zur Zeit befindet sich ein neues Anti-Drogen-Medikament mit Namen Naltrexon in der Erprobung, das in einer Art Roßkur – begleitet von schweren Krämpfen, Bewußtseinsverlust, Einnässen und Einkoten – einen Entzug binnen weniger Tage ermöglicht.[7] Es wirkt bei Opiaten – also Heroin – und muß nach erfolgtem Entzug alle drei Tage wieder eingenommen werden. Da viele Abhängige sich daran nicht halten, sind psychotherapeutische Betreuung und enge soziale Kontakte unabdingbar. Gegen psychische Abhängigkeit (zum Beispiel bei Kokain) hilft manchmal, ein stärkere Belohnung in Aussicht zu stellen, als die Droge sie bietet. In den USA bekamen Süchtige, die bei jedem Urintest kokainfrei waren, mehr Geld. Zwei Drittel blieben auf diese Weise ein halbes Jahr drogenfrei, während bei einer herkömmlichen Therapie die gleiche Anzahl nach sechs Wochen bereits wieder rückfällig wurde.

Das soziale Umfeld

Da nur eine kleine Minderheit Drogensüchtiger auf Dauer clean wird, kommt es sehr auf das soziale Umfeld an, ob ein Entzug gelingt. Das sind insbesondere:

▸ Kontaktabbruch zur Drogenszene
▸ geregeltes Erwerbsleben

---

[7] Nach einem Bericht des STERN, Nr. 46/1995, vom 9.11.1995.

▶ stabile soziale Bindungen, insbesondere zum Intimpartner.
Beratungsstellen, die bei Drogenproblemen helfen, finden Sie in
Ihrem Telefonbuch unter »Jugend- und Drogenberatungsstelle«,
»Psychosoziale Beratungsstelle« oder »Suchtberatungsstelle«.
Wie bei anderen Problemen kennen auch hier die Telefonseel-
sorge und die Gesundheitsämter Adressen und Telefonnummern
von Beratungsstellen in Ihrer Nähe. Von 10 bis 22 Uhr können
Sie außerdem jeden Tag das Info-Telefon der Bundeszentrale
für gesundheitliche Aufklärung anrufen (02 21/89 20 31).

Spielsucht und andere psychische Abhängigkeiten

Schon in früheren Jahrhunderten wurden Vermögen an Rou-
lettetischen verloren. Spielsucht wurde in Romanen geschildert, zum Beispiel in Dostojewskis »Der Spieler«, vor Jahren mit
Gérard Philipe in der Hauptrolle erfolgreich verfilmt. Während
damals jedoch dieses Laster auf eine kleine Oberschicht beschränkt blieb, besteht die Risikogruppe heute aus Männern mit
eher niedrigem Einkommen im Alter zwischen zwanzig und vier-
zig. Das Spiel tötet das Gefühl der Langeweile, das ihr Leben   **Spielsucht**
beherrscht. Anfangs fühlen sich die Betroffenen – wie bei an-   **gegen Langeweile**
deren Suchtformen – entspannter; sie sind fasziniert, sehen sich
herausgefordert und hoffen auf finanzielle Gewinne, mit denen
sie ihr Leben umkrempeln können. Später tritt auch hier eine
Gewöhnung ein. Die Spielintensität nimmt weiter zu, weil sie
versuchen, die euphorischen Anfangsgefühle zu wiederholen. Je
mehr sie verlieren, desto verbissener versuchen sie, das Schicksal zu bezwingen. Im Gegensatz zu Alkoholikern begreifen sich
die meisten exzessiven Spieler selbst als süchtig.
Für den Helfer ist es wichtig, den Spieler mittels Konfrontieren,
Strukturieren und dem Treffen klarer Absprachen zu einem Eingeständnis seiner Sucht zu bewegen. In einem zweiten Schritt

Völlige Abstinenz muß völlige Abstinenz erreicht werden. Auch für Spielsüchtige gibt es inzwischen Selbsthilfegruppen, die wertvolle Hilfe auf dem Weg in eine »spielfreie« Zukunft leisten. Außerdem braucht der Spielsüchtige Rat, wie er seine Schulden wieder los wird. Dazu hilft ein genauer Ausgaben-, Einnahmen- und Sparplan. Nur wenn der Spieler die realistische Perspektive eines schuldenfreien Lebens erkennt, ist er motiviert, die Hände von den Spieltischen und -automaten zu lassen. Viele machen weiter, weil sie sich sagen: »So tief wie ich in der Tinte stecke, hilft nur noch ein großer Gewinn oder gar nichts mehr.«

Computersucht Inzwischen ist eine neue Form der Spielsucht hinzugekommen, die **Computersucht**. Sie ist zunächst weniger gefährlich, weil es hier keine Spieleinsätze zu verlieren gibt. Bei Computersüchtigen liegt die Gefahr auf der sozialen Ebene. Das Leben in der künstlichen Realität erscheint spannender und lebenswerter als der Alltag. Kontaktarmut und verkümmernde Kommunikationsfähigkeiten sind die Folge; insbesondere dann, wenn bereits jüngere Kinder ihre gesamte Freizeit vor dem Monitor verbringen. Zuneigung, Gespräche und das Angebot anderer interessanter Freizeitbeschäftigungen können die Computerwut zumindest eindämmen. Am wichtigsten ist es, den Heranwachsenden in der Realität außerhalb der Bildschirme Erfolgserlebnisse zu verschaffen. Da der Computer das Arbeitsmittel Nummer eins der Zukunft ist, kann das Ziel nicht in einer Totalabstinenz bestehen. Die Gesellschaft hat noch nicht gelernt, einen sinnvollen Umgang mit den neuen technischen Möglichkeiten für alle zu eröffnen.

Workaholics *Arbeitssucht.* Betroffen sind vor allem Männer in Karriereberufen (»workaholics«), aber auch zwanghafte Hausfrauen und leistungssüchtige Kinder (»Streber«). Der Beruf wird zum dominierenden Lebensinhalt. Selbst in der karg bemessenen Freizeit kreisen ihre Gedanken ständig um die Arbeit. Sie sind unfähig, sich zu entspannen; auch Urlaub und Muße müssen »nützlich« organisiert werden. Anfangs verschafft ihnen die Arbeit Selbstbestätigung; später läßt ihre Leistungsfähigkeit infolge von Streß, Hektik und gesundheitlichen Problemen nach, was sie mit noch

mehr Arbeit zu kompensieren versuchen. Viele werden arbeits-
unfähig, sobald sie ihre Leistungsreserven verbraucht haben
(»Burn-out«). Die Betroffenen haben ein hohes Risiko, vor
dem 60. Lebensjahr an Infarkten oder Gehirnschlag zu sterben.
Workaholics geraten bald in soziale Isolation: Sie sind unfähig
zur Teamarbeit und zu einem erfüllten Familienleben.

Arbeitssüchtige zeigen alle typischen Suchtfaktoren: Sie verleugnen ihre Abhängigkeit, arbeiten manchmal heimlich (zum
Beispiel, indem sie »unaufschiebbare« Verpflichtungen vorschie-
ben) und richten ihre gesamte Lebensplanung auf die Arbeit aus.
Sie erfinden Gründe, warum sie soviel arbeiten müssen. Die meisten kommen leider erst nach schweren Krankheiten oder einer
Scheidung zur Besinnung.

Erste Hilfe: Sagen Sie dem Workaholic, daß Sie ihn für süchtig
halten. Da die meisten sich die Sucht selbst nicht eingestehen,
löst eine solche Bemerkung ein Nachdenken über die eigene Lebensführung aus. Überreden Sie ihn zu längeren Freizeitaktivi-
täten, die nicht durchgeplant werden. Bei schweren Fällen sollte
der Betroffene seine Arbeit stark einschränken oder (wenn möglich) ganz aufgeben, eventuell den Wohnort und die Arbeitsstelle wechseln und sich psychotherapeutisch beraten lassen.

Kauf- und Bestellsucht. Während konsumfreudige Menschen   **Kaufrausch**
einkaufen, um sich am Produkt zu erfreuen, geben Kaufsüchtige (»shopaholics«) Geld aus, um durch den Kauf Gefühle von
Unzufriedenheit, Ärger oder Langeweile abzustellen. Die ge-
kaufte Ware ist unwichtig. Sie wird hinterher weggestellt und
vergessen. Wird der Kaufrausch an Katalogen von Versandhäu-
sern befriedigt, spricht man von Bestellsucht. Vor allem Frauen,
die sich vernachlässigt fühlen, sind süchtig nach den Päckchen
der Versandunternehmen. Allerdings kommen sie nicht vom
Weihnachtsmann, sondern müssen bezahlt werden.

Süchtige kaufen von Tag zu Tag häufiger und teurer ein. Sie
empfinden anfangs ein Hochgefühl, doch schon nach Verlassen
des Kaufhauses stellt sich Reue ein und die Erkenntnis, daß man
mit dem Produkt nicht viel anfangen kann. Wie Spielsüchtige geraten die Betroffenen schnell in einen Kreislauf von Schulden,

teilweiser Tilgung und höheren Schulden. Die Gedanken der Kaufsüchtigen drehen sich unaufhörlich um Kaufwünsche und Geldsorgen. Gegenüber den Angehörigen wird ein Teil der Einkäufe versteckt bzw. teure Waren werden als Schnäppchen angepriesen.

Häufig sind Workaholics und Kaufsüchtige miteinander verheiratet. Der Mann nimmt die Geldausgaben seiner Frau als Argument, um noch mehr zu arbeiten. Sie empfindet die Arbeit ihres Mannes als Vernachlässigung ihrer Person und kauft zum Ausgleich noch mehr ein.

Erste Hilfe: Da über Käufe unbefriedigte Gefühle ausgedrückt werden, sollten diese mittels emotionalem Spiegeln ausgesprochen werden. Dann in Ruhe überlegen, welche Produkte man wirklich braucht und welche nicht. Versandhauskataloge sofort nach Erhalt ungelesen in die Papiertonne werfen! Bei allen Besorgungen, die man nicht in Lebensmittelmärkten erledigen kann, Angehörige oder Freunde bitten, das Notwendige mitzubringen. Kaufsüchtige sollten die verführerische Atmosphäre der Kaufhäuser meiden und teure Einkäufe (zum Beispiel Kleidung) nur in Begleitung eines sparsamen Freundes erledigen. Vorhandene Kreditkarten zurückgeben und nur noch mit einer begrenzten Summe Bargeld aus dem Haus gehen!

Medikamentenabhängigkeit

Droge Nummer zwei

Arzneimittel sind bei uns nach Alkohol die Droge Nummer zwei. Am Anfang steht immer der Mißbrauch des Medikaments: Entweder wird eine falsche Medizin genommen, oder die Arznei stimmt zwar, aber die Dosierung ist viel zu hoch. Der schnelle Griff zur Tablette, bereits bei kleinstem Unwohlsein, ist eine Folge unseres Wohlstands- und Versorgungsdenkens. Mitte der achtziger Jahre alarmierten Kurt Langbein, Hans-Peter Martin und Hans Weiss mit ihrem Buch »Bittere Pillen« die Öffentlichkeit, in dem sie über 2600 Arzneien vorstellten und einer wissenschaftlichen Bewertung unterzogen. Seitdem wissen die meisten, daß Tabletten abhängig machen können und die Folgen nicht weniger gravierend sind als bei anderen Suchtarten.

Die pharmazeutische Industrie bemüht sich, suchterzeugende Medikamente durch ungefährlichere Mittel zu ersetzen. Das bekannteste Beispiel sind die Barbiturate, die seit Anfang des Jahrhunderts als Schlafmittel genutzt wurden. Man hat sie inzwischen durch weniger gefährliche Stoffe (vor allem Derivate der Benzodiazepine) ersetzt. Aber auch sie können bei längerem Gebrauch zur Abhängigkeit führen. Es wird niemals möglich sein, auf Mittel mit Nebenwirkungen ganz zu verzichten. Auch die Suchtgefahr muß manchmal in Kauf genommen werden. Immer noch sind zum Beispiel Morphine die letzten schmerzlindernden Mittel für Krebspatienten im Spätstadium.

Die Aufklärungskampagnen der letzten Jahre haben den Medikamentenverbrauch nicht eindämmen können. Die berechtigten Warnungen hatten zudem den Nachteil, daß sie vielfach das Vertrauen in die verschriebene Arznei erschütterten. Dieses Vertrauen ist aber wichtig für ihre Wirksamkeit: Bekanntlich wirkt allein das Wissen, daß man soeben ein Schmerzmittel eingenommen hat, bereits schmerzlindernd. Gelegentlich muß der Arzt auch Medikamente verschreiben, obwohl sein Patient sich gar nicht ernsthaft krank fühlt. Manche Langzeitbehandlung erfordert, ein Mittel regelmäßig, ohne Unterbrechungen, einzunehmen. Wer sich unsicher fühlt, ob eine Verschreibung sinnvoll ist, sollte sich von seinem Arzt genau erklären lassen, weshalb er ein bestimmtes Mittel verordnet.

Warnungen nützen nicht viel

Denn es ist nicht zu leugnen, daß Ärzte an etwa 75 Prozent aller Fälle von Medikamentenmißbrauch durch unkontrollierte Verschreibung beteiligt sind. Seit Ende der achtziger Jahre haben deutsche Gerichte auch schon mehrfach Ärzte, die ohne zwingenden Grund Medikamente verschrieben, durch die ihre Patienten abhängig wurden, wegen vorsätzlicher Körperverletzung verurteilt. Man kann zumindest verlangen, daß Ärzte ihre Patienten über die Gefahren dieser Mittel aufklären, wenn sich ihre Einnahme nicht umgehen läßt.

Die Schuld der Ärzte

Die Schuld der Patienten

Die Medaille hat jedoch zwei Seiten. Viele Patienten sind selbst schuld an ihrer Abhängigkeit. Wie jede andere Droge können Tabletten zur Flucht aus der Realität, zur Selbstbestrafung oder als Ersatz für unerfüllte seelische Bedürfnisse konsumiert werden. Insbesondere rezeptfreie Schmerzmittel, Schlankheitspillen (Appetitzügler) und Abführmittel »verschreibt« so mancher sich selbst, ohne zu bedenken, daß auch relativ harmlose Arzneien gravierende Folgen zeigen, wenn man sie lange und in großen Mengen einnimmt. Eine weitere Gefahr erwächst aus der Kombination von Medikamenten: Der Arzt hat etwas verschrieben, der Patient nimmt aber zusätzlich noch irgendein anderes rezeptfreies Mittel. Die Verbindung beider, vielleicht noch in Kombination mit Alkohol, erzeugt eine erhöhte Suchtgefahr.

Suchterzeugende Medikamente

Bei folgenden Medikamenten besteht eine erhöhte Mißbrauchsgefahr:

Schmerzmittel. Sowohl rezeptfreie Mittel, die neben schmerzstillenden Stoffen auch Koffein enthalten, zum Beispiel Migränetabletten, als auch morphinhaltige starke Schmerzmittel, die es nur auf ärtlichem Rezept gibt, erzeugen Abhängigkeit.

Schlaf- und Beruhigungsmittel (Tranquilizer). In dieser Gruppe finden wir die am häufigsten mißbrauchten Medikamente, insbesondere solche, die die schon zitierten Benzodiazepine enthalten. Aber auch Methaqualon, Clomethiazol, Methyprilon und die außer Gebrauch gekommenen Barbiturate sind für Mißbrauchsfälle verantwortlich.

Hustenmittel, die Codein enthalten. Sie sind rezeptpflichtig und können die psychische Leistungsfähigkeit beeinträchtigen. Im allgemeinen ist Codein, obwohl es dem Morphium verwandt ist, harmloser als die klassischen Rauschgifte. Größere Mengen Codeinpräparate führen dennoch zur Abhängigkeit. Aber auch leichte Hustensäfte und Stärkungsmittel sind nicht immer ungefährlich, weil sie unter Umständen mehr als siebzig Prozent Alkohol enthalten.

Aufputschmittel. Ihre Wirkung beruht in den meisten Fällen auf Amphetaminen und von ihnen abgeleiteten Stoffen. Amphetamine sind auch in manchen Vitamintabletten, Schmerzmitteln und Appetitzüglern enthalten. Die Partydroge Ecstasy besteht aus einem Amphetaminderivat (siehe »Rauschgiftsucht« Seite 151–154).

Sogar Abführmittel können zur Gewöhnung führen. Die Folge ist chronische Verstopfung. Meist wird versucht, diese durch die Einnahme von noch mehr Abführmitteln zu beheben.

Schritte zum Entzug

Medikamentenmißbrauch muß wie jede andere Sucht behandelt werden. Am Anfang steht die schwierige Aufgabe, den Abhängigen dazu zu bewegen, einzugestehen, daß er ohne ein bestimmtes Präparat nicht mehr leben kann. In der Regel hat er die Erfahrung gemacht, daß er von dem gleichen Mittel ständig höhere Mengen braucht, um sich wohl zu fühlen. (Allerdings gibt es auch einige Präparate, bei denen man die Dosis nicht zu steigern braucht, um süchtig zu werden.)

Der Entzug muß in der Regel unter ärztlicher Kontrolle durchgeführt werden, vor allem dann, wenn er auf Dauer erfolgreich sein soll. Der Ablauf ist der gleiche wie bei Alkoholikern (siehe dort). Da in vielen Fällen seelische Konflikte den Griff zur Tablette gefördert oder gar ausgelöst haben, kann der Helfer versuchen herauszufinden, welchen Schwierigkeiten der Betroffene sich entzog, indem er sich mit Tabletten aufputschte oder beruhigte. Wie bei den anderen Suchtmitteln steigen die Erfolgsaussichten einer Entwöhnung enorm, wenn der Abhängige verdrängte Konflikte ausspricht und anfängt, eventuell mit Ihrer Unterstützung, sich seinen Problemen zu stellen.

Konflikte

Zugespitzte Interessengegensätze

Da es keine zwei Menschen mit genau den gleichen Bedürfnissen, Ansichten und Charaktereigenschaften gibt, bleiben Meinungsverschiedenheiten nicht aus. Sie erweisen sich so lange als harmlos und können freundschaftlich beigelegt werden, wie keine vitalen Interessen auf dem Spiel stehen. In dem Moment aber, wo unser Handeln auf Widerstände stößt, wenn wir merken, daß sich die Dinge nicht so entwickeln, wie wir gehofft haben, weitet sich die Unstimmigkeit zum Konflikt. Sei es, daß unser Lebenspartner oder eines unserer Kinder plötzlich in einer Weise handelt, die wir niemals für möglich gehalten hätten, sei es, daß ein Kollege oder der Chef uns abkanzelt, hinter unserem Rücken intrigiert oder sich die Früchte unserer Arbeit in seinem Namen aneignet. Wir sind verletzt, verärgert, enttäuscht – aber auch erstaunt, daß wir jemanden, mit dem wir seit Jahren Umgang haben, so verkannt haben sollen.

Konflikte sind auch hilfreich

Konflikte sind jedoch nicht nur eine Belastung, sondern auch fruchtbar. Sie sorgen dafür, daß wir uns mit Schwierigkeiten auseinandersetzen, statt ihnen aus falsch verstandenem Harmoniebedürfnis auszuweichen. Wir lernen an vertrauten Mitmenschen neue Seiten kennen und – da wir lernen müssen, mit der neuen Situation fertig zu werden – an uns selbst. Die Kunst, mit Konflikten kreativ umzugehen, ist aber nicht jedem gegeben. Zwei Extreme sind häufig: Aggressivität und Flucht.

Aggressivität

Die Aggressiven setzen sich gegen die Person, mit der sie im Streit liegen, zur Wehr. Sie werten eine Meinungsverschiedenheit als persönliche Beleidigung. Zum Glück bleibt es meist bei Worten: Anklagen, Sticheleien und Beschimpfungen. Da der Konflikt nicht gelöst wird, weitet sich das Thema der Kontroverse zu einem jahrelangen Dauerstreit aus, der – von kurzzeitigen Versöhnungen unterbrochen – immer wieder aufs Tapet gebracht wird.

Ignorieren und Flucht

Für die anderen ist ein Konflikt eher etwas Unangenehmes, dem es soweit wie möglich auszuweichen gilt. Manche Menschen sind wahre Meister im Ignorieren von Interessengegensätzen. Aber auch durch Flucht vor der unangenehmen Wirklichkeit läßt sich ein Konflikt nicht bereinigen. Er schwelt im Verborgenen und bricht eines Tages mit der eruptiven Gewalt eines Vulkans hervor, und jahrelang aufgestauter Groll geht geballt auf den Partner nieder. In manchen Beziehungen wechseln die Beteiligten ständig zwischen Flucht und Aggression. Eine Zeitlang bemühen sich alle, ihren Ärger herunterzuschlucken, bis er sich in einer großen Auseinandersetzung entlädt. Wegen der Verletzungen, die der Streit mit sich bringt, versuchen sie in Zukunft wieder, ihren Groll zu verbergen, bis sie eines Tages erneut mit ihrer Wut herausplatzen. Dieses Wechselspiel von Geschrei und Schweigen kann unter Umständen ein Leben lang andauern.

Erste Hilfe bedeutet bei Konflikten, den Betroffenen eine faire Auseinandersetzung über ihren Streitpunkt zu ermöglichen. Die persönliche Betroffenheit hindert die Partner daran, selbst eine sinnvolle Lösung zu finden, die beide zufriedenstellt. Ein Außenstehender, der den nötigen Abstand hat, um die Interessen beider gleichermaßen zu berücksichtigen, kann eine scheinbar ausweglose Situation entkrampfen. Er darf nur nicht den Fehler begehen, sich mit einem der Partner gegen den anderen zu verbünden. Der Unterlegene würde sich in diesem Fall in die Ecke gedrängt fühlen und in seiner Verzweiflung zu unfairen Mitteln greifen.

Faire Auseinandersetzungen ermöglichen

Partnerschaftskonflikte

Vom Lebenspartner erhofft man sich Unterstützung und Solidarität in jeder Lebenslage. Der ideale Partner steht in guten wie in schlechten Tagen bedingungslos an unserer Seite. Konflikte in der Partnerschaft wiegen deshalb besonders schwer. Sie sind stets mit Enttäuschung über nicht erfüllte Erwartungen verbunden und wecken Ängste, daß die gemeinsam geplante Zukunft in Gefahr sein könnte. Der Konflikt verschärft sich dadurch, daß in jedem Fall verletzte Gefühle im Spiel sind, über die nur sel-

Enttäuschung und verletzte Gefühle

ten gesprochen wird. Im Rahmen der Ersten Hilfe gibt es zwei Möglichkeiten: Entweder Sie werden von einem oder beiden Partnern als Freund oder Verwandter um Rat gefragt. Oder Sie sind selbst einer der Beteiligten und bemühen sich, einem plötzlich sich zuspitzenden Konflikt mit Ihrem Partner die Spitze zu nehmen, um die Probleme in Ruhe – ohne aufgewühlte Emotionen – klären zu können. Im ersten Fall geraten Sie als Helfer in die Schiedsrichterposition, egal ob Sie nur mit einem oder mit beiden Partnern sprechen. Im zweiten Fall ist Ihre Fähigkeit zum konstruktiven Streit gefragt. Auf beide Varianten möchte ich im folgenden eingehen.

Der Helfer als Schiedsrichter

Auf keinen Fall Partei ergreifen

Werden Sie als Außenstehender um Ihren Rat oder gar Ihre Meinung über Recht und Unrecht gefragt, dürfen Sie auf keinen Fall Partei ergreifen, auch wenn Ihr bester Freund oder Ihre beste Freundin von Ihnen verlangt zu bestätigen, daß er oder sie gegenüber dem Partner im Recht ist. Wenn Sie in diese Falle tappen, werden Sie den Konflikt zwischen den beiden nur verschärfen, weil der überrumpelte Partner sich nun gegen zwei wehren muß. Er ist wütend über die Hinterlist seiner Gegner, die sich hinter seinem Rücken verbündeten. Selbst dann, wenn Ihnen die Anklagen Ihres Freundes berechtigt erscheinen, bedenken Sie, daß Sie ihm wahrscheinlich keinen guten Dienst erweisen, wenn die Beziehung aufgrund Ihrer Einmischung zerbricht.

Anklagen in Gefühle übersetzen

Statt Partei zu ergreifen, übersetzen Sie die Anklagen Ihres Freundes gegen seinen Partner in Gefühlsbotschaften. Beispiele:

Freund: »Den ganzen Tag hochnäsige Kunden und eine Geschäftsleitung, der hundert Prozent Abschlüsse noch nicht genug sind, und wenn ich dann nach Hause komme, zieht sie einen Flunsch und fragt, wann ich mich mal wieder um die Kinder kümmere.«

Sie: »Du bist enttäuscht, weil sie nicht mehr Verständnis zeigt für den Streß, den du im Geschäft hast.«

Freundin: »Das Schärfste war: Ich komme nach Hause, und da liegt ein Zettel, er ist für eine Woche ins Gebirge gefahren, er braucht Abstand und muß nachdenken. Und ich? Soll ich die beiden Kinder etwa mit ins Büro nehmen? Mein Chef wird sich bedanken.«

Sie: »Du bist wütend, weil du mit einer solchen Rücksichtslosigkeit nicht gerechnet hast.«

Solche Gespräche entlasten von dem aufgestauten Groll und ermöglichen dem Betroffenen, beim nächsten Mal sachlicher mit seinem Partner zu sprechen. Außerdem wird er sich klar darüber, was ihn eigentlich so gestört hat, warum das Verhalten seines Partners ihn derart verletzte. Werden Sie um Rat gefragt, bleiben Sie neutral. Beispiel:

Von Ärger entlasten

Freundin: »Was meinst du, ob es besser ist, wenn ich mich von ihm trenne?«

Sie: »Du bist dir unsicher, ob eure Beziehung wieder ins Lot kommt.«

Freundin: »Na ja, andererseits, noch mal von vorn anfangen ist auch nicht so einfach.«

Sie: »Du fürchtest, daß du dich durch eine Trennung auch nicht gerade verbessern würdest.«

Wenn Sie Ihre Meinung äußern, betonen Sie stets, daß Sie nicht an ihrer Stelle sind und vielleicht ganz anders handeln würden, wenn Sie persönlich betroffen wären. Wenn Sie eine Empfehlung geben und Ihre Freundin befolgt sie, wird sie Sie im Falle, daß sie scheitert, mit Vorwürfen überhäufen. Drängt man Sie: »Bist du mein Freund oder nicht?«, antworten Sie, daß Sie sich bemühen zu verstehen, was vorgefallen ist, aber gerade wegen der Freundschaft sich hüten, aus Unkenntnis ein vorschnelles Urteil zu fällen. Selbst wenn Ihre Freundin mit dieser Antwort unzufrieden ist, wird sie Ihnen für Ihre Haltung danken, sobald sie sich mit ihrem Partner wieder vertragen hat. Sie haben sich nicht verleiten lassen, ihn zu verunglimpfen.

Wenn Sie von beiden Partnern in die Rolle des Schiedsrichters gedrängt werden, dürfen Sie erst recht nicht Partei ergreifen. Versuchen Sie vielmehr, das Streitklima zu entschärfen. Das ist gar nicht so schwierig. Zum einen haben die Partner Hemmun-

Den Streit entschärfen

gen, sich in Anwesenheit eines Außenstehenden zu beleidigen, zu beschimpfen oder gar zu schlagen. Zum anderen besteht die Chance, daß sich die beiden gegen Sie verbünden, wenn Sie eine Meinung äußern, die beide – wenn auch aus unterschiedlichen Gründen – für völlig abwegig halten. Das Gefühl, endlich mal wieder als Verbündete aufzutreten, ist der erste Schritt zu einer konstruktiven Aussprache. Zum dritten – und das ist die optimale Variante – können Sie eine Aussprache auslösen, indem Sie Fragen stellen. Da Sie sich von den beiden ihr Problem erläutern lassen müssen, sind beide gezwungen, ihre wechselseitigen Vorbehalte auf den Punkt zu bringen. Was bisher nur unausgesprochen im Raum schwebte und im gegenseitigen Austausch von Beleidigungen unterging, wird auf einmal erklärlich.

Eine therapeutische Technik

Wenn die Fronten sehr verhärtet sind, können Sie auf eine therapeutische Technik zurückgreifen: Sie bitten einen der Partner auszusprechen, was er dem anderen vorwirft. Den anderen fordern Sie auf, sich die Vorwürfe kommentarlos anzuhören. Dann übersetzen Sie die Anklagen in eine Gefühlsbotschaft: »Ich verstehe. Du ärgerst dich, weil ….« Danach darf der andere auf die Anklage eingehen und seinerseits Vorbehalte vorbringen. Der andere muß zuhören. Wieder spiegeln Sie die Gefühle und erlauben dem ersten zu reagieren. Dieses Spiel setzen Sie so lange fort, bis die Partner in ihren Reaktionen auf die von Ihnen benannten Gefühle des anderen eingehen und darüber ein Gespräch zustande kommt. Sollten die Partner Ihr Spiel ablehnen, sagen Sie: »Wenn ich eine Meinung zu eurem Problem äußern soll, muß ich genau wissen, wie ihr beide die Angelegenheit beurteilt. Ich verstehe, daß ihr am liebsten gleich auf die Vorwürfe des anderen antworten wollt. Aber wenn euch an meinem Rat liegt, bitte ich euch, noch ein paar Minuten weiterzumachen.«

Konstruktiv streiten

Manche Ratgeberbücher empfehlen, jedem Streit aus dem Weg zu gehen. Das ist unrealistisch. Wenn dieser Rat zu verwirklichen wäre, gäbe es deutlich weniger Zwist und Hader auf der Welt, denn daß es angenehmer ist, ohne Streit zu leben, weiß jeder. Eine Welt ohne Interessengegensätze wird wohl für immer eine schöne Illusion bleiben. Besser ist es, den Streit so auszufechten, daß beide zu ihrem Recht kommen.

Konflikte tragen Zündstoff in sich. Sie neigen zur Eskalation. Jeder weiß, wie schwer es fällt, in einer verletzenden Auseinandersetzung zu einer sachlichen Diskussion zurückzufinden. Von gegenseitigen Vorwürfen zu Schreien und Drohungen zu gelangen, das geschieht dagegen beinahe unmerklich. Ich erinnere an eine wichtige Kommunikationsregel aus dem zweiten Kapitel: Störungen haben den Vorrang! Wenn Sie bemerken, daß in einer Meinungsverschiedenheit Gefühle wie Ärger, Enttäuschung, Verunsicherung oder Kränkung mitspielen, sollten Sie – wenn Sie nicht beide zu Beleidigungen fortschreiten wollen, die Sie hinterher bereuen – mit Ihrem Partner zunächst über die verletzten Gefühle sprechen. Vorher ist es zwecklos, das eigentliche Thema, über das es zum Streit gekommen ist, klären zu wollen. Nehmen wir an, Sie sind gekränkt, weil der Partner gesagt hat: »Du hast es einfach nicht gelernt, Ordnung zu halten. Deine Mutter ist genauso.« Wenn Sie jetzt weiter darüber streiten, ob es sinnvoll ist, in Ihrem Haushalt bestimmte Papiere in einem gesonderten Aktenordner abzuheften, werden Sie nur noch versuchen, recht zu behalten, egal was Ihr Partner sagt. Dieser wird ebenso reagieren. Sie geraten sehr schnell in eine Sackgasse aus Anklagen und verstocktem Schweigen.

Interessenausgleich suchen

Wollen Sie die Auseinandersetzung gewinnen, ohne die Partnerschaft aufs Spiel zu setzen und ohne um des lieben Friedens willen zurückzustecken? Dann heißt es, Ruhe zu bewahren und mehr Geduld aufzubringen als Ihr Kontrahent. Wenn Sie sich verletzt fühlen, sagen Sie es (siehe »Ich-Botschaft« im zweiten Kapitel). Aber schlagen Sie nicht mit ebenso scharfen Gegenangriffen zurück. Wer Geduld bewahrt in einer Situation, in der der Partner versucht, zu provozieren, zeigt, daß er über seelische Stärke verfügt. Die wichtigsten Regeln für das konstruktive Streiten finden Sie in der folgenden Übersicht.

Keine Gegenangriffe!

Zehn Regeln des konstruktiven Streitens

1. Einigen Sie sich zunächst mit Ihrem Partner, worin genau Ihre Meinungsverschiedenheit besteht. Viele Paare streiten um Trivialitäten oder reden aneinander vorbei.

2. Statt sich gegenseitig zu beschuldigen, fragen Sie, wie Sie beide die bestehende Situation *ändern* können.
Viele Auseinandersetzungen drehen sich wie ein Ritual immer im Kreis. Die Partner kommen stets wieder auf die gleichen Anklagen zurück, ohne eine Lösung zu finden.

3. Streiten Sie konkret. Sagen Sie »*ich* (möchte …)« und »*du* (hast …)« statt unpersönlich »man (sollte …)«, »jemand (müßte mal …)« oder »wir (sollten uns überlegen …)«. Viele Streiter erschweren die Auseinandersetzung, indem sie sich nicht klar zu ihren Wünschen bekennen, sondern sie hinter einer unpersönlichen Allgemeinheit verbergen.

4. Sprechen Sie stets über Ihre persönlichen Gefühle. Die meisten Menschen äußern statt dessen Anklagen, zum Beispiel statt »ich bin gekränkt« sagen sie »du bist ein Schuft.«

5. Jeder neu auftauchende Konflikt muß möglichst sofort geklärt werden. Wärmen Sie niemals Vergangenes auf. Die meisten Leute schweigen im Moment des Zerwürfnisses ängstlich, aber beschweren sich Tage später. Das wirkt auf den Partner wie Nörgelei und erschwert die Klärung der Probleme.

6. Jedes Gewitter deutet sich durch Warnsignale an. Schlechte Laune, bockiges Schweigen und unklare Drohungen wie »Treib es nicht zu weit« oder »Muß das sein?« sollten Ihnen ein behutsames Nachfragen wert sein. Es besteht die Gefahr, daß Sie gerade im Begriff sind, die Toleranzschwelle des anderen zu überschreiten.

7. Treiben Sie den Partner nicht in die Enge. Wenn er nichts mehr zu entgegnen weiß, besteht höchste Gefahr. Unter Druck gegebene Versprechen werden fast immer gebrochen, »vergessen« oder durch »objektive Umstände« unwirksam gemacht.

8. Vermeiden Sie überzogene Allgemeinaussagen. Behaupten Sie nie, daß Ihr Partner irgend etwas »immer« oder »niemals« tun würde. Bei Sätzen wie »Das machst du immer so« oder »Du hast mich noch nie unterstützt« wird Ihr Partner Sie mit Leichtigkeit widerlegen können, indem er wenigstens ein Gegenbeispiel anführt. Dadurch erscheint Ihre Aussage als unsachlich und ungerecht.

9. Ein guter Streit endet mit einer Einigung, nicht mit einem K.o.-Sieg über den anderen. Nur wenn Sie sich einigen, gewinnt die Beziehung. Besiegen Sie den Partner, werden Sie seine Zuneigung verlieren.

10. Nach der Einigung feiern Sie mit Ihrem Partner eine kleine Versöhnung. Zeigen Sie, daß Sie sich nicht nur in Ihrem Streitpunkt geeinigt haben, sondern daß die Auseinandersetzung Ihrer Zuneigung keinen Abbruch tat.

nach Naumann, 1995

Konflikte zwischen Kindern und Eltern

Eine meiner Bekannten sagte neulich, noch völlig erschöpft und unausgeschlafen: »Ich war die ideale Mutter – solange meine Tochter noch nicht geboren war.« Nachdem sie geduldig versucht hatte, ihr schreiendes Baby durch mehrfaches Trockenlegen, Füttern und Schaukeln zu beruhigen – ohne Ergebnis –, fing sie nachts um zwei schließlich an zurückzuschreien.

Noch ist ihr Kind klein. Was wird sie tun, wenn die Vierjährige nach dem Sandmann strampelnd ausruft: »Ich will nicht ins Bett! Ich will nicht! Du kannst mich nicht zwingen!« Wie geht sie mit der Achtjährigen um, die ihre Schulaufgaben nicht machen will? Die, wenn die Mutter die Spielsachen wegschließt und sie vor ihre Hefte setzt, schreit: »Ich hasse dich! Du hast mir gar nichts zu sagen!« Und wenn die Mutter ihr als Vierzehnjährige Vorhaltungen macht, weil sie eine Stunde zu spät von der Disko nach Haus kam, und zur Antwort bekommt: »Scheiße! Bin ich denn hier nur von Idioten umgeben?«

Uneinsichtige Kinder

Vater und Mutter möchten gern alles richtig machen und die Fehler ihrer eigenen Eltern vermeiden. Aber wie selten sind die Momente, in denen einem der Sohn oder die Tochter mit leuchtenden Kinderaugen in die Arme springt! Viel häufiger sind Schmollen, Geschrei und sturer Trotz gegenüber den Anordnungen der Eltern, die doch nur das Beste wollen. Natürlich haben

Bindung versus Selbständigkeit

Kinder ihren eigenen Kopf; sie wollen selbständig werden und nicht ewig am Rockzipfel der Mutter hängen. Andererseits wollen und müssen die Eltern ihre Kinder vor Gefahren schützen, in die sie wegen ihrer mangelnden Lebenserfahrung blindlings hineintappen. Bindung an Vater und Mutter oder Selbständigkeit – das ist der Grundkonflikt, der hinter allen Machtkämpfen steckt, die Kinder mit ihren Eltern ausfechten.

Kinder testen Grenzen aus

Mit Widerstand und Trotz testen die Kinder ihre Grenzen. Die Kleinen werden wütend, traurig, ja sogar rachsüchtig, wenn es nicht nach ihrem Kopf geht. Es ist völlig in Ordnung, ihrem Freiheitsstreben altersgemäße Schranken zu setzen – aber ohne ihnen ihre Gefühle zu verbieten! Gerade das versuchen aber die meisten Mütter und Väter. Sie finden, ihr Kind müsse nicht nur jeden Tag um sieben ins Bett, sondern es dürfe darüber auch nicht wütend oder traurig sein. Sie wollen ein »gutes« Kind;

Uneinsichtige Eltern

Wut, Haß und Rachegedanken passen nicht in dieses Bild. Typische Äußerungen von Eltern sind:

▶ Sei artig!
▶ Benimm dich!
▶ Wenn du brav bist, bekommst du eine Gute-Nacht-Geschichte.
▶ Solange du 'rumtobst, bekommst du gar nichts!
▶ Mutti und Vati wollen ein liebes Kind.
▶ Wenn du nicht aufhörst du schreien, hab' ich dich nicht mehr lieb.

Manchmal haben die Eltern mit diesem Erziehungsstil Erfolg. Das Kind wird ruhiger und disziplinierter. Aber Gefühle lassen sich nicht wegerziehen. Sie haben nur erreicht, daß das Kind seine Sorgen und Nöte in sich verschließt. Es sucht sich andere Gelegenheiten, um sie abzureagieren: rauft mit seinen Klassenkameraden, zerstört sein Spielzeug, begeistert sich für blutrünstige Computerspiele oder leistet passiven Widerstand in Form von Unordnung, Schuleschwänzen und unerledigten Hausaufgaben. Manchmal kommt der Vulkan während der Pubertät zum Ausbruch. Der Heranwachsende schließt sich einer Clique von Leuten an, deren bloßer Anblick Vater und Mutter schon Furcht und Schrecken einjagt, kommt kaum noch nach Hause und ignoriert jeden ihrer noch so vorsichtigen Versuche, mit ihm zu reden.

Erlauben Sie Ihrem Kind, negative Gefühle zu haben, aber nehmen Sie Einfluß darauf, *wie* das Kind diese Gefühle äußert! Es ist okay, zu sagen, daß man wütend ist, aber es ist nicht okay, jemanden zu schlagen oder wertvolle Gegenstände zu zertrümmern. Dieser Ratschlag der amerikanischen Autorinnen Nancy Samalin und Catherine Whitney (1994) ist deshalb so schwer zu verwirklichen, weil gerade die Eltern, die besonders bemüht sind, alles richtig zu machen in der Erziehung, ihrerseits versuchen, immer und überall Selbstbeherrschung zu zeigen. Ist es nicht verständlich, daß auch die Eltern wütend, traurig oder enttäuscht werden? Vor allem, wenn die Kinder sich nicht so verhalten, wie sie es erwarten? Aber weil sie als vorbildliche Erzieher stets ein gleichbleibend freundliches Gesicht zeigen wollen, schlucken sie ihren Zorn herunter. Das geht nicht lange gut. Der Groll sammelt sich an und explodiert eines Tages bei irgendeiner Kleinigkeit. Das Kind bekommt es mit der Angst zu tun und heult, die Eltern erschrecken über sich selbst, fühlen sich schuldig, entschuldigen sich wortreich und versuchen, ihren Liebling mit einem teuren Spielzeug oder einem Rieseneisbecher zu versöhnen.

Wenn das Kind mit Ihnen trotzt: Machen Sie ihm keine Vorwürfe, sondern sprechen Sie sein Gefühl an, und sagen Sie, was Sie in dieser Situation empfinden. Auch kleine Kinder sind durchaus in der Lage, emotionales Spiegeln und Ich-Botschaften zu verstehen – in altersgemäßer Form. Dafür zwei Beispiele:

Im Kaufhaus:

Kind: Mami, Mami, kauf mir das Feuerwehrauto da! Mami!!

Mutter: Nein, ich kaufe heute kein neues Spielzeug.

Kind: (fängt an zu schluchzen und zu zetern)

Mutter: Du möchtest es so gern haben.

Kind: Ja-a-aa! Der Michael hat auch so ein Auto!

Mutter: Das findest du ganz schlimm, daß du nicht so ein Auto hast.

Negative Gefühle erlauben

Trotz versus Vorwürfe?

Zwei Beispiele

Kind: Bitte, Mami!

Mutter: Ich kann heute kein Spielzeug kaufen. Du kannst es dir zu Weihnachten wünschen.

Kind: Ich will es aber jetzt haben!

Mutter: Das geht nicht. Du bist furchtbar traurig, nicht wahr?

Kind: Mami-i-ii! (Schluchzen)

Mutter (nimmt das Kind in den Arm): Ich weiß.

Unmittelbar vor dem Mittagessen. Das Kind will Bonbons.

Mutter: Du weißt, wir essen gleich Mittag. Jetzt kannst du keine Bonbons mehr bekommen.

Kind: Ich will aber!

Mutter: Das verstehe ich, aber es geht nicht. Geh dir bitte die Hände waschen.

Kind: Ich will dein doofes Mittag nicht essen! Ich werde weglaufen, dann siehst du mich nie wieder!

Mutter: Das macht mich traurig, wenn du so redest. Dir schmekken Bonbons sehr gut, nicht wahr?

Kind: Ja. Bitte, Mami!

Mutter: Die sind ja auch schön süß. Aber jetzt ist Mittagszeit, da müssen die Bonbons in ihrem Glas bleiben und warten, bis du aufgegessen hast. Was hältst du davon, wenn du Hände waschen gehst, fein aufißt und dir hinterher ein Bonbon holst?

Kind (maulend): Na schön.

Über Gefühle sprechen

Indem Eltern mit den Kindern über ihre Gefühle sprechen, werden sie nicht die Probleme aus der Welt schaffen, aber sie sorgen dafür, daß Konflikte beherrschbar bleiben und die Beteiligten darüber sprechen können. Wirklich gefährlich wird es erst, wenn die Kinder sich in hartnäckiges Schweigen zurückziehen. Denken Sie einmal in Ruhe darüber nach, welche Schwierigkeiten Sie als Kind mit Ihren eigenen Eltern hatten. Da wir Menschen dazu neigen, unbewußt eine Reihe von Erziehungsmaximen unserer Eltern zu kopieren – auch dort, wo wir versuchen, es besser zu machen –, hilft ein Erinnern an unsere Kindheit, unsere eigenen Kinder zu verstehen. Die wichtigste Frage lautet: Was habe ich gefühlt, wenn meine Eltern mich bestraft, meine Wünsche nicht erfüllt oder mir immer wieder Ratschläge erteilt haben?

Für den Umgang mit Kindern bei Konflikten und anderen Schwierigkeiten habe ich die wichtigsten Regeln in Übersichten zusammengestellt. Im Rahmen dieses Ratgebers für Erste Hilfe kann ich anschließend nicht auf alle denkbaren Erziehungsfragen eingehen, sondern muß mich auf jene gravierenden Probleme beschränken, die ein rasches Reagieren erfordern und bei denen ein Versagen schwerwiegende Folgen hat.

Alterstypisches Konfliktverhalten		
Alter	Hauptmerkmal der Entwicklungsphase	Typische Verhaltensweisen von Kindern, über die sich Eltern ärgern
0-1 Jahr	Entwicklung des Urvertrauens	stundenlanges Schreien
1-3 Jahre	Autonomiestreben	Trödeln, nein sagen
3-6 Jahre	Initiative, Neugier, die Welt erkunden	die Erwachsenen unterbrechen, quengeln
7-11 Jahre	praktische Lerninteressen Unterscheidung von Arbeit und Spiel	Tagträume, vergessen ihre Aufgaben zu erledigen, stören häufig und ärgern gern ihre Geschwister und andere Kinder
11-17 Jahre	Identitätssuche	widersprechen ihren Eltern »aus Prinzip« und hören nicht auf sie, sind äußerst launisch, kommen morgens nur schwer aus dem Bett

Die Altersangaben sind Richtwerte; sie können im Einzelfall erheblich nach oben und unten variieren.

Zwölf Verhaltensempfehlungen für Eltern bei Konflikten mit ihren Kindern

1. In wichtigen Dingen Grenzen setzen, ansonsten dem Kind Selbstbestimmung gewähren. Um herauszufinden, welches die wesentlichen Dinge sind, listen Sie alle Punkte auf, in denen Sie Erziehungseinfluß ausüben. Sondern Sie etwa die Hälfte als unwichtig aus. Kinder, die Freiräume haben, sind eher geneigt und fähig, in entscheidenden Fragen Ihren Wünschen zu folgen.

2. Unterscheiden Sie konsequent zwischen Regel und Ausnahme. Legen Sie genau die Bedingungen fest, wann eine Ausnahme gegeben ist. Beispiel: Du gehst immer um acht schlafen. An Tagen, wo wir alle zusammen später aufstehen, darfst du eine Stunde länger aufbleiben.

3. Kinder sind sehr empfänglich für gleichbleibende Gegebenheiten. Sie sind der beste Garant für die Entwicklung eines stabilen Charakters, der später durch Krisen nicht so leicht zu erschüttern ist. Ständiger Wechsel zwischen Konsequenz und Nachgeben, Zuneigung und Ablehnung, Distanz und Nähe unterstützt dagegen Labilität und Unselbständigkeit.

4. Den wichtigsten Erziehungseinfluß übt Ihr Vorbild aus – im Positiven wie im Negativen. Kinder imitieren Ihre Stärken ebenso wie Ihre Schwächen. Die vernünftigste Argumentation verpufft, wenn Sie sich nicht selbst an die von Ihnen aufgestellten Verhaltensregeln halten.

5. Statt sie mit Vorwürfen zu überschütten, lassen Sie die Kinder die Folgen ihres Tuns selbst erleben. Zum Beispiel: Wer trödelt, dem bleibt keine Zeit mehr zum Spielen. Wer nicht hilft, den Tisch zu decken, hat kein Geschirr, um mit uns Abendbrot zu essen.

6. Motivieren Sie Ihr Kind! Wenn es keine Lust hat, sich anzuziehen, machen Sie kleine Rollenspiele. Zum Beispiel: »Hörst du, wie dein Mantel ruft? Nein? Hör mal genau hin! ›Peter, ich will angezogen werden‹ …« Oder wenn es keine Lust hat zu laufen, veranstalten Sie einen kleinen Wettlauf und lassen es gewinnen.

7. Tun Sie das Gegenteil von dem, was Ihr Kind erwartet. Wenn es etwas angestellt hat, trösten Sie es, statt zu strafen. Wenn es einen

Wutanfall hat, sagen Sie, wie erschrocken Sie sind, statt zurück-zuschreien. (Diese Methode darf aber nur gelegentlich angewendet werden, sonst verliert sie bald ihre überraschende Wirkung.)

8. Geben Sie Fehler zu, und entschuldigen Sie sich. Versuchen Sie nicht, allzu perfekt zu sein. Unfehlbarkeit schüchtert Kinder ein und vermittelt ihnen den Eindruck, immer unterlegen zu bleiben. Es ist nur eine Frage der Zeit, bis die Kinder merken, daß ihre Eltern so fehlbar sind wie jedermann, aber versuchen, Irrtümer zu leugnen. Unehrlichkeit ist ein schlechtes Vorbild. Die Erkenntnis, daß jeder Fehler macht, erzieht zur Toleranz. Eltern, die ihre Schnitzer zu-geben und sich entschuldigen, nehmen ihre Kinder als kleine Per-sönlichkeiten ernst.

9. Seien Sie humorvoll. Meist ist es wirkungsvoller, mit einem Scherz darüber hinwegzugehen, wenn ein Kind mal über die Stränge schlägt, als es auszuschimpfen. Am erfolgreichsten sind Eltern, die auch über sich selbst lachen können.

10. Kleiden Sie Ablehnungen von Wünschen Ihres Kindes in »Ja«-Sätze. Beispiel: »Ich möchte Schokolade!« – »Ja, nach dem Essen kannst du ein Stück Schokolade haben.« Oder: »Ich möchte drau-ßen spielen.« – »Ja, sobald du dein Zimmer aufgeräumt hast.« Kinder sind kooperativer, wenn das gefürchtete Nein ausbleibt und sie merken, daß es an ihnen selbst liegt, ob ihr Wunsch erfüllt wird. Wenn Ihr Kind nicht hört, lassen Sie sich auf keinen Macht-kampf ein. Sie verlieren garantiert; wenn nicht in der Sache, so in der Zuneigung des Kindes.

11. Tragen Sie den Konflikt erst aus, wenn Sie sich beruhigt ha-ben. Wenn Sie merken, daß Sie so zornig sind, daß Sie es Ihrem Kind am liebsten heimzahlen möchten, gehen Sie aus dem Zim-mer, entweder kommentarlos oder mit der Bemerkung: »Ich bin jetzt so wütend, daß ich mit dir nicht reden kann.« Dadurch verhin-dern Sie, daß der Krach eskaliert und Sie Ihr Kind schlagen oder ihm Worte an den Kopf werfen, die Sie hinterher bereuen.

12. Denken Sie einen Moment an alles, was Sie an Ihrem Kind schätzen, bevor Sie eine Standpauke halten. Dadurch werden Sie nicht vergessen, daß jede Kritik das Wohl des Kindes im Auge ha-ben und nicht nur Ausdruck Ihrer Enttäuschung oder uneingestan-dener Rachebedürfnisse sein soll.

Die zehn häufigsten Erziehungsfehler

1. Weghören. Mangelnde Zeit ist ein Handicap vieler Eltern, das sie mit teuren Geschenken auszugleichen suchen. Wer Kinder abwimmelt, wenn sie mit ihren Sorgen und Fragen angehört werden wollen, untergräbt das Vertrauensverhältnis. Sie gewöhnen sich an, mit wesentlichen Problemen zu anderen, zum Beispiel zu einer Clique Gleichaltriger, zu gehen. Wenn die Eltern endlich merken, daß die Kinder ihnen entgleiten, sind diese oft nicht mehr bereit, sich ihnen anzuvertrauen.

2. Herabsetzen. Mütter und Väter haben Leistungserwartungen an ihre Kinder. Stellen diese sich ungeschickt an, reagieren manche Eltern mit boshaften Bemerkungen, abwertenden Spitznamen und Tadel. Die Folge sind Minderwertigkeitsgefühle und Selbstwertprobleme. Das Kind traut sich keine Leistung mehr zu.

3. Versprechen nicht einhalten. Kinder sind die schärfsten Richter, ob gesetzte moralische Normen von den Eltern, die ihre Vorbilder sind, eingehalten werden. Gebrochene Versprechen sind für sie schweres Unrecht und wecken in ihnen den Verdacht, daß sie ihren Eltern nicht wichtig sind.

4. Den anderen Elternteil schlecht machen. Immer mehr Eltern lassen sich scheiden. (1994 beantragten in Deutschland 166 052 Paare die Scheidung. 135319 Kinder waren als »Scheidungswaisen« betroffen.) Egal, wie berechtigt die Wut auf den Partner ist: Das Kind liebt beide, Vater und Mutter. Wer den Partner herabsetzt, mißbraucht das Kind im nachehelichen Machtkampf und erschüttert sein Vertrauen in *beide* Eltern. Lieber die Lage altersgerecht und ohne häßliche Details erklären.

5. Zuviel tadeln, zuwenig loben. Im Durchschnitt erziehen deutsche Eltern zu neunzig Prozent mit Tadel und nur zu zehn Prozent mit Lob. Tadel hemmt die Initiative, Lob verleiht Flügel. Je höher der Anteil an Lob, desto gesünder entwickelt sich das Selbstvertrauen des Kindes.

6. Vergleichen. Beispiele: »Dein Bruder stellt sich viel geschickter an als du.« – »Der Martin aus der Nachbargruppe kann schon allein seine Schnürsenkel binden.« Das erzeugt Rivalität und das Gefühl, allein durch angepaßtes Wohlverhalten ein wertvoller Mensch zu sein. So erzogene Kinder versuchen, den anderen auszustechen –

oft nicht durch tatsächliche Leistung, sondern durch Verpetzen, Betrügen oder durch Kaspereien, häufige Krankheiten und andere Verhaltensweisen, die ihnen die Aufmerksamkeit der Eltern sichern.

7. Zuneigung verdienen lassen. Statt Kinder zu überzeugen oder das gewünschte Verhalten vorzuleben, wird Handel getrieben: »Machst du dies, bekommst du das.« Kinder verstehen es hervorragend, die Preise hochzutreiben. Aus ihnen werden Menschen, für die der Besitz von Geld über den Wert eines Menschen entscheidet. Sozialer Abstieg, zum Beispiel durch Arbeitslosigkeit, kann später ihr Selbstwertgefühl zusammenbrechen lassen.

8. Unter Druck setzen. Die beliebteste Methode: Schuldgefühle erzeugen. Beispiel: »Du mußt jeden Tag eine Stunde Klavier üben! Du willst doch, daß ich stolz auf dich bin?« Unter moralischem Druck ist das Kind gezwungen, gegen seinen Willen zu handeln. Das führt zu Depression und mangelnder Lebenslust. Solche Kinder neigen später dazu, sich vor Eigenverantwortung zu fürchten und das Verhalten ihrer Autoritäten (Eltern, Lehrer) kritiklos nachzuahmen.

9. Gängeln. Zerrissene Jeans, unaufgeräumte Schränke, vergessene Hausaufgaben treiben Eltern zur Weißglut. Sie vergessen, daß sie selbst als Kinder ebenfalls andere Prioritäten gesetzt haben als ihre Eltern. Je weniger Entscheidungsfreiräume sie ihren Kindern lassen, desto wahrscheinlicher ist Totalverweigerung in der Pubertät und der Abbruch aller Kontakte zu ihren Eltern, sobald sie erwachsen werden. Wer in kleinen Dingen Machtkämpfe mit den Kindern riskiert, wird auch in wesentlichen Fragen nicht um seine Meinung gefragt werden.

10. Mangelnde Konsequenz. Gängeln und mangelnde Konsequenz gehen oft zusammen. Heute riskiert die Mutter einen verheulten Abend, weil die Tochter beim Zähneputzen trödelt, doch morgen erlaubt sie ihr bis halb zehn aufzubleiben, weil im Fernsehen »Star Wars« kommt. So sehr sich Kinder über jede abgetrotzte Erlaubnis freuen; sie wissen nie, wann sie mit ihren Wünschen durchkommen, auf ein eisernes Verbot stoßen, oder nur lange genug betteln müssen, um sich doch noch durchzusetzen. Ein solcher Erziehungsstil fördert spätere Orientierungslosigkeit. Die Heranwachsenden können sich nicht entscheiden, was ihnen im Leben wirklich wichtig ist. Einmal getroffene Entschlüsse stoßen sie im nächsten Moment wieder um, oft unter erheblichen Einbußen.

Geschwisterrivalität

Konkurrenten um elterliche Aufmerksamkeit

Brüder und Schwestern versuchen grundsätzlich, einander bei den Eltern auszustechen. Sie wollen das am meisten geliebte Kind sein. Da daß nicht möglich ist, wachen sie wie ein Luchs darüber, daß alles absolut gleich verteilt wird: die Kuchenstücke, die Länge der Umarmungen, die Anzahl der Gute-Nacht-Küsse – für die Eltern eine unmöglich zu bewältigende Anforderung. Sie resignieren irgendwann und versuchen mit allgemeinen Aufforderungen ein wenig Frieden zu schaffen, wie zum Beispiel: Hört auf damit! Vertragt euch! Benehmt euch! Warum könnt ihr nicht brav miteinander spielen!

Vergebliches Ermahnen

Solche Sätze stoßen auf taube Ohren. Viele Eltern helfen sich damit, daß sie dem ältesten der Geschwister die Verantwortung für den Familienfrieden zuschieben: »Du bist doch schon groß und vernünftig. Wir erwarten von dir, daß du nicht mit der Kleinen um das Spielzeug zankst.« – »Aber wenn sie dauernd auf meinem Auto rumtrampelt?« – »Sie ist doch noch klein! Schämst du dich nicht, deine kleine Schwester zu verpetzen, so groß wie du bist?«

Kleine Kinder können ihre größeren Geschwister erbarmungslos tyrannisieren, sobald sie diese Regel erkannt haben. Tut der Große nicht, was sie wollen, drohen sie, zur Mutter zu laufen und sich zu beklagen. Statt gleich hinzulaufen und zu fragen, wer schuld oder wer angefangen hat, tun Eltern gut daran, keine Partei zu ergreifen. Kinder müssen lernen, ihre Probleme allein zu lösen. Für die Form des Streitens müssen sie selbstverständlich Rahmenbedingungen setzen, zum Beispiel, daß keine Prügel ausgeteilt und keine Schimpfwörter gebraucht werden. Wird der Lärm unerträglich, können die Eltern die Kinder vorübergehend trennen: »Ich fürchte, ich kann euch nicht im gleichen Zimmer lassen. Euer Gekreisch, das ist mir zu gefährlich. Du gehst ins Wohnzimmer, und du bleibst im Kinderzimmer.« Meist vergehen nur wenige Minuten, bis die Kinder es gar nicht mehr erwarten können, wieder miteinander zu spielen.

Wenn Kinder lügen, stehlen oder von zu Hause weglaufen

Immer handelt es sich um ein Symptom für etwas anderes, Tieferliegendes. Zu fragen ist stets, welchen Sinn dieses Verhalten für das Kind hat. Was will es durch das Lügen verbergen? Wenn es zu Hause alles Spielzeug bekommt, was es sich wünscht, und dennoch stiehlt, was will es sich mit seinem Diebstahl in Wahrheit nehmen? Wenn es wegläuft – wovor?

Nach dem Sinn fragen

Kaum ein Kind wird erwachsen, ohne wenigstens einige Male seine Erzieher beschwindelt zu haben. Die Eltern sind meist nicht wegen der (oft unbedeutenden) Lügen entsetzt, sondern weil sie feststellen, daß ihr Kind offenbar nicht genug Vertrauen zu ihnen hat. Dadurch wird ihr eigenes Vertrauen in ihr Kind erschüttert. Meist lügen Kinder, um eine Strafe oder eine Predigt zu vermeiden. Manchmal lügen sie aber auch, weil sie über eine bestimmte Angelegenheit mit ihren Eltern nicht reden wollen. Es handelt sich um Dinge, für die sie sich schämen oder von denen sie glauben, daß sie damit allein fertig werden müssen. Lügen sind dort häufig, wo Kinder sich oft Vorwürfe anhören müssen und von ihren Eltern gedrängt werden, über Dinge genau Auskunft zu geben, die sie lieber für sich behalten wollen. Nicht wenige Erwachsene behaupten: »In unserer Familie können wir über alles reden.« Wenn das Kind aber das Angebot ernst nimmt und eine Missetat beichtet, wird es mit Vorwürfen überschüttet.

Warum lügen Kinder?

Stellen Sie sich vor, Ihr Sohn kommt mit zerrissenen, schmutzigen Sachen nach Hause und blutet aus mehreren Wunden. Auf ihr dringliches Nachfragen behauptet er, er sei gestürzt. Sie merken an seiner unsicheren Stimme, daß er lügt. Sie haken nach. Schließlich gibt er zu, daß er und seine Freunde sich mit den Jungen aus einer anderen Straße geprügelt haben, daß dabei Steine und Messer ins Spiel kamen. Werden Sie jetzt die Fassung bewahren? Oder werden Sie ausrufen: »Bist du verrückt geworden? Du hättest dabei umkommen können! Das sind doch Kriminelle! Und mein Herr Sohn mittendrin!« Danach entwerfen Sie das düstere Szenario einer Verbrecherkarriere, die mit jugendlichen Messerstechereien beginnt und mit lebenslangem

Bereit für die Wahrheit?

Zuchthaus endet. Wer von seinen Kindern Offenheit und Wahr-
haftigkeit verlangt, muß sich überlegen, ob er bereit ist, bedingungslos an ihrer Seite zu stehen, was sie auch zu beichten haben.
Noch schlimmer ist es für die Eltern, wenn Kinder betrügen, die
Unterschrift der Eltern fälschen oder die Schule schwänzen. Selten geht das ohne geharnischte Vorwürfe, Brüllerei und schwere
Strafen ab. Die Kinder wie die Eltern fühlen sich schlecht, aber
die Gründe für das Verhalten bleiben ungeklärt. Statt gleich los-
zulegen, sollte Sie warten, bis Sie die Nachricht verdaut haben
und etwas ruhiger geworden sind (maximal einen Tag). Dann
sagen Sie, wie erschrocken, beunruhigt und besorgt Sie sind.
Sie haben das Gefühl, versagt zu haben. Sie fügen hinzu, daß Ihr
Kind sich wahrscheinlich ziemlich unter Druck fühlen mußte,
um sich so zu verhalten. Ein Beispiel:

Ein Beispiel *Mutter:* Ich habe etwas Ernstes mit dir zu bereden. Hast du mir
nichts zu erzählen?
Kind: Ich hab überhaupt nichts gemacht!
Mutter: Deine Mathelehrerin hat mich heute angerufen und gefragt, ob das wirklich meine Unterschrift ist unter deiner Arbeit.
Kind (schweigt schuldbewußt)
Mutter: Ich war ziemlich erschrocken, weißt du. Es war auch
peinlich für mich, weil meine Kollegen auf der Arbeit das Gespräch mithören konnten.
Kind (schaut betreten nach unten)
Mutter: Du mußt recht verzweifelt gewesen sein, um so etwas
zu tun.
Kind: Ihr sagt doch immer, in Mathe zeigt sich's, ob einer in-
telligent ist. Und weil ich immer Einsen und Zweien hatte, noch
nie 'ne Vier .… Dabei hatte ich gelernt, ehrlich. Jetzt werdet ihr
bestimmt verlangen, daß ich noch mehr Mathe büffle.
Mutter: Ich möchte schon, daß du gut bist in der Schule, aber
ich weiß, daß es auch mal schiefgehen kann …

Ängste und Wäre die Mutter gleich mit Vorwürfen herausgeplatzt und hätte
fehlende eine Strafe verordnet, hätte sie über die Leistungsängste nichts
Zuwendung erfahren. Das Kind hätte schweigend seinen Stubenarrest auf sich
genommen und in seinem Zimmer in Rachegefühlen geschwelgt.

Auch bei anderen »Vergehen« ist es sinnvoll, das Gespräch auf der Gefühlsebene zu suchen. Ein Kind, das stiehlt, versucht möglicherweise, fehlende Zuwendung durch »Erwerb« fremden Eigentums zu ersetzen. Oder es kompensiert Minderwertigkeitsgefühle: Es beweist sich, daß es in der Lage ist, das Kaufhauspersonal zu überlisten. Nicht selten muß ein Kind einer Gruppe Gleichaltriger durch einen Warenhausdiebstahl beweisen, daß es dazugehört. Die Nachahmung von Bildschirm»helden« kann der Auslöser einer solchen Mutprobe sein. Kinder, die in ihrer Schulklasse als Außenseiter behandelt werden, üben unbewußt Rache an erfolgreicheren Kameraden, indem sie sich an deren Eigentum vergreifen. Sie werden in der Regel schnell entdeckt, da ohnehin der Verdacht auf sie fällt, so daß sie in der Folge gänzlich ausgestoßen, unter Umständen gar mißhandelt werden.

Die Aufzählung zeigt, daß ein stehlendes Kind Hilfe braucht statt **Hilfe statt Strafe** Strafe – und dies um so mehr, je jünger das Kind ist. Fast alle Kinder, die ein oder mehrere Male beim Stehlen erwischt worden sind, wachsen später zu verantwortungsbewußten Erwachsenen heran. Es ist deshalb unsinnig, dem Kind zu drohen, es werde von der Schule fliegen, als Hilfsarbeiter sein Brot verdienen müssen und aller Wahrscheinlichkeit nach im Gefängnis enden.

Schulschwänzer haben aus irgendeinem Grunde Angst vor der Schule. Häufig sind es die Leistungsschwächeren, die es leid sind, immer wieder andere Kinder als Vorbild hingestellt zu bekommen. Bei Leistungsstärkeren liegt der Grund woanders: Sie werden von anderen Kindern gehänselt oder geprügelt. Oder sie fürchten einen bestimmten Lehrer und meiden dessen Stunden. Bleibt das Schwänzen ein Einzelfall, steht manchmal nur die Lust dahinter, an diesem Tag unbeobachtet von Erwachsenen durch die Straßen zu ziehen – oft in Begleitung des besten Freundes oder der besten Freundin. Ein Zeichen, daß das Kind etwas mehr Freiheit und weniger Kontrolle braucht. Das Vergehen soll nicht verharmlost werden. Nach den Gründen fragen und über die Gefühle sprechen, ist eine bessere Strategie als Rügen, Anklagen, Drohungen und Strafen. Überlegen Sie, was sich für das Kind durch seine Tat verändert hat, insbesondere dann, wenn es sich gar nicht sehr bemüht hat, seine Untat zu verbergen. Bekommt es durch seine Lügen mehr Aufmerksamkeit? Beginnen seine Eltern vielleicht erst jetzt, nachdem ein Problem aufgetaucht war, sich mit seinem seelischen Befinden zu beschäftigen?

Nägel knabbern, Schulversagen

Selbstbestrafung

Stehlende, lügende und schwänzende Kinder versuchen, ihre Probleme aktiv zu lösen, wenn auch mit untauglichen Mitteln, die ihre Schwierigkeiten noch vergrößern. Nicht wenige unserer Jüngsten richten aber ihren Zorn und ihre Verzweiflung nach innen. Ob jemand Aggressionen nach außen trägt oder in sich vergräbt, hängt vom Persönlichkeitstyp und vom Erziehungsklima ab. Stille, passive Charaktere und strenge, rigide Umwelten erzeugen eine Tendenz zur Selbstzerstörung. Den gleichen Effekt können aber auch überfürsorgliche Umwelten haben. So spiegeln nach Clyne (1976) viele Schulverweigerer nur den Wunsch der Mutter, ihr Kind von der Schule fern und bei sich zu Hause zu behalten. Mütter, die sich an ihr Kind klammern, sind häufig von der eigenen Ehe enttäuscht und suchen bei ihrem Kind die Liebe, die sie bisher nicht fanden. Das Kind versucht, durch Stören oder als Klassenkasper seine Unabhängigkeit zu beweisen. Andere flüchten aus dem Konflikt, indem sie häufig krank werden. Diesen Kindern fällt es schwer, längere Zeit still zu sitzen, sich zu konzentrieren oder auch nur die kleinste Anstrengung zu ertragen. Tränen sind häufig. Die Mutter aber, die sich mit ihrem Kind stark identifiziert, betrachtet ein Versagen des Kindes als persönlichen Mißerfolg und kontrolliert daher ständig und ausdauernd seine Schularbeiten (Buxbaum 1976).

Übermäßig angepaßt

Kinder aus strengen Elternhäusern sind übermäßig still, ängstlich und angepaßt. Ihnen fehlt es an Mut und Selbstvertrauen. Sie können sich gegenüber ihren Kameraden nicht wehren. Aber ihre aggressiven Impulse sind nicht verschwunden. Sie brechen in gelegentlichen Wutanfällen durch. In der übrigen Zeit äußern sie sich in motorischer Unruhe: Sie können ihre Aufmerksamkeit nicht konzentrieren, knirschen mit den Zähnen oder beißen ihre Fingernägel ab.

Natürlich können Leistungsschwächen biologische Ursachen haben. Deshalb sollte in jedem Fall ein Fachmann konsultiert werden. Steht das Schulversagen jedoch in Zusammenhang mit Störungen, wie ich sie gerade genannt habe, ist es wahrscheinlich, daß Familienprobleme ihren Anteil haben. Den meisten Eltern fällt es äußerst schwer, den Gedanken zu akzeptieren, daß sie bei sich selbst etwas ändern müssen, wenn sie ihrem Kind helfen wollen.

Bei Störungen, wo das Kind seine Konflikte verinnerlicht, ist nicht das Kind, sondern die Umgebung der Adressat für emotionales Spiegeln und Ich-Botschaft. Das Kind hat seine Konflikte viel zu tief verdrängt, um über seine Gefühle sprechen zu können. Wahrscheinlich ist es auch zu ängstlich dazu. Solche Kinder geben vielleicht zu, daß sie müde, gleichgültig oder lustlos sind, aber niemals, daß sie Enttäuschung, Zorn und Ärger empfinden. Die Eltern müßten über ihre Probleme, ihre Unzufriedenheit und ihre Ängste reden – ein Schritt, der gerade ängstlichen, pflichtbesessenen und disziplinierten Erwachsenen schwer fällt. Ein guter Psychologe wird, wenn er den Fall eines solchen Kindes zu behandeln hat, stets auch das Gespräch mit den Eltern über ihre Probleme suchen. Es liegt im Interesse ihres Kindes, eine solche Unterhaltung nicht zu verweigern.

Pubertätskrise. Als Eltern möchten wir, daß unsere Kinder uns brauchen. Sie kämpfen aber darum, uns nicht mehr zu brauchen. Ihr Ringen um Selbständigkeit erreicht mit der Pubertät seinen Höhepunkt. Einerseits sehen wir ein, daß sie eigene Entscheidungsfreiheiten benötigen. Andererseits – wenn wir ihre Freunde sehen, ihre exaltierten Verhaltensweisen, ihr altkluges Urteilen und Verurteilen von allem und jedem – haben wir Angst, daß sie Fehler mit schwerwiegenden Konsequenzen begehen werden, und wir möchten sie beschützen. Lügen wird zu einem ernsten Problem. Teenager fordern mehr Freiheit, und wenn sie sich eingeengt fühlen, entziehen sie sich unserer Kontrolle mit kleinen und größeren Schwindeleien. Zugleich verlangen sie,

Die Umgebung ändern

Ringen um Selbständigkeit

daß wir ihnen vertrauen und sie als Erwachsene respektieren. Eltern, die diesen Rollenwechsel fürchten, beobachten ihre Teenager aufmerksam. Sobald sie sie bei Unehrlichkeiten ertappen, rufen sie: »Na bitte! Da soll ich dir vertrauen? Für das Erwachsenwerden fehlt es dir noch an Reife!«

Jugendliche reagieren extrem empfindlich auf jede Art von Kontrolle und Druck. Sie wollen selbst entscheiden, gehen aber ihre ersten Schritte in Richtung Erwachsensein noch auf sehr unsicheren Füßen. Es fehlt ihnen die Souveränität, sich trotz gesetzter Schranken ihre Persönlichkeit behaupten zu können. Ihre Forderung nach Eigenverantwortung ist daher absolut und verträgt keine Kompromisse – ein Zeichen, wie zerbrechlich die neue Identität noch ist. Die wohlmeinende Eltern riskieren, sehr schnell als Störquelle aller Selbständigkeitsbestrebungen eingestuft zu werden. Unhöflichkeit und rüde Umgangsformen sind ein Zeichen, daß die neue Rolle noch nicht verinnerlicht wurde. Wenn der Vater fragt: »Wie war es bei dir heute in der Schule?«, bekommt er vielleicht zur Antwort: »Das geht dich gar nichts an!« Die Mutter, die ihrer Tochter viel Spaß in der Disko wünscht, bekommt kein »Danke« zu hören, sondern ein gefauchtes »Das ist doch wohl meine Sache!«.

Zwischen Kindheit und Erwachsensein

»Nichts soll mehr daran erinnern, daß ich vor kurzem noch Kind gewesen bin. Andererseits ist noch nicht klar, wer ich jetzt bin. Die Ausbildung ist noch nicht beendet, ich wohne immer noch im Haus der Eltern – meine Lebensumstände sind noch die gleichen wie im Jahr zuvor. Um so größeren Wert muß ich auf eine radikale Veränderung meiner Lebensweise, meiner Ansichten, meiner Kleidung und meines Benehmens legen. Aber wo gehöre ich hin?« Um diese Frage zu beantworten, schließen sich Teenager Cliquen an, die ihnen ein fertiges Rollenverständnis außerhalb der Familie liefern.

Der Versuch, dem Freiheitsdrang der Heranwachsenden deutliche Schranken zu setzen, löst in aller Regel schwere Familienkonflikte aus. Als Vater oder Mutter ein Freund des Jugendlichen sein zu wollen, verträgt sich nicht mit Bevormundung und dauerndem Sichberufen auf die Rolle des erfahrenen Älteren, dessen Rat der Jüngere zu befolgen habe. Freunde behandeln einander als Gleichwertige. Auf ein Großteil gefühlsmäßiger Bindung und elterlicher Überlegenheit verzichten zu müssen, ist hart. Aber nur wer die geforderte Freiheit gewährt, kann hoffen, bei Schwierigkeiten ins Vertrauen gezogen zu werden. Samalin und Whitney (1994, S. 94) schreiben: »Manchmal müssen wir akzeptieren, daß unsere Kinder lieben bedeutet, dem Schauspiel ihres Lebens von den hinteren Rängen aus zu folgen.«

Nichtdirektive Gesprächsführung ist die einzige Chance, einen Zugang zu Denken und Fühlen des Heranwachsenden zu finden. Jede Art von Ratschlägen, Verallgemeinerungen, Bagatellisieren oder direktem Druck wird den Konflikt verschärfen. Wem es gelingt, durch Druck die Selbständigkeitsbestrebungen der Jugendlichen einzuschränken, der muß mit gefährlichen Konsequenzen rechnen.

Nichtdirektiv handeln

Magersucht, Bulimie

Etwa fünf Prozent aller Mädchen im Alter zwischen 15 und 18 Jahren leiden an einer dieser beiden nah verwandten Störungen. Am Anfang steht eine Erziehung, die keine Selbständigkeit gewährt. Im Pubertätsalter sollen diese Mädchen, die von den Eltern in Abhängigkeit gehalten wurden, plötzlich den Sprung in die Frauenrolle schaffen. Die Veränderungen ihres Körpers lösen Ängste aus. Durch Hungern versuchen sie, ihren Kindkörper zu bewahren. Busen, Hüften und Po werden schlank gehungert. Da bei starker Unterernährung auch die monatliche Regel ausbleibt, scheint das Aufhalten der Entwicklung zu gelingen. Das Nicht-Frau-werden-Wollen ist zugleich ein passiver Widerstand gegen die Eltern. Aktiv den Konflikt zu suchen, erübrigt sich. Betroffen sind in erster Linie Mädchen aus extrem leistungs- und erfolgsorientierten Mittelstandsfamilien.

In letzter Zeit werden zunehmend Frauen im Erwachsenenalter magersüchtig. Die Modewelt, die in Gestalt ihrer Models ein knabenhaftes Ideal der Erfolgsfrau gegen die Lebenswirklichkeit der Alltagswelt setzt, fördert die Ideologie des Schlankhun-

Verweigerung des Erwachsenwerdens

gerns. Viel seltener als Frauen werden Jungen magersüchtig. Bei ihnen handelt es sich wie bei vielen Mädchen um Kinder, die einer einengenden Erziehung unterworfen wurden und im Schlankhungern den einzigen Weg sehen, ihre Persönlichkeit zu behaupten.

Die Gedanken der Magersüchtigen kreisen unaufhörlich um das Einsparen von Kalorien. Manche reduzieren nicht nur ihre Nahrung, sondern treiben auch bis zur Erschöpfung kalorienzehrende Sportarten (Radfahren, Langstreckenlauf). Sie treiben Mißbrauch mit Abführmitteln und appetithemmenden Tabletten. Selbst wenn sie bereits knochendürr sind, betrachten sie sich als zu fett.

Lebensgefahr durch Hungern Nur bei etwa einem Drittel verschwindet die Magersucht während der Pubertät von allein. Zehn Prozent der Magersüchtigen hungern sich zu Tode. Die übrigen haben ihr Leben lang Eßprobleme.

Bei der Bulimie wechseln Hungerperioden mit plötzlichen Anfällen von Freßsucht ab. Nach einer längeren Zeit der Magersucht und »erfolgreichem« Schlankhungern stopfen sie plötzlich Unmengen von Nahrung in sich hinein – und zwar bis zum Erbrechen. Die betroffenen Mädchen und Frauen halten ihre Eßorgien und das anschließende Erbrechen geheim. Während Magersüchtige dürr sind, aber leugnen, krank zu sein, wissen Bulimiekranke um ihre Störung, obwohl sie meistens kein Untergewicht haben. Durch ihren Heißhunger halten sie – wenn auch anfallartig – ihre notwendige Kalorienversorgung aufrecht. Daß es ihnen nicht gelingt, ihre Schlankheitsbemühungen durchzuhalten, demütigt ihr Selbstwertgefühl.

Angehörige von Bulimiegestörten erkennen die Krankheit daran, daß periodisch Kühlschrank und Speisekammern von allen Vorräten entleert sind. Seelische Erste Hilfe verlangt folgende Maßnahmen:

Keine Nötigung 1. Niemals zum Essen nötigen! Je mehr Druck ausgeübt wird – sei es in Form »vernünftiger« Argumente, besorgter Gesichter oder per Befehl (»Du bleibst jetzt so lange sitzen, bis du alles aufgegessen hast!«) –, desto größer werden der Widerstand und der Ekel vor dem Essen. Zuallererst muß der Anspruch des Betroffenen akzeptiert werden, über sein Eßverhalten selbst zu entscheiden, auch dann, wenn es ungesund ist.

2. Führen Sie nichtdirektive Gespräche, die sich mit den Vorstellungen der Betroffenen von ihrem eigenen Körper und ihrem Selbstwertgefühl befassen. Sagen Sie zum Beispiel:

▶ Du bist mit deinem Aussehen unzufrieden. Was stört dich am meisten?

▶ Du bist stolz auf dich, wenn es dir gelungen ist, wieder ein Kilo abzunehmen.

▶ Ich habe den Eindruck, du möchtest gern noch schlanker sein als Kate Moss[8].

Hören Sie sich die Antworten gut an. Sie erfahren, wie die Betroffene sich sieht und wie sie sein möchte. Achten Sie vor allem darauf, welche Erfolgserlebnisse ihr fehlen. Wenn jemand im Dünnerwerden seinen wichtigsten Lebenserfolg sieht, fehlt es an motivierenden Ereignissen in seiner Umwelt. Aber sagen Sie nicht, wie Sie selbst das Hungern interpretieren. Die Betroffene muß von sich aus erkennen, welche seelischen Defizite sie mit ihrer Magersucht auszugleichen versucht.

Mangelnde Selbstbestätigung

3. Wenn Sie nach etwa fünf Gesprächen spüren, daß sich bei der Betroffenen nichts ändert, müssen Sie überlegen, ob professionelle Hilfe notwendig ist. Bulimiekranke, die unter ihrer Störung leiden, verfügen meist über die nötige Einsicht, daß sie allein nicht zurechtkommen. Sobald einige Freunde und Bekannte ihre Heißhunger- und Brechanfälle mitbekommen haben, sind sie bereit, einen Therapeuten aufzusuchen. Schwieriger wird es bei Magersüchtigen. Sie behaupten in der Regel, sich nur deshalb nicht wohl zu fühlen, weil sie noch zu dick sind – selbst wenn schon alle Rippen, Becken- und Schulterknochen deutlich hervortreten. Erst bei extremem Untergewicht werden sie in eine Klinik eingewiesen und künstlich ernährt, bis die unmittelbare Gefahr des Verhungerns behoben ist. Zugleich wird eine Psychotherapie begonnen. Besser ist es, einen Therapeuten hinzuzuziehen, bevor Lebensgefahr besteht. Wenn die Magersüchtige

Therapeutische Hilfe

[8] Top-Model aus der Parfümwerbung, bekannt wegen ihrer extremen Schlankheit.

keine Einsicht hat, sind die Erfolgsaussichten einer Therapie allerdings nicht sehr hoch. Es besteht jedoch die Möglichkeit, sich an eine Selbsthilfegruppen für Frauen mit Eßstörungen zu wenden, die es mittlerweile in fast jeder Stadt gibt. Außerdem existieren in Deutschland mehrere Spezialkliniken für Eßstörungen. Dort können Sie sich Rat holen.

Konflikte mit Kollegen und dem Chef

Zufriedenheit im Job

Die Arbeitszufriedenheit ist einer der wichtigsten Faktoren persönlichen Wohlbefindens – für nicht wenige Menschen der wichtigste überhaupt. Kein Wunder, da viele von uns mehr Zeit mit ihren Kollegen verbringen als mit der Familie. 35 bis 40 Stunden pro Woche sind die Regel, aber auch Arbeitszeiten von 60 und mehr Stunden sind keine Seltenheit. Das Gefühl, eine wertvolle Leistung zu erbringen und für die Firma unentbehrlich zu sein, ist für so manchen Erwerbstätigen lebenswichtig. Deswegen trifft Arbeitslosigkeit die meisten in seelischer Hinsicht härter als der damit verbundene Einkommensverlust. Aber auch Störungen im innerbetrieblichen Miteinander – Konflikte, Mißerfolge, fehlende Anerkennung und überzogene Kritik – schädigen das Selbstwertgefühl und beeinträchtigen die seelische Gesundheit.

Zusammenarbeit und Konkurrenz

Kollegen sind einerseits auf Zusammenarbeit angewiesen, andererseits konkurrieren sie um Aufstiegschancen. Hinzu kommen die charakterlichen Verschiedenheiten: Der eine ist übermäßig akkurat, der andere liebt Spontaneität und ein gewisses Chaos. Der eine hat zwei linke Hände, wenn er eine Maschine bedienen soll, ist aber ein glänzender Organisator. Der andere bringt sogar den ältesten Motor wieder zum Laufen, benimmt sich aber wie ein Stiesel, wenn er einen Kunden beraten soll. Das alles erzeugt Spannungen, insbesondere dort, wo sich persönliche Eigenheiten an den Vorschriften einer strengen betrieblichen Hierarchie stoßen. Man ist unterschiedlicher Auffassung und kann sich nicht sofort einigen. Oder jemand läßt unter Termindruck Dampf ab. Beleidigungen, dumme Scherze, manchmal sogar eine Unverschämtheit – solche »Betriebsunfälle« lassen sich in der Regel wieder bereinigen. Man wartet, bis man sich beruhigt hat, spricht sich aus, trinkt einen Kaffee oder ein Bier zusammen und geht zur Tagesordnung über.

Führungsstile

Autoritär: Der Chef trifft alle Entscheidungen allein, legt alles bis in die Einzelheiten fest; hält deutliche Distanz zu seinen Untergebenen. Da er nicht viel von ihren Fähigkeiten hält, versucht er jeden Arbeitsschritt zu kontrollieren. Abweichende Meinungen wertet er als Angriff auf seine Person. Die Mitarbeiter neigen untereinander zu Intrigen und Heimlichtuerei. Dieser Stil ist effektiv bei einfachen Arbeiten, die leicht zu kontrollieren sind. Das Arbeitsklima ist von Spannung und Angst gekennzeichnet.

Patriarchalisch: Der Chef setzt seine Ansprüche auf freundliche, väterliche Weise durch. Er regiert wie das Oberhaupt einer Familie. Er meint besser als seine Angestellten zu wissen, was für sie gut ist. Er gängelt sie, indem er an ihre bessere Einsicht appelliert. Die Mitarbeiter intrigieren häufig, indem sie sich bei ihrem Chef anbiedern. In seinen Auswirkungen ähnelt dieser Stil dem autoritären.

Laissez-faire: Der Chef überläßt die Mitarbeiter sich selbst. Jeder grenzt seine Kompetenzen ab und regiert in seinem Bereich wie ein kleiner König. Der Chef hält sich von der Gruppe fern, weil er es aufgegeben hat, in seinen »Haufen« Ordnung und Disziplin hineinzubringen. Solche Gruppen sind selten effektiv. Das Arbeitsklima ist von Gleichgültigkeit und Rivalitäten gekennzeichnet.

Partnerschaftlich: Die Gruppe trifft alle Entscheidungen gemeinsam. Der Chef beschränkt sich darauf, die Diskussion anzuregen. Er geht davon aus, daß seine Mitarbeiter auf ihrem Spezialgebiet kompetenter sind als er selbst. Manchmal schlägt er verschiedene Lösungsvarianten vor und bittet die Gruppe um ihre Meinung. Dieser Stil ist effektiv, wenn die Gruppe komplexe Aufgaben zu lösen hat, bei denen kein einzelner, auch nicht der Chef, alle Aspekte überschaut.

Läßt sich eine Meinungsverschiedenheit nicht auf diesem einfachen Weg aus der Welt schaffen, kommt es zu lang andauernden Konflikten. Sie beeinträchtigen das Arbeitsklima, weil die Mitarbeiter ein Großteil ihrer Energie darauf verwenden müssen, trotz der Reibereien zu einer Zusammenarbeit zu gelangen. Die Arbeitszufriedenheit läßt nach und damit die Leistungsfähigkeit. Wie mit Konflikten umgegangen wird, hängt vom Führungsstil ab, der in dem Team üblich ist.

Daraus ergeben sich mehrere Möglichkeiten, mit einem Konflikt umzugehen:

Sieger und Verlierer
1. Der Stärkere setzt sich durch, der Schwächere gibt nach. Dies kann per Anordnung (autoritärer Stil) oder durch freundschaftliches Schulterklopfen und Appelle nach Zusammenhalt und Disziplin (patriarchalischer Stil) geschehen. Der Stärkere ist der Chef oder ein Mitarbeiter in einer herausgehobenen Position, die Schwächeren sind Untergebene oder Kollegen, deren Position im Betrieb weniger gesichert ist als die eigene.

Wechselseitige Ignoranz
2. Jeder macht nur noch seins und ignoriert den anderen (Laissez-faire-Stil). Die Teamarbeit erlischt. Kompetenzstreitigkeiten werden wichtiger als das gemeinsame Arbeitsergebnis. Die Mitarbeiter und der Chef vermeiden größere Konflikte, indem sie sich jede Einmischung in ihre Angelegenheiten verbitten, aber umgekehrt die Kollegen ebenso sich selbst überlassen.

Suche nach einvernehmlicher Lösung
3. Der Konflikt wird erkannt als das Aufeinandertreffen unterschiedlicher Bedürfnisse. Es wird in gegenseitigem Einverständnis eine Lösung gesucht, die die Bedürfnisse aller Beteiligten berücksichtigt (partnerschaftlicher Stil). Der Chef verzichtet darauf, seine Autorität einzusetzen, um seine Ansicht gegen die Ansichten der Mitarbeiter durchzusetzen. Mittels Anordnungen könnte er den Konflikt nur unterdrücken, aber nicht aus der Welt schaffen. Diese Lösungsvariante ist häufig mit größerem Aufwand verbunden, zahlt sich aber langfristig aus.

Trotz zahlreicher und teurer Managerschulungen in den letzten Jahren herrschen in deutschen Unternehmen zu mindestens neunzig Prozent die ersten beiden Varianten vor. Viele Anlässe für psychische Erste Hilfe! Davon, ob es Ihrem Team gelingt, die gestörten Beziehungen wieder einzurenken, hängt das Arbeitsklima von allen und damit indirekt auch Ihre Arbeitszufriedenheit ab. Bevor Sie jedoch zur Tat schreiten, lassen Sie sich einige Vorüberlegungen durch den Kopf gehen.

Welche Stellung haben Sie selbst in der Gruppe inne? Nicht ihre soziale Position als Mitarbeiter oder Chef ist entscheidend, sondern Fragen wie: Habe ich zu allen Beteiligten einen guten Draht? Wie sind die tatsächlichen Machtverhältnisse? (Nicht immer ist der Chef auch derjenige, der das Sagen hat.) Bin ich neu hier oder einer der alten Hasen? Werde ich normalerweise von Kollegen um Rat und Vermittlung bei Unstimmigkeiten gebeten, oder wenden sie sich lieber an jemand anderen?

Der Chef

Wenn Sie als Chef einen Konflikt zwischen Mitarbeitern beobachten, der Sie nicht direkt tangiert, können Sie in der Regel ohne Probleme vermittelnd eingreifen. Sie orientieren sich dabei an den gleichen Regeln, die ich im vorletzten Abschnitt für den Helfer als Schiedsrichter dargestellt habe. In allen übrigen Fällen hängt es davon ab, wie die anderen Kollegen zu Ihnen stehen. Wenn Sie auch nur den leisesten Zweifel haben, ob Ihre Hilfe nicht als Einmischung verstanden werden könnte, sollten Sie folgendermaßen vorgehen:

Wenden Sie sich unter vier Augen an jeden der Beteiligten mit einer Ich-Botschaft: »Ich habe das Gefühl, du hast ein Problem mit Kollegen … Ich frage, weil ich beobachtet habe, wie ihr zwei … Mich würde interessieren, was da passiert ist.«

Während der Kollege Ihnen das Problem aus seiner Sicht schildert, spiegeln Sie seine Gefühle. Falls er der Meinung ist, das Ganze gehe Sie nichts an, es sei eine Angelegenheit zwischen ihm und seinem Kontrahenten, antworten Sie mit Ich-Botschaften, zum Beispiel:

»Ich bin ziemlich beunruhigt von dem, was zwischen euch gelaufen ist.«

»Ich fürchte, wenn euer Streit andauert, wird er unser Arbeitsklima stören.«

»Ich würde gern helfen, die Angelegenheit zu klären.«

Egal, ob es Ihnen gelingt, den Kollegen zum Einlenken zu bewegen oder nicht – sagen Sie ihm offen, daß Sie auch mit seinem Gegner sprechen wollen und daß Sie sein Problem als ein Problem der ganzen Gruppe betrachten. Aber fügen Sie immer hinzu, daß Sie den Konflikt nicht an die große Glocke hängen wollen. Drohen Sie keinesfalls, das Problem bei Dienstbesprechungen auf die Tagesordnung zu bringen oder damit zum Chef zu laufen. Vermeiden Sie den Eindruck, sich einzumischen. Betonen Sie stets, daß Sie lediglich persönlich interessiert sind, weil gestörte Beziehungen anderer auch Ihre Arbeitsfähigkeit beeinträchtigen.

Chef und Mitarbeiter Besonders schwierig wird es, wenn einer der Beteiligten der Chef ist. Ein erfahrener Mitarbeiter geht nur dann zum Chef, wenn er gerufen wird. Zu groß ist die Gefahr, daß er Ihr Problem als unwichtig ansieht, Ihnen dafür aber eines seiner Probleme auflädt. Sie werden also nur mit dem anderen Kontrahenten sprechen können. Ruft der Chef Sie in einer anderen Angelegenheit, können Sie den Konflikt, von dem Sie gehört haben, unter Umständen mit zur Sprache bringen. Und zwar dann, wenn keine Gefahr besteht, daß der Chef auf den Gedanken kommt, Sie wollten mit Ihrer Frage Ihre Aufstiegschancen auf Kosten des in Ungnade gefallenen Kollegen verbessern. Am vernünftigsten wird es jedoch sein, sich aus diesem Konflikt herauszuhalten und zu versuchen, zu beiden Kontrahenten gute Beziehungen zu pflegen – allerdings nur dann, wenn die Reibereien nicht in Mobbing ausarten (siehe unten).

Der Karrierist Wer das nicht beherzigt, kommt schnell in den Verdacht, nach der Rolle des »Kronprinzen« zu streben. Damit verscherzt man sich jede Sympathie bei seinen Kollegen. Schafft es der selbsternannte Nachfolger tatsächlich, nach einiger Zeit in den Chefsessel zu gelangen, hat er von Anfang an alle früheren Kollegen und jetzigen Untergebenen gegen sich. Ebenso verkehrt wäre es, zum nächsthöheren Vorgesetzten zu laufen. Dieser wird dem Chef die Beschwerde seines Mitarbeiters zumindest als Führungsschwäche ankreiden. Der Mitarbeiter kann sich darauf verlassen, daß der Chef ihm diese Eigenmächtigkeit bei nächster Gelegenheit heimzahlt. Es ist klüger, ohne Heimlichtuerei zunächst mit den übrigen Kollegen zu sprechen und den Kontrahenten Zeit zum Überlegen zu lassen.

Mobbing

Die einvernehmliche Beilegung von Konflikten in der Arbeits-welt ist eher die Ausnahme. Der gesetzliche Kündigungsschutz bedingt, daß Vorgesetzte und Mitarbeiter in den letzten Jahren vermehrt dazu übergegangen sind, unliebsame Kollegen durch systematischen Psychoterror hinauszuekeln. Für diese Praxis hat sich der Begriff Mobbing (vom englischen »to mob«: anpöbeln, tätlich angreifen) durchgesetzt. Es beginnt mit Tuscheleien hinter dem Rücken des Kollegen. Man vermeidet, das Wort an ihn zu richten. Wenn er selbst den Mund aufmacht, schütteln alle den Kopf oder stöhnen leise. Seine Wortmeldungen, Fragen und Vorschläge werden überhört. Er wird zu Dienst nach Vorschrift gezwungen oder mit untergeordneten Arbeiten beschäftigt. Wichtige Informationen für alle Kollegen werden ihm vorenthalten. Weiß er dann nicht Bescheid, wird ihm dies als Arbeitsverge-hen angekreidet. Ist der ausgegrenzte Kollege nun immer noch nicht bereit, von sich aus zu kündigen, greift die Mannschaft zu stärkeren Waffen:

▶ Anonyme Anrufe und Morddrohungen beim Ehepartner.
▶ Bei Frauen Fotomontagen des Paßbildes mit einem Nacktfoto, das in allen Briefkästen der Nachbarschaft landet.
▶ Bei Männern Fotomontagen des Paßbildes mit der Innenan-sicht eines Schwulenklubs.
▶ Systematisches Ausstreuen von Gerüchten, daß der Kollege Anzeichen von Verfolgungswahn zeige.

In manchen Fällen hat der Betroffene mit dazu beigetragen, eine Mobbinglawine auszulösen. Ein strenggläubiges Mitglied einer Sekte hat kurz nach seiner Anstellung versucht, einige Kollegen für seinen Glauben zu gewinnen. Eine Frau hat sich in schrof-fer Form gegen die Unsitte verwahrt, ihr mehrmals am Tag auf den Hintern zu klopfen. In anderen Fällen wird jemand zum Mobbingopfer, weil er besonders schüchtern oder besonders

Psychoterror am Arbeitsplatz

Die Schuldfrage

wehrlos ist. Unter Behinderten zum Beispiel ist die Zahl der Mobbingopfer doppelt so hoch wie unter Gesunden.

Was uns Mobbing kostet

Nach Schätzungen der Experten kostet Mobbing unsere Volkswirtschaft jährlich 30 Milliarden Mark. Allein die Gesundheitsschäden (Schlafstörungen, Kreislaufbeschwerden, Magengeschwüre) kosten pro Person zwischen 10 000 und 25 000 Mark im Jahr – bei mehr als einer Million Mobbingopfern. Merkwürdigerweise ahnen die Täter selten, was sie bei ihrem Opfer anrichten. Da sie mit ihm nicht mehr sprechen, erfahren sie auch nicht, was in seinem Innern vorgeht. Das Opfer empfindet die Tatsache, daß es mit seinen Kollegen nicht klarkommt und der Chef an ihm ständig herumnörgelt, als persönliches Versagen. Es verschweigt seine Schande und wird passiv. Je mehr ein Betroffener dazu neigt, sich zu verkriechen, desto größer ist die Gefahr von schweren seelischen Schäden. Die Chancen, gegen Mobbing gerichtlich vorzugehen, sind gering. Nur selten riskieren die Kollegen Übergriffe, die beweisbar sind. Aus diesem Grunde geben die meisten früher oder später auf und kündigen – aus der richtigen Einsicht heraus, daß sie gegen die geballte Gegnerschaft eines vielköpfigen Teams auf Dauer im Nachteil sind. Manche befinden sich aber unter finanziellem Druck. Sie haben eine Familie zu ernähren, einen Kredit abzuzahlen und keine guten Chancen auf dem Arbeitsmarkt. In diesem Fall sind die Folgen verheerend. Nach neuesten Schätzungen ist schon jeder fünfte Selbstmord auf Mobbing zurückzuführen.

Von außen helfen

Bei Mobbing kann Hilfe nur von außen kommen. Wer in dieser Situation allein bleibt, muß mit dem Schlimmsten rechnen. Was sollte ein Helfer über den Umgang mit Mobbingopfern wissen?

1. Achten Sie in Ihrem eigenen Arbeitsumfeld auf Anzeichen von Mobbing. Wenn Sie merken, daß Ihre Gruppe im Begriff steht, jemanden zum Außenseiter zu stempeln, sprechen Sie mit Ihren Kollegen über deren Vorbehalte gegen den Betroffenen. Bemühen Sie sich frühzeitig, daß Animositäten zur Sprache gebracht werden und alle Beteiligten sich auf einen Weg einigen, konstruktiv mit dem Problem umzugehen.

2. Wenn Sie bemerken, daß irgendwer aus Ihrem Umfeld nur

noch deprimiert und lustlos zur Arbeit geht (und von der Arbeit
kommt), versuchen Sie die Gründe herauszufinden. Spiegeln Sie
seine Unlustgefühle. Nehmen Sie jede Äußerung, die auf Reibereien mit Kollegen und dem Chef hinweist, sehr ernst. 44 Prozent
aller Mobbingfälle spielen sich unter Kollegen ab, zu 37 Prozent
werden einzelne Mitarbeiter vom Chef unter Druck gesetzt. In
neun Prozent der bekannten Fälle ist es der Chef, der von seinen Untergebenen fertig gemacht wird, oft indem sie sich mit
der übergeordneten Leitung verbünden.

3. Suchen Sie den Dialog mit dem Opfer! Lassen Sie niemanden in die Isolation geraten. Geben Sie ihm das Gefühl, daß es
außerhalb des Arbeitsbereiches Menschen gibt, die seine Fähigkeiten und seinen Charakter zu schätzen wissen. Damit können
Sie die negativen Beurteilungen, die es im Betrieb erfährt, teilweise ausgleichen.

**Isolierung
verhindern**

4. Ermuntern Sie das Opfer, aktiv zu werden! Inzwischen gibt
es in Deutschland eine Reihe von Büchern zum Thema Mobbing
und eine Reihe von Beratungsstellen, die konkrete Unterstützung
geben können. Auch die Gewerkschaften haben sich des Problems Mobbing angenommen und wissen Rat. Dort können Sie
auch nützliche Adressen erfahren. Seit Oktober 1995 gibt es in
Frankfurt/M. eine zentrale Beratungsstelle für Mobbingopfer.

5. Überlegen Sie, ob Sie sich nicht als Außenstehender an die
oberste Leitung des Unternehmens wenden können, in dem das
Opfer arbeitet. Sagen Sie, daß Sie beunruhigt sind von den Erzählungen ihrer Freundin oder Ihres Freundes und daß Sie denken, daß der Vorstand darüber Bescheid wissen sollte. Mobbing
verursacht enorme wirtschaftliche Verluste wegen der Krank-
schreibungen und der verminderten Arbeitsleistung. Unterneh-
mensleitungen sind daher meist interessiert, solche Praktiken zu
unterbinden. Erkundigen Sie sich aber vorher, welche Unternehmens»philosophie« das betreffende Management vertritt. Leider
gibt es immer noch eine Reihe von Firmen – vom Familienbe-
trieb bis zum Großkonzern –, die Wert darauf legen, ihre Angestellten mit mittelalterlichen Methoden wie Drohungen, Denun-
ziationen und minutiöser Überwachung zu disziplinieren. Im

Zweifelsfalle fragen Sie bei der Gewerkschaft nach. Sie kennen ihre schwarzen Schafe.

Kündigung – der letzte Ausweg

6. Findet das Opfer keine Verbündeten im eigenen Unternehmen und können Beratungsstellen auch nicht helfen, ermuntern sie es zu kündigen. So schlimm es sein kann, sich den Unsicherheiten des Arbeitsmarktes zu stellen – selbst jahrelange Arbeitslosigkeit ist leichter zu ertragen als systematisch in den Selbstmord getrieben zu werden. Die meisten Opfer versuchen leider viel zu lange durchzuhalten und kündigen erst, wenn die Seele bereits dauerhaft Schaden genommen hat. Wer erst einmal am Boden zerstört ist, hat es doppelt schwer, sich bei neuen Bewerbungsgesprächen als dynamische Persönlichkeit zu präsentieren.

Konflikte mit Freunden, Nachbarn und Institutionen

Auseinandersetzungen mit Menschen außerhalb der Familie oder der Arbeitsstätte nehmen selten so dramatischen Charakter an, daß die Seele Gefahr läuft, ernsthaft Schaden zu nehmen. Das liegt daran, daß unsere emotionalen Bindungen zu Freunden, Nachbarn oder dem Zeitungsverkäufer an der Ecke weniger fest sind. In den seltenen Fällen, wo ein solcher Streit unser psychisches Gleichgewicht erschüttern könnte, kommen wir mit den gleichen Regeln des Konfliktmanagements zurecht, die ich Ihnen bereits in den vorigen Abschnitten vorgestellt habe. Ich kann daher meine folgenden Bemerkungen kurz halten.

Freunde

»Mit Freunden ist's vorbei in schlimmen Tagen«, wußte schon der altgriechische Dramatiker Euripides. Oder im Umkehrschluß: Ein wahrer Freund erweist sich erst in der Not. Dann zeigt sich, daß die meisten unserer Freunde lediglich gute Bekannte sind. Echte Freunde sind unsere wichtigste Stütze für den Fall, daß die anderen Sicherheiten unseres Lebens wegbrechen sollten. Sie greifen uns unter die Arme, wenn der Partner davonläuft, unsere Firma pleite macht oder unser Haus abbrennt. Die Mühen, die wir uns in guten Zeiten mit solchen Freunden gegeben haben, zahlen sich in schwierigen Stunden aus.

Bundesgenossen für schlechte Tage

Wer nach einem Streit, in dem böse Worte gesagt wurden, seine Freundschaft aufkündigt, verscherzt sich einen wichtigen Bundesgenossen für Notfälle. Klüger ist es, auch in Momenten, in denen Sie auf den anderen wütend sind, auszusprechen, was Sie an ihm immer geschätzt haben. Deswegen – so fügen Sie hinzu – sind Sie jetzt besonders verletzt, enttäuscht, zornig, traurig. Freundschaften kann man auch pflegen, wenn man nicht in jeder Frage Übereinstimmung erzielt. Wenn Sie merken, daß Sie den anderen nicht überzeugen können, lassen Sie die Sache auf sich beruhen. Lenken Sie das Gespräch auf die Gemeinsamkeiten zurück. Wenn beleidigende Worte gefallen sind, entlasten Sie sich mit Ich-Botschaften von den negativen Gefühlen.

Wenn zwei Ihrer Freunde, die Sie beide gleichermaßen mögen, Feinde werden, geraten Sie zwischen alle Stühle. So etwas passiert öfter, als man denkt. Einer meiner Bekannten wurde erst neulich von einem Pärchen als Schiedsrichter herangezogen, dessen einstige Liebe in Haß umgeschlagen war. Er sollte ihr beim Auszug aus der Wohnung helfen und mit entscheiden, wie die gemeinsamen Besitztümer aufgeteilt werden sollten. Der arme Kerl mußte sich nicht nur die immer wieder ausbrechenden Haßtiraden anhören, sondern sollte sich dafür rechtfertigen, daß er »so einen Schuft« beziehungsweise »so eine Irre« zu seinen Freunden zählte. Wie handeln Sie, wenn der Konflikt so weit eskaliert ist, daß es keinen Sinn mehr hat, als Schiedsrichter

Zwischen allen Stühlen

(siehe Abschnitt »Partnerschaftskonflikte«) aufzutreten? Und wenn Sie sich die Freundschaft beider erhalten wollen?

Für Sachlichkeit sorgen

1. Vermeiden Sie es nach Möglichkeit, mit beiden gleichzeitig zusammenzutreffen. Empfehlen Sie Ihrer Freundin, sich für den Auszug aus der Wohnung lieber jemanden zu suchen, der nur mit ihr befreundet ist.

2. Wenn die beiden Sie unbedingt brauchen – beispielsweise, weil es Ihnen sonst nicht gelingt, ihre Besitztümer aufzuteilen –, vermeiden Sie während dieser Zeit jede Art persönlichen Gesprächs. Beschränken Sie sich allein auf die Aufgabe, wegen der Sie gerufen wurden. Immer, wenn zwischen Ihren Freunden ein verletzender Streit ausbricht und Sie zur Parteinahme aufgefordert werden, antworten Sie ausschließlich mit Ich-Botschaften. Sagen Sie, wie bekümmert Sie sind, ihren Kampf mitzuerleben und wie hilflos Sie sich angesichts der immer wieder ausbrechenden Aggressionen fühlen. Fügen Sie hinzu, daß Sie die Aufteilung nicht gerecht vornehmen können, wenn Sie gezwungen werden, jetzt Partei zu ergreifen.

3. Ist eine Beziehung unwiderruflich zerstört, verzichten Sie auf emotionales Spiegeln – zumindest solange die beiden sich mit Ihnen in einem Raum befinden. Sonst besteht die Gefahr, daß Sie, statt die Möbel aufzuteilen, mit beiden ein mehrstündiges therapeutisches Gespräch führen, das Ihre Freunde zwar entlastet, aber den Trennungsprozeß nur unnötig in die Länge zieht.

Nachbarn

Kleiner Anlaß – schlimme Folgen

Jahr für Jahr ziehen in Deutschland rund eine halbe Million Bürger wegen Konflikten mit ihren Nachbarn vor Gericht. Die Anlässe sind meist geringfügig: bellende Hunde, durch Zaunlükken laufende Hühner, nicht eingehaltene Ruhezeiten. Daß solche Lappalien vor Gericht landen und durch mehrere Instanzen verfolgt werden, ist der Eigendynamik des Konfliktes geschuldet. Aus der Mücke wurde der sprichwörtliche Elefant.

Die Weichen, ob ein kleiner Konflikt bereinigt wird oder sich zu einem Krieg auswächst, werden gleich zu Anfang gestellt. Neh-

men wir an, der Schäferhund des Nachbarn ist auf Ihr Grundstück gelaufen, hat ein Häufchen in ihre Erdbeeren gesetzt und
einige Pflanzen zerwühlt. Sie haben drei Möglichkeiten zu reagieren.

1. Sie schaufeln den »Dung« stillschweigend unter ihr Beet und **Kopf einziehen**
verstärken Ihre Hecke mit Stacheldraht. Statt den Konflikt zu
klären, ärgern Sie sich im stillen. Die Gefahr besteht, daß sich
Ihr Groll auf den Nachbarn bei einem anderen, nichtigen Anlaß
entlädt. Fortsetzung unter Punkt 2.

2. Sie klingeln bei ihm und schimpfen: »Das ist doch Ihr Köter, **Gegenangriff**
der mir diese Schweinerei in den Erdbeeren angerichtet hat! Den
Schaden werden Sie mir ersetzen! Legen Sie das Vieh gefälligst
an die Leine, wenn Sie ihm keine Disziplin beibringen können.«
Egal, ob Sie in der Sache recht haben oder nicht – der Nachbar
fühlt sich durch die Aggressivität in Ihrem Tonfall persönlich
angegriffen. Das macht es ihm unmöglich, ohne Gesichtsverlust
nachzugeben. Also schlägt er zurück: »Mein Cäsar? Erzählen
Sie keine Unsinn. Der tut niemandem etwas zuleide. Das wird
sicher einer Ihrer Rabauken gewesen sein. Erst neulich sind sie
in meinen Apfelbaum geklettert …« Darauf Sie in selbstgerech-
tem Zorn: »So eine Frechheit! Eins sage ich Ihnen, wenn ich
Ihren Köter noch einmal auf meinem Grundstück erwischen
sollte, dann jage ich ihm eine Ladung Schrot in den Pelz!« Ihr
Nachbar: »Wagen Sie ja nicht, meinen Cäsar anzurühren!« Und
Sie: »Das werden wir ja sehen!«

Jeder fühlt sich verpflichtet, zu den im Zorn ausgestoßenen Drohungen zu stehen. Je weiter der Konflikt eskaliert, um so schwerer fällt es, noch eine gütliche Einigung zu finden. Schließlich
soll die Justiz den Schaden ausbessern. Aber wie auch der Rich-
terspruch ausfällt: Die Nachbarn werden Feinde bleiben.

3. Sie erkennen, daß zwar die Störung vom Nachbarn ausgeht, **Wer hat das**
aber daß Sie es sind, der ein Problem hat. Sie klingeln und er- **Problem?**
öffnen das Gespräch mit einer Ich-Botschaft: »Ich habe gesehen, daß Ihr Schäferhund in meine Erdbeeren gelaufen ist und
einige Pflanzen zerstört hat. Das hat mich geärgert. Wissen Sie,
an diesem Beet hat meine Kleine mitgearbeitet, und sie war sehr

stolz, als die ersten Pflänzchen herauskamen. Sie wird sehr traurig sein, wenn sie heute abend den Schaden sieht.« Falls Ihr Nachbar aber antwortet, Sie sollten sich nicht so haben wegen der paar Pflanzen? Sagen Sie: »Ich wünsche mir, daß wir diese Angelegenheit in gutem Einvernehmen klären«, und verabschieden Sie sich. Neun von zehn Nachbarn werden in der Folge darauf achten, daß ihr Hund von Ihrem Grundstück fernbleibt – auch wenn sie es nicht fertig gebracht haben, sich bei Ihnen zu entschuldigen. Läuft der Hund wieder auf Ihr Grundstück, versuchen Sie es noch einmal im Guten. Ändert sich nichts, dürfen Sie davon ausgehen, daß Ihr Nachbar mit Absicht Händel sucht. In diesem Fall verschaffen Sie sich Beweise – zum Beispiel Fotos, die den Hund in Aktion zeigen – und teilen Sie ihm dann mit, daß Sie beim nächsten Mal vor Gericht gehen werden. Diese Ankündigung müssen Sie dann auch wahr machen.

Sind Sie selbst der Nachbar, dem versehentlich der Hund auf das Nachbargrundstück entlief, und der Geschädigte meldet sich mit einer Schimpfkanonade an Ihrer Tür, hören Sie zu und spiegeln Sie emotional: »Ich merke, Sie sind ziemlich wütend.« Wahrscheinlich wird er jetzt erst recht hochgehen: »Das können Sie aber wissen! Kann sich Ihr Köter nicht woanders austoben?« So schwer es Ihnen fällt, enthalten Sie sich jeden Kommentars, solange er noch schimpft. Beschränken Sie sich auf das Spiegeln der Gefühle: »Sie sind sauer (aufgeregt, zornig, ärgerlich).« Erst wenn er sein Herz ausgeschüttet hat, bieten Sie ihm an, den Schaden zu ersetzen.[9] Mit hoher Wahrscheinlichkeit wird er Ihr Angebot nicht akzeptieren, sondern entgegnen: »Na ja, so schlimm ist es auch nicht. Ich grabe es unter, und die paar Pflanzen … Wenn es nicht noch mal vorkommt …« Erst jetzt verwahren Sie sich gegen den Ton, in dem er die Beschwerde vorbrachte: »Ich begreife, daß Sie zornig geworden sind, aber ich bitte Sie auch zu verstehen, daß es für mich nicht

---

[9] Falls Sie Schadenersatz anbieten, bevor er seinen Zorn abgeladen hat, wird er sie allerdings beim Wort nehmen: „Na, das ist wohl das mindeste, was man erwarten kann. Vor allem hoffe ich, daß Sie Ihren Köter in Zukunft an die Leine legen.“

angenehm ist, mit einer Schimpfkanonade überfallen zu werden.« Jeder halbwegs höfliche Mensch wird Ihnen zustimmen und ebenfalls einlenken.

Vertreter von Institutionen

Strenge Polizisten, unfreundliche Verkäuferinnen, nachlässige Krankenschwestern, desinteressierte Bürokraten in den Ämtern – kein Tag vergeht ohne Zeitungsberichte über Ärger mit Behörden, Banken, Versicherungen, Reisebüros … Eine Institution, das sind immer die Personen, die sie repräsentieren. Sollten Sie mit einer von ihnen aneinandergeraten, versuchen Sie, den Menschen hinter der Berufsmaske zu sehen. Auch **Mensch und** wenn sich ihr Gegenüber hinter seinen Vorschriften verschanzt, **Berufsmaske** so ist es zunächst der Mensch, der ihr Anliegen ablehnt. Die Vorschriften sind nur sein Argument, mit dem er sich langwierige Diskussionen erspart.

Den Menschen hinter der Berufsmaske sehen heißt, sich in seine Situation einzufühlen. Die meisten Ämter sind personell unterbesetzt. Von den Angestellten wird verlangt, daß sie immer freundlich sein sollten. Sie dürfen sich keine Fehler erlauben, ohne gleich rechtliche Konsequenzen auf ihr Haupt zu laden. Im Hintergrund lauert ein Bündel von Dienstvorschriften. Jede einzelne kann zum Stolperstein auf der Karriereleiter werden: Ein Polizist muß die Verhältnismäßigkeit der Mittel wahren, auch wenn er mit Messern, schweren Steinen oder einer Schußwaffe bedroht wird. Viel zuwenig Krankenschwestern sollen viel zu viele Patienten gleich gut betreuen, und das in unregelmäßigem Schichtdienst bei lächerlich geringer Bezahlung. Verkäuferinnen dürfen die gute Laune nicht verlieren, auch wenn sie im Vorweihnachtsgetümmel täglich etliche Überstunden zu leisten haben.

Jeder von ihnen hat mal einen schlechten Tag. Wenn eine Ver- **Den Menschen** käuferin Ihnen patzig antwortet, muß ihre miese Laune gar nicht **sehen** gegen Sie persönlich gerichtet sein. Sie haben sie einfach an einem Punkt erwischt, wo Sie sich mal abreagieren mußte. Hinzu kommt, daß Sie auch bei diesen Berufsgruppen (wie überall im Leben) einerseits geduldige, andererseits aber leicht aufbrausende Zeitgenossen treffen. Zeigen Sie Verständnis, wenn einer von ihnen mal aus der Rolle fällt. Spiegeln Sie seine Gefühle: »Ich habe den Eindruck, Sie stehen ziemlich unter Druck.« Oder: »Sie sind sehr im Streß, nicht wahr?« Die meisten sind sehr dankbar, wenn ein Kunde Verständnis zeigt, denn das erleben sie nur selten.

Ihr Recht wahren

Das bedeutet nicht, daß Sie auf die Wahrnehmung Ihrer Rechte verzichten sollen. Im Gegenteil! Wenn Sie auf Ihr Gegenüber eingehen, wird er sich Ihrem Problem mit größerem Wohlwollen widmen. Das hilft Ihnen vor allem dort, wo die Rechtslage unklar ist oder der Schein gegen Sie spricht. Ein Beispiel:

Ihnen flattert eines Tages ein Schreiben der städtischen Verkehrsbetriebe ins Haus. Man habe Sie an einem bestimmten Tag vor zwei Monaten beim Schwarzfahren erwischt und bitte Sie nun zur Kasse. Im Falle des Nichtzahlens droht ein Gerichtsverfahren. Möglicherweise benutzen Sie niemals Bus oder U-Bahn, hatten letzten Monat eine Monatskarte oder weilten an dem betreffenden Tag außerhalb. Können Sie Ihre Unschuld beweisen? Die Kontrolleure, die zu viert auftreten und übereinstimmend gegen Sie aussagen werden, haben vor Gericht die besseren Chancen. Sie sind sicher, daß jemand anderes sich aus der Affäre zog, indem er Ihre Adresse angab, die allgemein zugänglich im Telefonbuch steht. Wird der Richter Ihnen glauben? Niemand weiß, wie viele Menschen lieber die sechzig Mark plus Mahngebühren (in Berlin, wo ich wohne, zusammen 150,- DM) bezahlen, als das Risiko eines ungewissen Prozesses auf sich zu nehmen. Sie können aber auch zu den Verkehrsbetrieben gehen und mit dem zuständigen Mitarbeiter um Ihr Recht streiten. Wie sich herausgestellt hat, durchaus mit Aussicht auf Erfolg. Das persönliche Auftreten kann das Zünglein an der Waage sein.

Beschimpfen Sie nicht den Angestellten, auch wenn er Ihre Darstellung bezweifelt. Antworten Sie ihm mit einer Ich-Botschaft. Sagen Sie, daß Sie empört, wütend, verzweifelt oder enttäuscht sind, in dieser Weise ins Unrecht gesetzt zu werden. Äußern Sie zugleich Verständnis dafür, daß die Verkehrsbetriebe an einer Bestrafung von Schwarzfahrern interessiert sind. In Berlin hat es einige solche Fälle gegeben, in denen sich die zu Unrecht Beschuldigten durchgesetzt haben. Jeder, der im Telefonbuch steht, kann in dieses Dilemma geraten.

Die Klage vor Gericht sollte der letzte Ausweg bleiben. Auch in diesem Falle ist es hilfreich für das seelische Gleichgewicht, wen man vorher mit seinen Kontrahenten persönlich gesprochen hat. Es vermindert die Angst vor dem ungewissen Ausgang, wenn man die Motive der Gegner kennt und Möglichkeiten sondiert hat, in welchen Fragen man eventuell zu einem Vergleich kommen kann.

Letzter Ausweg – Klage vor Gericht

Leider gibt es auch hier Mobbing. Am häufigsten sind es Mieter, die Opfer mobbender Hausbesitzer werden. Wenn es ihnen nicht gelingt, ihre Mieter per Kündigungsklage loszuwerden, versucht es manch einer mit Psychoterror: obszöne Anrufe, Einbrüche, rufschädigende Gerüchte – das ganze Repertoire kleinlicher Gemeinheiten. In diesem Fall hat es keinen Zweck, sich um gütliche Einigung zu bemühen. Der Hausbesitzer befeindet sie nicht als Person, sondern als Mieter. Holen Sie sich moralische Unterstützung bei Freunden und Kollegen, wenden Sie sich an Mietervereine und Beratungsstellen.

Verhaltens-auffälligkeiten

Innere Störungen

Manchmal beobachten wir seelische Störungen, ohne daß eine erkennbare äußere Ursache vorliegt. Wir erleben dann, wie jemand in normalen Alltagssituationen ein unpassendes, merkwürdiges oder gar bizarres Verhalten zeigt. Der Schluß liegt nahe, daß die Gründe nicht in einem äußeren Konflikt, sondern in einer Besonderheit seines Charakters liegen. Ich habe diese Gruppe von psychischen Störungen unter dem Begriff »Verhaltensauffälligkeiten« zusammengefaßt; Ärzte würden in ihrer Mehrzahl für dieses Kapitel eher die Überschrift »Psychische Erkrankungen« wählen.

Psychisch krank – ein Makel?

Es gibt drei Gründe, warum ich von dieser Gewohnheit abgewichen bin. Zum ersten empfinden die meisten Menschen seelische Krankheiten immer noch als einen Makel, zumindest als eine Peinlichkeit, über die man im Höchstfall die besten Freunde informiert. Wer körperlich erkrankt (wenn es nicht gerade Aids ist), kann dagegen des Mitgefühls und der Fürsorge aller sicher sein.

Exzentrisch und kreativ

Zum zweiten ist nicht jedes exzentrische Verhalten krankhaft. Wie viele Menschen mit ausgefallenen Persönlichkeitszügen haben nicht als Künstler, Wissenschaftler oder Politiker Karriere gemacht! Für den Maler Salvador Dalí gehörten eine bizarre Redeweise und eine ausgefallene Kostümierung zum Image. Der russische Staatsführer Chruschtschow war wegen seiner bauernhaften Manieren berüchtigt. Einmal zog er während einer UNO-Versammlung seinen Schuh aus und klopfte damit auf sein Pult, um sich Gehör zu verschaffen. Von vielen Psychologen ist bekannt, daß sie ihren Beruf wählten, weil sie selbst seelische Probleme hatten. Die meisten kompensieren ihre Schwierigkeiten durch einen Lebensstil, der ihnen gestattet, trotz gelegentlichen »Ausrastens« ein erfülltes Dasein zu erleben. Nicht jedes ungewohnte Verhalten bedarf daher einer Hilfe von außen. Wenn wir uns durch die Macken eines Zeitgenossen gestört fühlen, ist es zunächst unser eigenes Problem, wie wir damit klarkommen. Hilfe wird erst dann nötig, wenn der Betroffene durch sein Verhalten unfähig wird, seinen Alltag zu meistern, und selbst schwer daran leidet, daß er nicht so fühlt und handelt wie die anderen. Wir müssen eingreifen, wenn dringende Anzeichen vorhanden sind, daß er sich und andere gefährdet.

Zum dritten sind die Übergänge zwischen Gesundheit und Krankheit fließend. Neurotische Verhaltenstendenzen haben die meisten von uns – die einen mehr, die anderen weniger. Krankhafte Neurotiker, die im Alltag versagen, gibt es nur wenige. Seelische Störungen unterscheiden sich in dieser Hinsicht nicht von körperlichen Beschwerden. Wir laufen ja auch nicht wegen jedem Unwohlsein und jedem Schnupfen gleich zum Arzt. Bei Störungen des Seelenlebens müssen wir mit der Diagnose einer Krankheit besonders vorsichtig sein, weil »Geisteskranke« stigmatisiert werden. Ihnen droht Entmündigung und die lebenslange Verwahrung hinter verschlossenen Türen. Jeder Irrtum bei der Entscheidung, ob jemand gesund oder krank ist, kann nicht wiedergutzumachende Folgen nach sich ziehen. In einem berühmten amerikanischen Experiment haben sich Studenten bei Psychiatern gemeldet und erzählt, sie hörten des öfteren merkwürdige Stimmen. Daraufhin wurden sie »zur Beobachtung« in Kliniken eingeliefert. Sofort nach der Ankunft in der Heilanstalt verhielten sie sich wieder normal und bestanden auf ihrer Entlassung. Die Ärzte, an der einmal erstellten Diagnose festhaltend, bewerteten jedoch jedes Verhalten – Protest, Nachgeben, Argumentieren – als Bestätigung, daß der »Patient« tatsächlich seelisch krank ist. In etlichen Fällen mußten die Angehörigen Rechtsanwälte bemühen, um die Studenten loszueisen.

Besteht der Verdacht auf eine seelische Erkrankung, können Sie als Laie wenig tun. Meist sind neben speziellen therapeutischen Techniken Medikamente erforderlich. Ihre wichtigste Hilfe besteht darin, einen Fachmann hinzuziehen und ihn durch eine präzise Beschreibung der beobachteten Symptome und des Krankheitsverlaufs bei seiner Diagnose zu unterstützen. Wenn Sie es mit jemandem zu tun haben, der sich sonderbar verhält, achten Sie vor allem auf Ihre eigenen Gefühle. Können Sie das Empfinden des anderen nachvollziehen, verstehen Sie, daß er in übertriebenem Maße niedergeschlagen, mißtrauisch oder exaltiert ist?

Den richtigen Fachmann finden

Erscheinen Ihnen seine Reaktionen aber unangemessen und finden Sie, er müßte mehr inneren Abstand und mehr Flexibilität haben? Dann ist ihr Gegenüber mit hoher Wahrscheinlichkeit neurotisch gestört oder depressiv. Wenn Sie jedoch verunsichert sind, weil sie sich in keiner Weise in den Partner einfühlen können – wenn Sie den Eindruck haben, wie er redet und handelt, das ist merkwürdig und beängstigend –, besteht der Verdacht auf eine psychotische Erkrankung. Das ist beispielsweise bei einer Schizophrenie der Fall. Versuchen Sie nicht, den Betroffenen auf eigene Faust auf den Boden der Realität zurückzuholen! Schizophrene können sehr geschickt sein, andere in die Welt ihrer Halluzinationen und Verfolgungsideen hineinzuziehen. Rufen Sie lieber einen Arzt, Psychologen oder Psychiater.

Nervenzusammenbruch

Alle Menschen brauchen zur Erhaltung ihres seelischen Gleichgewichts eine bestimmte Menge an Außenreizen. Fehlen uns neue Eindrücke, suchen wir von uns aus nach Anregungen. Ohne sie fühlen wir uns gelangweilt, werden unruhig und unzufrieden. Bei extremem Reizmangel, etwa in Isolationshaft, beginnt unser Nervensystem sogar nach kurzer Zeit, uns Eindrücke vorzugaukeln: Wir fangen an zu halluzinieren. Häufiger ist in unserer Gesellschaft aber der Reizüberfluß. Tausende von Informationen – Bilder, Geräusche, Gerüche – stürmen gleichzeitig auf uns ein. Dann schotten wir uns ab, konzentrieren uns auf das Wesentliche und blenden anderes aus. Dieser Selbstschutz versagt, wenn die psychische Überlastung längere Zeit andauert und plötzliche schlimme Ereignisse – Unfälle, Überfälle, Entführungen, schwere Verluste – die Seele aus der Bahn werfen. Jeder hat im Laufe seines Lebens einen bestimmten Grad an Frustrationstoleranz erworben, die Fähigkeit, mit Katastrophen zu rechnen und sie unter Aufbietung aller Kräfte zu bewältigen. Ist diese Fähigkeit nicht sehr stark ausgeprägt, kann eine Häu-

Reizüberschuß macht krank

fung oder ein Andauern von Katastrophen einen Nervenzusammenbruch auslösen.

Der Betroffene bricht innerlich zusammen. Die Symptome sind haltloses Weinen, Schreikrämpfe, ein Zittern des ganzen Körpers. Manchmal beginnt die überlastete Person gegen sich selbst oder gegen die Umgebung zu wüten und um sich zu schlagen. Die Erste Hilfe folgt den gleichen Regeln wie bei Unfällen und Überfällen (siehe Abschnitt »Notfälle«). Bleiben Sie bei der Person, rufen Sie einen Arzt, und sagen Sie ihr, daß Hilfe unterwegs ist. Vorsichtiger Körperkontakt beruhigt. Der Arzt wird zunächst Beruhigungsmittel verschreiben, falls der Patient Anzeichen von extremer Angst und Verfolgungswahn zeigt, auch Neuroleptika (das sind Mittel gegen psychotische Anfälle). Die Medikamente sind unbedenklich, da sie nur für kurze Zeit genommen werden müssen. Ein Zusammenbruch ist ein natürliches Abwehrverhalten gegen eine nicht mehr kontrollierbare Überlastung. Es bleiben keine dauerhaften Schäden zurück. Allerdings ist es sinnvoll, sich später mit der auslösenden Krise zu befassen und die Frustrationstoleranz zu erhöhen, um einer Wiederholung vorzubeugen (siehe die Kapitel »Selbsthilfe« Seite 225–230 sowie »Vorbeugen und Nachheilen« Seite 231–242).

Neurosen

Sie sind *das* Seelenleiden des 20. Jahrhunderts und gelangten mit der Freudschen Psychoanalyse in aller Munde. Mehr als die Hälfte aller Menschen hat neurotische Symptome, ohne daß sich daraus für ihren Alltag größere Komplikationen ergeben. In den USA ist es längst Mode geworden, die eigene Neurose in den Lebenslauf zu integrieren: Man geht Jahr für Jahr ein- bis zweimal in der Woche zum Psychoanalytiker wie andere zum Friseur. Neurosen zeigen sich in unangepaßten Verhaltensweisen. Während der Neurotiker sonst mit seinem Leben gut zurechtkommt und auch kein Dummkopf ist, gibt es einen bestimmten Typ von

Unangepaßtes Verhalten

Situationen, in denen er ständig Schiffbruch erleidet. Alle packen es, nur er nicht. Er erkennt sein Unvermögen sehr genau und leidet darunter, weiß aber nicht, wie er Abhilfe schaffen soll. Er hat schon alles probiert, kommt aber aus seinem Dilemma nicht heraus.

Kindheitsmuster Wir erlernen unsere grundlegenden Verhaltensmuster in früher Kindheit. In den ersten sieben Lebensjahren werden die Weichen gestellt für unsere späteren Umgangsformen, für Vertrauen, Mißtrauen und Ängste. Wir lernen, was wir mögen und was wir ablehnen, welche Dinge Freude, Überraschung, Trauer, Wut oder Entsetzen in uns auslösen. Wenn wir unsicher sind, gestreßt oder mit Konflikten klarkommen müssen, greifen wir bei Unsicherheit auf solche frühen Muster zurück. Manchmal passen die Muster, und es gelingt tatsächlich, aus dem seelischen Zwiespalt gestärkt hervorzugehen. Häufiger ist das, womit wir als Kinder Erfolg hatten, ungeeignet für Probleme unter Erwachsenen. Neurotiker versuchen dennoch, unbelehrbar durch alle Mißerfolge, mit solchen Mustern aktuelle Konflikte zu lösen. Die Symptome können Ängste, Phobien (siehe Kapitel »Ängste« Seite 125–136), zwanghaft wiederholte Verhaltensweisen und Tics sein. Letzteres sind kleine Körperbewegungen, die automatisch ständig wiederholt werden. Die Situation, die sie einst ausgelöst hat, besteht längst nicht mehr. Jemand ist zum Beispiel als Kind geschlagen worden, und einmal traf die Hand sein Auge. Seitdem zuckte das Kind mit den Augen, wenn die strafende Hand sich näherte, aber auch in anderen Situationen, die ihm Angst machten. Die Erinnerung an den schlagenden Vater liegt inzwischen weit zurück, aber das Augenzucken hat sich beim Erwachsenen erhalten, ist zum Tic geworden.

Krankhaft sind Neurosen dann, wenn die »Kindheitsmuster« den Betroffenen daran hindern, im Alltag angemessen zu handeln. Die Abwehr der inneren Konflikte, deren Quellen in den ersten **Arten** Lebensjahren liegen, hindert an der Bewältigung der Gegen- **von Neurosen** wart. Die wichtigsten Arten von Neurosen sind:

Angstneurose **und** *Phobien*
siehe Kapitel »Ängste« Seite 126–136

Zwänge:
sich wiederholende Verhaltensabläufe, die der Betroffene zwar
bemerkt, denen er aber nicht entkommen kann. Zum Beispiel:
Wasch- und *Putzzwänge*: Die Personen putzen ihre Körper oder
ihre Wohnung immer wieder, obwohl längst alles sauber ist.
Kleptomanie (Klauzwang): unwiderstehlicher Drang, Gegenstände zu entwenden, an denen kein Bedarf besteht und die oft
nach erfolgreicher Tat weggeworfen werden.
Ordnungszwang: Drang, ständig aufzuräumen. Die geringste Ab-
weichung von einem bestimmten Ordnungsprinzip, etwa der
Ausrichtung der Hefte und Bücher an der Tischkante, löst Be-
unruhigung und neue, hastige Aufräumaktivitäten aus.
Sammelzwang: kann viele oder nur eine bestimmte Art von Ge-
genständen betreffen. Fanatische Sammler opfern allen Platz in
ihrer Wohnung, die gesamte Freizeit und all ihr Geld. Das Nicht-
erlangen eines bestimmten Objektes löst unter Umständen eine
Depression aus.
Die Fachleute sprechen von einer *Charakterneurose*, wenn die
Störung eine bestimmte, wesentliche Persönlichkeitseigenschaft
betrifft. Zum Beispiel:
Hypochondrie: dauerndes Achten auf Krankheitssymptome und
ständiges Behandeln, obwohl man gesund ist.
Geiz: Angst, für sich selbst und andere Geld auszugeben, obwohl
der Betreffende wohlhabend und seine Zukunft gesichert ist.
Ständiges *Sichverspäten*, obwohl genügend Zeit vorhanden ist.

Schizoide Neurosen
abnorme Angst vor Nähe. Schizoide Neurotiker fürchten enge
Bindungen und Kontakte. Wenn andere Zuneigung zeigen, reagieren sie mit Argwohn und Mißtrauen. Typische Symptome
sind:
▶ Unfähigkeit, sich in die Gefühlswelt anderer einzufühlen,
▶ Gefühlsarmut,

▶ Distanziertheit, Unnahbarkeit
▶ übertriebener Perfektionismus, der sich oft in der Unfähigkeit zeigt, ein Vorhaben zu Ende zu führen, weil Zweifel am bisher Geleisteten den Tatendrang lähmen.

Depressive Neurose

Symptome sind Antriebslosigkeit, fehlende Lebensziele, unangemessene Schuldgefühle, Selbstvorwürfe, zwanghaft rigides Gewissen, starkes Bedürfnis nach Selbstbestrafung, bis zu Selbstmordtendenzen. Depressive Neurotiker fordern von ihren Mitmenschen ständig Beweise der Zuneigung, andererseits überhäufen sie sie mit Forderungen – beides Ausdruck einer geringen Frustrationstoleranz. Ausgangspunkt ist meist ein konkretes trauriges Ereignis. Die Trauerarbeit (Siehe Kapitel '»Extreme Lebenseinschnitte«) mißlingt. Die Symptome bilden sich allmählich heraus. Der Betroffene behauptet: »Ich bin ein Versager« oder »Ich bin der geborene Pechvogel«. Die Wut über Mißerfolge richtet er gegen sich selbst.

Hysterische Neurose

gründet in einem Charakterbild, für das folgende Persönlichkeitszüge typisch sind: Ich-bezogenes Verhalten, Geltungsbedürfnis, Vorliebe für dramatische Auftritte, Rivalitätstendenzen, exaltierte Gefühlsschwankungen. Der Neurotiker dieses Typs liebt es, im Mittelpunkt der Aufmerksamkeit zu stehen, und verträgt es schlecht, wenn andere ihm den Rang ablaufen. Viele Filmheldinnen sind nach dem Vorbild dieses Charaktertyps gestaltet. Die Betroffenen greifen in auffälliger Weise auf frühkindliches Verhalten zurück, wenn ihre Forderungen nicht erfüllt werden, also Trotz, Rache, theatralische Wutanfälle und bewußt eingesetzte Selbstverkleinerung: »Ich bin so klein, so hilflos und ohnmächtig, nimm mir nichts übel, hilf mir.« Hysterische Neurotiker sind unstet, wollen sich nicht festlegen und neigen zu krankhafter, kaum zu beschwichtigender Eifersucht. Sie leiden häufig unter psychosomatischen Erkrankungen, deren Schwere sie nicht selten dramatisieren.

Neurosen sind erlernt und lassen sich daher erfolgreich mit unterschiedlichen Psychotherapien behandeln. Falsch ist es, Medikamente gegen die Symptome (zum Beispiel gegen Ängste) einzusetzen. Sie heilen nicht und verführen zu jahrelangem Zudecken der Störung, die unbehandelt weiterbesteht. Sehr viele Neurosen vergehen nach einer Weile von allein. Leichte Neurosen können Sie mit den Gesprächsmethoden unserer »Hausapotheke«, Seite 37–52 bei Ihren Freunden selbst behandeln. Dabei sollten Sie das Gespräch nicht wie in der klassischen Psychoanalyse auf die verdrängten Kindheitskonflikte lenken, sondern darauf achten, daß der Neurotiker offen über seine gegenwärtigen Gefühle, Bedürfnisse, Wünsche, Hoffnungen und Ängste spricht. Voraussetzung ist, daß der Betroffene zu Ihnen Vertrauen faßt. Um zu helfen, wird eine ganze Reihe von Gesprächen erforderlich sein (zwanzig und mehr). Wenn ein offenes Gespräch nicht zustande kommt oder die Neurosen so schwer sind, daß sie das Leben belasten, ist eine professionelle Psychotherapie angezeigt. Das gilt auch dann, wenn Angehörige die Folgen des neurotischen Verhaltens mitzutragen haben, wie etwa die Kinder neurotischer Eltern.

Gute Heilungschancen mit Psychotherapien

Depression

Jeder von uns kennt Stunden, in denen man sich bedrückt fühlt, Tage, an denen man sich selbst nicht so recht leiden mag. »Heute bin ich mit dem falschen Fuß aufgestanden«, sagen wir und deuten damit an, daß die depressive Stimmung morgen vorüber sein wird. Bei etwa fünf Prozent aller Menschen treffen wir jedoch auf dauernde Schwermut, verbunden mit einem Rückzug von fast allen Kontakten. Sie halten ihr Dasein für freud- und sinnlos, leiden unter Gefühlen der Leere, zweifeln an sich und quälen sich mit massiven Selbstanklagen. Sie fühlen sich minderwertig und überflüssig. Ein sehr großer Teil von denen, die Selbstmordversuche unternehmen, hat zuvor eine krankhafte De-

Krankhafte Schwermut

pression durchlaufen. Diese Gemütskrankheit bildet sich allmählich heraus. Ein typisches Alarmzeichen sind Ein- und Durchschlafstörungen, die in Zusammenhang mit zunehmendem Pessimismus und wachsender Lustlosigkeit stehen. Das wichtigste Kennzeichen einer Depression ist die Unfähigkeit, Freude zu empfinden. Je früher die Störung erkannt wird, desto größer sind die Heilungschancen. In vielen Fällen wird die Neigung zur Depression vererbt; die Fachleute sprechen dann von einer endogenen Depression. Sie kann auch im Zusammenhang mit einer organischen Krankheit entstehen, insbesondere wenn die Krankheit chronisch verläuft. Andere werden depressiv im Zusammenhang mit einem krisenhaften Lebensereignis; dann sprechen wir von einer reaktiven Depression. Nicht selten wirken beide Faktoren zusammen. Anzeichen, die auf eine dieser Formen hinweisen, sind

Ererbt für die *endogene* Depression: Unter den nächsten Verwandten, insbesondere unter den Eltern und Großeltern gab es ebenfalls depressive Personen. Die Depression unterliegt jahreszeitlichen Schwankungen; zu bestimmten, regelmäßig sich wiederholenden Zeiten hat der Betroffene ein Tief, danach geht es ihm zeitweise besser. Der Stimmungstiefpunkt im Tagesverlauf liegt am Morgen.

Individuell erworben für die *reaktive* Depression: Es läßt sich ein konkretes, belastendes Ereignis feststellen, in dessen Folge der Betreffende allmählich depressiv wurde. Das können Trauerfälle, schwere Verluste und andere Krisen sein. Wenn diese Erlebnisse in eine kritische Entwicklungsphase – Pubertät, Schwangerschaft, Wechseljahre, Midlife-crisis, Beginn des Rentenalters – fallen, verliert der Betroffene die Lust am Leben und zieht sich allmählich von seinen früheren Bekannten zurück. Der Stimmungstiefpunkt liegt meist am Abend. Wird die Depression begünstigt durch negative Denk- und Gefühlsmuster, die in früher Kindheit erworben wurden, sprechen wir von einer depressiven Neurose (siehe voriger Abschnitt).

Aggression nach innen Depressive finden für ihre aggressiven Gefühle (Wut, Verzweiflung, Ärger) keinen Adressaten und richten sie folglich gegen sich selbst. Sie haben verlernt, sie auszuleben. Frauen sind zwei- bis dreimal häufiger anfällig als Männer, vor allem weil Männer eher die Chance haben, ihre Konflikte im Beruf, im Sport oder in Freizeitvereinen auszutragen. Einsamkeit, Armut und lieblose Beziehungen sowie fehlende berufliche und soziale Perspektiven erhöhen das Erkrankungsrisiko. Alleinerziehende Mütter sind daher in überdurchschnittlichem Maße gefährdet.

Erste Hilfe ist möglich, solange der Kranke sich noch nicht völlig von allen äußeren Kontakten zurückgezogen hat. Insbesondere endogen Depressive brechen irgendwann alle Beziehungen ab, kapseln sich völlig ein und verwahrlosen. Suchen Sie daher das Gespräch, und halten Sie die Kommunikation aufrecht. Drängen Sie nicht, sondern motivieren Sie den Depressiven vielmehr dadurch, daß Sie Interesse an ihm zeigen. Lassen Sie ihn seine negativen Gefühle aussprechen. Depressive sind meistens erleichtert, wenn sie auf jemanden treffen, der ihre Schwarzseherei nicht bagatellisiert. Erzählen Sie ihm also nicht, daß das alles nicht so schlimm sei und sich bald wieder gibt. Kein Trösten und kein Verharmlosen! Versuchen Sie zu erfahren, welche realen Situationen seine Selbstanklagen ausgelöst haben. Depressive gestehen sich oft nicht ein, daß sie auf bestimmte Personen wütend, ärgerlich oder von ihnen enttäuscht sind. Sie suchen alle Schuld bei sich selbst. Dann können Sie zum Beispiel antworten: »Bist du auf den nicht wütend? Also, wenn das mit mir einer machen würde, stinksauer wäre ich! Übrigens finde ich, du hast dich in der Situation ganz richtig verhalten.«

Ist die Tendenz zum Rückzug und zur Abkapselung nicht mehr umzukehren, muß ein Fachmann hinzugezogen werden. Das trifft auch zu, wenn konkrete Selbstmordphantasien geäußert werden (siehe Abschnitt »Selbstmordversuch«). Medikamente sind nur bei schweren Depressionen nötig. Antidepressiva mindern zwar die Niedergeschlagenheit, lindern die Krankheit selbst aber erst nach zwei bis drei Wochen. Bis dahin steigt das Selbstmordrisiko noch an, weil die Betroffenen unter der Wirkung des Medikaments aktiver werden.

Depressive benötigen in erster Linie eine intensive psycho-

Das Gespräch aufrechterhalten

Professionelle Therapien

therapeutische Betreuung. Je nach Art und Schwere der Erkrankung wird der Therapeut den Patienten von seinen negativen Gefühlen entlasten und mit ihm Verhaltensweisen trainieren, die ihm Erfolgserlebnisse vermitteln. Besonders erfolgreich sind die Depressionstherapie von Lewinsohn und die kognitive Therapie von Beck.[10] Kein Arzt darf Antidepressiva verschreiben, ohne zugleich seinen Patienten psychotherapeutisch zu betreuen!

Manisch-depressive Psychose

Hemmungslos heiter

Eine Manie ist das Spiegelbild der Depression. Manische Menschen sind grundlos heiter, die Stimmung ist blendend. Sie kennen keine Hemmungen. Daß daran etwas Krankhaftes sein könnte, begreifen sie nicht, auch wenn sie mit schamlosen Verhaltensweisen alle Welt vor den Kopf stoßen. In der Fachwelt ist umstritten, ob es reine Manien gibt ohne depressive Phasen. Im Normalfall schwanken die Kranken zwischen himmelhoch jauchzend und zu Tode betrübt. Nach einer manischen Phase tritt eine tiefe Depression ein, die von einer neuen Periode exaltierter Hemmungslosigkeit abgelöst wird.

Stimmungsschwankungen kennt jeder. Die Kranken unterscheiden sich von uns darin, daß ihre Empfindungen sehr extrem sind und alle inneren Kontrollmechanismen versagen. Vor allem aber ist die jeweilige Stimmung völlig unabhängig von äußeren Ereignissen. Manisch-Depressive können in Heiterkeit und gute Laune ausbrechen, wenn gerade die Lieblingskatze gestorben ist, und in Schwermut und Selbstvorwürfen versinken, wenn sie ein wichtiges Examen bestanden haben. Sie haben kein Empfinden für die Unangepaßtheit ihrer Stimmungen. Ihr Verhalten erscheint ihnen normal.

---

[10] Eine neuere Studie der Freien Universität Berlin hat nachgewiesen, daß auch Dauerlauf hilfreich ist - selbst bei schweren Depressionen (siehe auch Kapitel »Vorbeugen und Nachheilen«).

Das Auffällige an einer Manie ist nicht so sehr das bizarre Verhalten, sondern daß es völlig unabhängig von den üblichen Umgangsregeln und kulturellen Standards ist. »Gesunde« Exzentriker brechen die Regeln ihrer Umgebung bewußt. Wer beispielsweise feste Wohnung und Partnerschaft für spießig hält, wählt eine unstete Lebensweise, um anderen und sich selbst seine Unabhängigkeit zu demonstrieren. Leidet er zugleich unter seiner Bindungslosigkeit, haben wir es mit einer neurotischen Störung zu tun. Manische Menschen entscheiden sich nicht bewußt für Normverstöße, sondern geben einfach ihrer exaltierten Stimmung nach. Sie zeigen sich ausgelassen, fröhlich, ja sogar witzig und sprühend vor Einfällen. Mit atemberaubender Geschwindigkeit werden unterschiedlichste Aktivitäten in Angriff genommen und genauso schnell wieder aufgegeben. Jede Kleinigkeit kann sie ablenken und völlig andersartige Handlungen auslösen. Sie können sich keinen Moment bremsen, um über ihre Ziele oder die Konsequenzen ihres Tuns nachzudenken. Alles erscheint ihnen möglich, nicht die geringsten Selbstzweifel kommen auf. Sie stürzen sich in Schulden, schwindeln, spekulieren, breiten vor jedermann ihren grundlosen Optimismus und ihre großartigen Projekte aus, die sie im nächsten Moment schon zugunsten eines noch größenwahnsinnigeren beiseite schieben. Hauptsache Bewegung, Hauptsache Aktivität. In dieser Zeit sind sie zu erstaunlichen körperlichen Leistungen fähig. Sie jagen 24 Stunden am Tag durch das Leben, schlafen nicht, essen mit unvorstellbarem Appetit ohne zuzunehmen, spüren keine Erschöpfung und keinen Schmerz. Durch ihre maßlose Selbstüberschätzung sprengen sie taktlos alle Konventionen. Sie opfern einer flüchtigen Idee lang andauernde Beziehungen, verlassen ihre Kinder, reichen Scheidungen ein und nehmen sie im nächsten Moment wieder zurück. Am Ende steht häufig ein Trümmerhaufen aus Schulden und zerstörten Beziehungen.

Exaltiert in jeder Lebenslage

Sobald die körperlichen und seelischen Reserven erschöpft sind, setzt eine depressive Phase ein (Merkmale siehe Seite 216). Die Kranken überhäufen sich mit Selbstvorwürfen. In dieser Periode ist das Selbstmordrisiko außerordentlich hoch.

Umschlagen in Depression

Lithiummangel Entgegen allem äußeren Anschein handelt es sich um eine innere, biologisch verursachte Krankheit. Die biochemischen Vorgänge im Gehirn sind gestört infolge von Lithiummangel. Es verspricht daher wenig Erfolg, begütigend und mit Vernunftgründen auf den Manisch-Depressiven einzureden. Wirksame Hilfe kann nur ein Arzt leisten, der Lithiumpräparate (Mikroplex, Hypnorex, Quilonum u.a.) verschreibt und regelmäßig den Blutspiegel kontrolliert. Die Medikamente stabilisieren die Stimmungen. Allerdings fällt es den Kranken schwer, sich mit dem Verlust der Zeiten überschäumender Laune und euphorischer Höhenflüge abzufinden. Ähnlich wie bei dem Entzug eines psychisch anregenden Rauschgiftes unterliegen sie dauernd der Versuchung, die Einnahme der Medikamente wieder abzubrechen. Da manche das Lithium lebenslang einnehmen müssen, ist es wichtig, daß Freunde und Partner das Gelingen der Therapie ständig überwachen und den Patienten ermuntern, Anregungen im Alltag statt in der veränderten Chemie seines Gehirns zu suchen.

Schizophrenie

Der Begriff »Schizophrenie« wurde 1911 von dem Schweizer Psychiater Bleuler für eine Gruppe von Geisteskrankheiten geprägt, deren Ursache bis heute nicht eindeutig geklärt ist. Wahrscheinlich ist die Anlage zur Schizophrenie ererbt, kommt aber bei den meisten Menschen nicht zum Ausbruch. Fast jede Art von Belastungssituation kann die Krankheit in Erscheinung tre-

Bizarre Gefühle ten lassen. In leichter Form äußert sie sich in bizarren, unangepaßten Gefühlsäußerungen. Der Betreffende wechselt sprunghaft zwischen Weinen, Kichern und Lachen hin und her, ohne daß ein Bezug zu seiner äußeren Situation erkennbar wäre. In schwereren Fällen, der paranoid-halluzinatorischen Schizophrenie, sind die Kranken unfähig, sicher zwischen Realität und Einbildung zu unterscheiden. Gedachtes erscheint ebenso real wie Erlebtes. Eindrücke, zwischen denen kein Zusammenhang besteht, verknüpft der Schizophrene zu neuen Begebenheiten. In seinem seelischen Erleben spielt die Angst vor fremden Mächten, hinterhältigen Manipulationen und Verschwörungen gegen sein Leben eine große Rolle.

Insbesondere die Welt der Medien liefert Schizophrenen ein vielfältiges Material für ihre Phantasien. In vielen ihrer Verfolgungsideen spielen Außerirdische, gedungene Mörder und versteckte Mikrophone eine große Rolle. Sie beobachten sehr genau ihre Umgebung und halten harmlose Passanten, aber auch Kollegen, Ärzte und Angehörige für Spione. Wahrnehmungsstörungen treten hinzu. Sie hören Stimmen, riechen und schmecken seltsame Dinge. Es ist schwer, ihre Einbildungen zu widerlegen, weil ihre Interpretationen meist auf realen Beobachtungen aufbauen. Oft haben die verdächtigten Personen tatsächlich etwas zu verbergen oder neigen zu kleinen Bosheiten. Nur der Zusammenhang, der alles in eine große Verschwörung stellt, ist erfunden. In ihrem Auftreten wirken Schizophrene meist angespannt und verkrampft, sind aber innerlich erregt und zerfahren. Sonderbare Bewegungen wie Grimassenschneiden, Trippeln oder auch das längere Verharren in einer bestimmten Pose sind typisch.

Verfolgungswahn

Der Kontakt zu anderen ist gestört, da das Verhalten der Mitmenschen von dem Kranken fehlgedeutet wird. Er schwankt zwischen Vertrauenwollen und Angst vor Verschwörung. Fast alles, was um ihn herum passiert, scheint einen geheimen Bezug zu seiner Person zu haben. Nichts ist zufällig oder bedeutungslos.

Schizophrenie ist nicht immer leicht zu diagnostizieren, weil sie schubweise auftritt. Etwa ein Prozent der Bevölkerung wird behandlungsbedürftig. Etwa zweimal so viele erleben wenigstens einmal einen schizophrenen Schub. In akuten Krankheitsphasen merken die Erkrankten, daß sie anders sind als die Menschen ihrer Umgebung und leiden unter ihren Ängsten. Sie verlieren zeitweise den Bezug zur Außenwelt und sind nicht in der Lage, die Weltsicht anderer zu akzeptieren. Zwischendurch treten immer mal wieder relativ normale Lebensphasen auf. Die

Krankheitsschübe

Grenzen zwischen einer leichten Schizophrenie oder einem ver-
einzelten schizophrenen Schub und einer ernsthaften Erkrankung sind fließend. Eine behandlungsbedürftige Störung liegt
vor, wenn:

▸ sich der Zustand des Kranken schubweise verschlechtert,
▸ wenn die Symptome länger als ein halbes Jahr und vor dem
45. Lebensjahr auftreten,
▸ keine organische Krankheit und keine Depression vorliegt.

Einfühlung ist kaum möglich

Der Umgang mit Schizophrenen ist nicht einfach. Während wir
es bei Neurosen und Depressionen mit Verhaltenstendenzen zu
tun haben, die jeder von uns in milderer Form auch kennt, wirken Schizophrene fremdartig, wunderlich. Der Außenstehende
kann sich nicht in ihre emotionale Verfassung einfühlen, ihr
Verhalten löst vielmehr ein Gefühl der Beklemmung, des Be-
fremdlichen und Bedrohlichen aus. Wenn Sie merken, Sie verstehen nicht, was in dem anderen vorgeht, sein Tun und Reden
macht Ihnen angst – versuchen Sie auf keinen Fall, Verständnis
vorzugaukeln. Die Gesprächsmethoden des Seelenhelfers, ins-

Keine Gefühle spiegeln!

besondere emotionales Spiegeln und Ich-Botschaft, helfen bei
dieser Krankheit nicht weiter. Es besteht sogar die Gefahr, daß
der Schizophrene Sie in seine Wahnwelt hineinzieht, weil Sie
versuchen, seine Gefühle zu akzeptieren. Schizophrene sind es
gewohnt, ihre Mitmenschen genau zu beobachten. Vorgetäusch-
tes Verständnis durchschauen sie sofort und beginnen ihr Gegenüber zu entlarven und zu bestrafen. Die Entlarvung kann darin bestehen, daß der Schizophrene Ihnen irgendeine spontan
erfundene Geschichte auftischt. Wenn Sie jetzt »Aha« oder »Du
fühlst dich bedroht« antworten – in der Annahme, daß seine Geschichte Teil seiner Wahnwelt ist – ist für ihn klar, daß Sie lügen und an dem Komplott gegen ihn teilnehmen.

Sagen Sie ehrlich, daß seine Ideen unwahr sind. Sie halten zu
ihm, deuten aber seine Beobachtungen anders als er. Je phanta-
stischer seine Erklärungen werden, desto bestimmter müssen Sie
an der Unterscheidung zwischen dem, was real, und dem, was
hinzugedichtet ist, festhalten. Schizophrene haben einen eigen-
tümlichen Gesprächsstil. Er widerspiegelt die Andersartigkeit

ihres Erlebens. Leere Floskeln oder harmlose Gesten stecken für sie voller mehrschichtiger Bedeutungen. Je undurchsichtiger ihr Sprachgebrauch wird, desto konsequenter sollten Sie mit eindeutigen, unmißverständlichen Äußerungen antworten. Kranke halten sich einerseits für raffinierter als ihre Umgebung, weil sie glauben, sie zu durchschauen. Andererseits leiden sie an ihrer Wirklichkeitswahrnehmung. Deshalb haben sie die Tendenz, ihre Mitmenschen zurückzuweisen und sie gleichzeitig mit unerfüllbaren Forderungen zu überschütten. Als Helfer sollten sie von vornherein davon ausgehen, daß Sie die Ideale des Schizophrenen nicht erfüllen können, weil sie unrealisierbar sind. Versuchen Sie nicht, es dem Schizophrenen irgendwie recht zu machen – Sie kämpfen auf verlorenem Posten. Lassen Sie den Kranken nicht allein mit seinen Ängsten, und sagen Sie ihm behutsam, aber ohne Taktieren, daß Sie ihm psychotherapeutische Hilfe empfehlen. In den Großstädten gibt es Selbsthilfegruppen für Angehörige.

In früheren Jahrhunderten wurden Schizophrene gefoltert und verbrannt, weil man annahm, daß sie vom Teufel besessen sind. Später wurden sie in Irrenanstalten angekettet oder waren auf Jahrmärkten gegen Geld zu besichtigen. Heute läßt sich Schizophrenie mittels einer Kombination aus Psychotherapie und Medikamenten (erregungsdämpfenden Neuroleptika) behandeln. Da Neuroleptika nach längerer Einnahme schwere Nebenwirkungen nach sich ziehen (Abstumpfung, Apathie, Bewegungsstörungen), dürfen sie nur sparsam eingesetzt werden. Die Psychotherapie wird sich mit der inneren Zerrissenheit der Gefühlswelt befassen und realitätsbezogene Verhaltensweisen antrainieren. Psychoanalytische Verfahren, die die Aufarbeitung von Kindheitserlebnissen in den Mittelpunkt stellen, sind nicht geeignet. Die meisten können nach einiger Zeit ein einigermaßen normales Leben führen. In nicht wenigen Fällen verschwindet die Krankheit nach einer Weile sogar fast vollständig.

Behandlungsmöglichkeiten

Selbsthilfe

Was aber, wenn wir selber Hilfe brauchen? Nicht nur unsere Freunde geraten in Krisen und Konflikte. Niemand kann sich darauf verlassen, daß immer nur die anderen betroffen sind. Auch der stärkste Charakter lebt nicht nur im Aufwind, muß Verluste und Mißerfolge verkraften. Außerdem besteht die Möglichkeit, daß Sie sich dieses Buch zwar gekauft haben, um einem nahen Angehörigen oder guten Freund zur Seite zu stehen, aber nun merken, daß die Sache Sie stärker mitgenommen hat, als Sie dachten, zum Beispiel weil

▸ Sie in den Konflikt, bei dem Sie helfen wollten, selbst hineingezogen worden sind;

▸ das schreckliche Erlebnis Ihres Partners Ihre eigene seelische Stabilität erschüttert hat;

▸ Sie als Angehöriger eines Behinderten, Süchtigen, psychisch Kranken oder Sterbenden selbst seelischer Hilfe bedürfen.

Die eigenen Gefühle befragen

Grundsätzlich können Sie auf die Empfehlungen der vorhergehenden Kapitel auch dann zurückgreifen, wenn Sie Ihr eigener Helfer sind. Sobald Sie in der Zwickmühle sind oder aus anderen Gründen nicht mehr weiterwissen, befragen Sie zuerst Ihre eigenen Gefühle. Führen Sie mit sich einen inneren Dialog, und halten Sie die wichtigsten Erkenntnisse, die Sie dabei gewinnen, auf Papier fest. Eine gute Hilfe ist es, wenn Sie Ihre innere Unsicherheit personifizieren:

Stellen Sie zwei Stühle einander gegenüber, und setzen Sie sich auf den ersten, wenn Sie die Position des Fürsprechers einnehmen. Sobald Sie die Gegenmeinung aussprechen, setzen Sie sich auf den anderen Stuhl. Nehmen wir an, Sie überlegen, ob Sie Ihrem Partner nachgeben sollen oder lieber eine Trennung riskieren. Bestimmen Sie als Vertreter jeder Alternative einen Stuhl und diskutieren Sie mit dem freibleibenden Platz, als ob dort Ihre andere Meinung sitzt. Während des Dialogs bemühen Sie sich, dahinterzukommen, warum Ihnen die Entscheidung für die jeweils andere Meinung so schwerfällt. Das gelingt, wenn Sie konsequent die Gefühle spiegeln, die sich hinter Ihren Argumenten verbergen.

Bei diesem Verfahren hören Sie allerdings keine andere Meinung als Ihre eigene. Noch vorteilhafter ist es daher, Sie finden einen guten Freund, drücken ihm dieses Buch in die Hand und bitten ihn, die zutreffenden Abschnitte zu lesen, um die Rolle Ihres Helfers übernehmen zu können. Die Notwendigkeit, die eigene Lage einem anderen zu erklären, zwingt Sie, Ihre Gedanken und Gefühle auf den Punkt zu bringen und sich dadurch selbst genauer über mögliche Auswege klarzuwerden. Am besten ist es natürlich, wenn Sie und Ihre nächsten Vertrauten sich schon zu einer Zeit, als Sie keine Probleme hatten, mit den Regeln der psychischen Ersten Hilfe beschäftigt hatten. Dann ist im Notfall jeder von ihnen in der Lage, Ihnen sofort zur Seite zu stehen. In der Übersicht finden Sie die wichtigsten Regeln für die psychische Selbsthilfe, die Ihnen gestatten, das Wissen der bisherigen Abschnitte auf sich selbst anzuwenden.

Freunde einbeziehen

Acht Empfehlungen für die Selbsthilfe

1. Sie haben ein Recht, Probleme zu haben! Stehen Sie dazu! Verkriechen Sie sich nicht, um Ihre Wunden zu lecken. Nichts gegen das Bedürfnis, mit dem Kummer eine Weile allein zu bleiben, machen Sie daraus aber keine Dauerstrategie. Alleinbleiben in der Krise verleitet zum Grübeln, zum ständig sich wiederholenden »Hätte ich doch …« und zum Ausmalen von Rachephantasien. Gehen Sie vielmehr nach draußen, und suchen Sie neue Anregungen. Wenn Sie schlecht gelaunt sind, sagen Sie Ihren Mitmenschen, daß Sie Probleme haben und deshalb keinen Appetit und kein Lächeln parat haben. Sie brauchen nicht ins Detail zu gehen.

Schwierigkeiten eingestehen

2. Suchen Sie aktiv nach Hilfe, aber treffen Sie Ihre eigene Entscheidung! Nutzen Sie jede Chance, sich auszusprechen. Wenn Sie merken, daß den Freund Ihr Problem nicht interessiert, motivieren Sie ihn. Bitten Sie ihn beispielsweise um den Freundschaftsdienst, einen halbe Stunde zuzuhören. Sagen Sie, daß er Ihnen damit hilft und Sie ihm für seine Geduld dankbar sind. Rechnen Sie allerdings damit, daß er Ihnen kluge Ratschläge erteilen wird oder Ihnen empfiehlt, die Sache nicht so tragisch zu

Aktiv werden

nehmen, nach ein paar Tagen sei alles vergessen. Wenn Sie sich darüber ärgern – denken Sie daran, daß er den Abschnitt »Verbotsschilder« dieses Buches nicht kennt. Antworten Sie, Sie werden über seine Empfehlungen nachdenken. Was auch geschieht: Tun Sie, was Sie für richtig halten, und bürden Sie niemand anderem die Verantwortung für den richtigen Ausweg aus Ihren Schwierigkeiten auf. Wenn Sie gegen Ihre Überzeugung dem Rat eines anderen folgen, damit aber scheitern, werden Sie hinterher auf ihn und auf sich selbst sauer sein. Mit Recht.

Verschiedene Meinungen anhören

3. Hören Sie sich die Meinung verschiedener Leute an! Mit wem Sie auch sprechen werden: Die Leute erwarten in der Regel, daß Sie ihre Ratschläge zur Kenntnis nehmen. Tun Sie das. Halten Sie keinen Monolog, sondern lassen Sie auch Ihre Partner zu Wort kommen. Wenn Sie den Rat anderer einholen, hören Sie sich stets mehrere, möglichst unterschiedliche Meinungen an. In Krisenstimmung neigen wir dazu, die Welt verzerrt durch die Brille unserer Befindlichkeit wahrzunehmen. Unterschiedliche Sichtweisen sind geeignet, das Bild wieder zurechtzurücken. Sie stutzen unsere Probleme auf ihre wahre Größe zurück.

Gefühle äußern

4. Geben Sie Ihren Gefühlen Ausdruck! Suchen Sie Gelegenheit, sich abzureagieren. Die meisten von uns schämen sich ihrer Schwierigkeiten. Jedermann versucht, solange es geht, das Bild einer perfekten, unerschütterlichen Persönlichkeit zu präsentieren. Wer perfekt sein will, erweckt jedoch den Eindruck, seelisch stärker sein zu wollen als andere. Solche Leute bewundert man von weitem, vermeidet aber, ihnen zu nahe zu kommen, weil man sich selbst klein und schwach neben ihnen vorkommt. Wenn Sie über Ihre Gefühle sprechen, zeigen Sie, daß Sie es für menschlich halten, schwache Stunden zu kennen. Außerdem erlauben Sie auf diese Weise anderen, auf Ihre Niedergedrücktheit Rücksicht zu nehmen. Nicht zu vergessen, daß Sie sich selbst von Ihren schlechten Stimmungen entlasten, wenn Sie darüber reden. Es ist der erste Schritt, das seelische Gleichgewicht zurückzuerlangen.

Nach Plan handeln

5. Erstellen Sie einen Plan, wie Sie Ihre Stabilität zurückerlangen wollen! In Krisen werden wir ziellos, und unsere Gefühle wirbeln in chaotischer Weise durcheinander. Nichts ist gesünder in einer solchen Lage, als etwas Ordnung in das Seelenleben zu bringen. Überlegen Sie zunächst, wie Ihnen im Moment zumute ist, und entscheiden Sie dann, wie Sie sich fühlen wollen, wenn die Krise überstanden ist. Falls es Ihnen schwerfällt, sich als glücklicher, unbelasteter Zeitgenosse vorzustellen, orientieren Sie sich an Ihren besten Stunden in der Vergangenheit. Danach überlegen Sie Schritt für Schritt, wie Sie aus dem Tief herauskommen wollen. Nehmen Sie sich nicht zuviel vor. Planen Sie kleine Schritte. Wenn Sie sie schneller umsetzen können als vorgesehen, um so besser. Benennen Sie jede Stufe Ihres Planes so konkret wie möglich. Legen Sie Handlungen fest, keine allgemeinen Befindlichkeiten. Zum Beispiel: »Ich gehe nachmittags in die neue Ausstellung und werde mich dort eine Stunde lang mit nichts anderem befassen als den Gemälden und ihrer Entstehungsgeschichte.« Aber nicht: »Ich will wieder Interesse an Kunst gewinnen.« Ihr Plan muß erfüllbar, seine Umsetzung muß überprüfbar sein.

6. Belohnen Sie sich für jeden Schritt, der zu einer Besserung führt! Damit bestätigen Sie sich, daß Sie auf dem richtigen Wege sind, und motivieren sich, die nächsten Schritte noch entschlossener anzugehen. Taten, für die wir uns belohnt haben, bleiben besser im Gedächtnis haften. Wir erinnern uns ihrer als erfolgreiche Verhaltensmuster. Dadurch gewinnen wir die innere Sicherheit, auch in Zukunft Schwierigkeiten aus eigener Kraft bewältigen zu können.

Sich belohnen

7. Suchen Sie Kontakt zu Menschen mit ähnlichen Schwierigkeiten! Sie merken, daß Sie mit Ihrem Problem nicht allein sind, sondern daß es viele gibt, denen es ähnlich ergeht. Sie können Ihre Erfahrungen austauschen und treffen auf Leute, die mehr Verständnis zeigen als jene, die nie vergleichbare Nöte erlebten. Mittlerweile gibt es Selbsthilfegruppen für fast jede Art von körperlichen und seelischen Besonderheiten, sowohl für Betroffene als auch für Angehörige. In den Beratungsstellen Ihres Ortes erfahren Sie die Anschriften und Telefonnummern. (Einige zentrale Adressen finden Sie im Anhang.)

Kontakte zu Gleichgesinnten

Geduld bewahren   *8. Haben Sie Geduld mit sich!* Mit Krisen zu Rande zu kommen erfordert Zeit. Seien Sie nicht zu kritisch in Ihrer Selbstbeurteilung. Wenn Sie denken, Kollege X wäre mit solch einer Lappalie im Handumdrehen fertig geworden, überlegen Sie, ob eine solche Leichtigkeit wirklich erstrebenswert für Sie ist. Trotz allen Leidens: Eine Krise ist stets auch eine Chance dazuzulernen, mehr über sich und andere zu erfahren und zukünftigen Katastrophen mit mehr Gelassenheit und Realitätssinn zu begegnen. Verzeihen Sie sich Ihre Fehler. Lernen Sie aus Ihnen, statt mit sich zu hadern.

Vorbeugen und Nachheilen: Maßnahmen zur Seelenhygiene

Erste Hilfe wird nötig, wenn das Kind schon in den Brunnen gefallen ist. Die beste Vorbeugung wären Lebensverhältnisse, in denen Unglücksfälle, Krisen und Verluste nicht vorkommen. Ein solches Ideal ist leider nicht zu verwirklichen. Im Gegenteil: Alle Statistiken beweisen, daß die Zahl der seelischen Notfälle und damit der Hilfsbedürftigen stetig anwächst. Auch wenn sich Krisen nicht ausschließen lassen – wir können eine Menge dafür tun, daß sie uns nicht wie eine plötzliche Sturmböe zu Boden drücken. Wir können uns wappnen und ihnen in aufrechter Haltung begegnen.

Wem es gelang, einen Menschen in der Krise vor dem Schlimmsten zu bewahren, der darf stolz auf sich sein – ohne sich auf seinen Lorbeeren auszuruhen. Die ganze Mühe wird umsonst gewesen sein, wenn wir den Bedürftigen zwar im akuten Notfall vom Abgrund zurückreißen, ihn aber anschließend sich selbst überlassen. Die Gefahr eines Rückfalles ist immer gegeben; wirksame Hilfe verlangt, den Betroffenen so lange zu begleiten, bis seine aufgewühlten Gefühle sich beruhigt haben und er selbst neuen Lebensmut fassen konnte.

Mit Rückfällen rechnen

Regelmäßige Stabilisierung

Ob von eigener Erfahrung oder dem seelischen Leiden anderer belehrt: Wer regelmäßig etwas für die Stabilisierung seines seelischen Gleichgewichts tut, darf künftigen Katastrophen mit größerer Gelassenheit entgegensehen. Ist es nicht seltsam? Wir waschen uns jeden Abend, ziehen uns warm an, sobald es kalt wird, und putzen uns zweimal am Tag die Zähne. Wir widmen unserer Körperhygiene täglich einige Minuten Aufmerksamkeit, um uns vor schmerzhaften Krankheiten zu schützen. Unsere Seele überlassen wir hingegen sich selbst. Wir muten ihr beruflichen Streß, familiäre Konflikte und stundenlangen Fernsehkonsum zu, fragen uns aber, wieso wir uns nicht jeden Tag ausgeglichen und zufrieden fühlen. Seit Freud ist bekannt, daß sich der größte Teil unseres Seelenlebens im Unbewußten abspielt. Es genügt daher nicht, sich zu befehlen: Ich will jetzt fröhlich sein. Die Psyche ist wie ein störrisches Pferd. Solange wir versuchen, sie anzutreiben, leistet sie Widerstand. Wenn wir ihr aber die Zügel locker lassen und sie statt dessen durch tägliche sanfte Ausritte an Belastungen gewöhnen, springt sie schließlich von allein über die größten Hindernisse.

Ich habe für Sie und Hilfsbedürftige aus Ihrer Umgebung einige Übungen zusammengestellt. Sie stärken das Wohlbefinden und die seelische Widerstandskraft gegen unerwartete Belastungen. Es genügt, täglich fünf bis zehn Minuten Zeit für sie zu finden, dann werden Sie nach einigen Tagen bis Wochen deutliche Verbesserungen spüren. Gelegentliche Mammuttrainings von mehreren Stunden und danach wochenlanges Faulenzen nutzen gar nichts. Es verhält sich ähnlich wie mit Gymnastik und Ausdauertraining. Vereinzelte Exzesse bringen nichts weiter als Muskelkater und Erschöpfung. Leichtes, aber regelmäßiges Üben heißt die Zauberformel. Die folgende Liste von Übungen ist ein Vorschlag. Wandeln Sie sie nach Ihren eigenen Bedürfnissen ab. Die Hauptsache bleibt, daß die Seelenhygiene ebenso regelmäßige Aufmerksamkeit findet wie das Zähneputzen.

Für Wohlbefinden und Widerstandskraft

Wählen Sie einen Zeitpunkt, an dem Sie eine Viertelstunde mit sich allein sind – ohne Termindruck und ohne allzuviel Aufregung um Sie herum. Wenn Sie in Ihrer Wohnung nicht die nötige Ruhe finden, weil die Familie tobt und jeden Moment jemand in Ihr Zimmer platzen könnte – nutzen Sie den Weg von der Arbeit, um einen Abstecher in den Stadtpark zu machen, oder bleiben Sie zehn Minuten im Auto sitzen. Eventuell müssen Sie die eine oder andere Übung abwandeln.

1. Recken Sie sich, als ob Ihr Scheitel Sie zur Zimmerdecke zieht. Bleiben Sie dabei mit den Fersen am Boden. Versuchen Sie zu spüren, wie sich der Schwerpunkt Ihres Körpergewichts nach oben verlagert. Achten Sie jedoch darauf, sich nicht zu verkrampfen. Lassen Sie sich einfach von Ihrem Scheitel nach oben ziehen. Ihr Blick richtet sich in die Ferne, Ihr Brustkorb dehnt sich nach vorn und nach oben aus. Jetzt lächeln Sie. Wenn Ihnen gerade nicht fröhlich zumute ist, versuchen Sie an eine lustige Begebenheit zu denken, die Ihnen ein Lächeln auf das Gesicht treibt. Wenn auch das nicht gelingt, ahmen Sie ein Lächeln nach, so gut es geht, und versuchen Sie, es eine längere Zeit beizubehalten.

Richten Sie sich auf!

Lächeln Sie!

Ein aufrechter Charakter und gute Laune drücken sich in der Körpersprache aus. Der Psychologe R. W. Buck hat herausgefunden, daß auch das Umgekehrte möglich ist. Wenn Sie die entsprechende Mimik und Haltung einnehmen, bessert sich nach zehn bis zwanzig Sekunden Ihre Laune. Ihre Seele richtet sich auf, wenn Sie Ihren Körper aufrichten.

Erfolg bildhaft vorstellen

2. Nun denken Sie an Ihr wichtigstes Vorhaben für die nächsten 24 Stunden. Stellen Sie sich vor, wie Sie diese Angelegenheit mit Bravour meistern werden. Lassen Sie alle Zweifel und Ängste beiseite, und malen Sie sich aus, wie Sie mit Leichtigkeit über alle Schwierigkeiten hinweggehen. Lassen Sie den erfolgreichen Ablauf der Situation wie in einem Film Schritt für Schritt an Ihrem geistigen Auge vorüberziehen. Stellen Sie sich alles so konkret wie möglich vor. Es kommt nicht darauf an, daß Sie später alles so ideal bewältigen, wie Sie es sich während der Übung ausdachten. Wichtig ist, daß Sie sich den idealen Ablauf bildhaft verinnerlichen. Wenn Sie diese Übung einige Wochen lang durchführen, wird sich ihr Unbewußtes allmählich auf Erfolgserwartung umstellen. Setzen Sie sich aber keinesfalls unter Druck. Unsere Gefühle setzen jeder Art von Druck Widerstand entgegen.

Geschehenes akzeptieren

3. Lassen Sie nun die letzten 24 Stunden vor Ihrem Auge vorüberziehen. Denken Sie vor allem an jenes Vorhaben, dem Sie gestern in Übung 2 Ihre Aufmerksamkeit widmeten. Es hat nicht alles so geklappt, wie Sie wollten? Sie sind auf Unverständnis, Ärger und Gleichgültigkeit gestoßen? Sie haben den notwendigen Mut nicht aufgebracht, Sie waren schüchtern oder im Gegenteil zu aggressiv? Sie konnten sich nicht beherrschen? Entspannen Sie sich. Atmen Sie langsam aus und ein. Lassen Sie Ihren Atem fließen, ohne ihn willentlich zu beeinflussen. Lassen Sie nun Ihre Schultern fallen, und lockern Sie Ihre Muskeln. Schließen Sie die Augen. Sagen Sie sich: »Ich akzeptiere, wie es gekommen ist. Ich weiß, daß es Menschen gibt, die selbstsüchtig, überheblich, gleichgültig und undankbar sind. Ich weiß auch, daß ich nicht perfekt bin. Niemand ist perfekt. Ich habe das Recht, Fehler zu machen. Ich nehme das Geschehene an.«

Wenn Ihnen ein oder zwei Dinge spontan einfallen, die Sie beim nächsten Mal anders machen wollen, notieren Sie sie anschließend in einem Heft. Schauen Sie sich bei der Gelegenheit noch einmal die Notizen der vorhergehenden Tage an.

Überlegen Sie in Ruhe: Wie geht es mir tatsächlich? Bin ich vorangekommen? Wo stehe ich heute? Welche Möglichkeiten habe ich noch nicht (genügend) genutzt? Wie habe ich ähnliche Schwierigkeiten, wie ich Sie heute habe, früher bewältigt?

4. Straffen Sie Ihre Haltung wieder, und denken Sie an eine Situation, die Sie nicht so glücklich bewältigt haben. Wahrscheinlich werden Sie sich darüber ärgern, oder die Erinnerung wird peinliche Gefühle wecken. Versuchen Sie nun, Ihren Blickwinkel zu wechseln. Versuchen Sie das Erlebnis mit Humor zu sehen. Lachen Sie still vor sich hin: Ist es nicht komisch, daß ich mich so aufgeregt habe? Wenn es Ihnen schwerfällt, der Sache eine heitere Seite abzugewinnen, versetzen Sie sich gedanklich in die Position eines fremden Beobachters, eines Unbeteiligten. Lassen Sie wieder Ihr Lächeln aus der ersten Übung auf Ihr Gesicht gleiten. Durch Lachen über eine ärgerliche Sache gewinnen Sie Abstand und eine geistige Überlegenheit. Auch eine Beleidigung sollten Sie mit Lachen quittieren. Wenn Sie überhaupt nichts Komisches an ihr finden, hat ihr Gegner wahrscheinlich einen wunden Punkt gefunden.

Rückschau mit Humor

Auch ohne einen konkreten Anlaß sollten Sie jeden Tag versuchen, sich eine Minute mit Humor zu betrachten. Sie haben Mitleid mit sich selbst, sind traurig, finden das Leben zum Heulen? Lachen Sie darüber! Je schwerer es Ihnen fällt, Ihrem Dasein eine lustige Seite abzugewinnen, desto konsequenter sollten Sie diese Übung durchführen, bis sich der Kloß in Ihrem Inneren löst.

5. Denken Sie nun an etwas, was Ihnen gut gelungen ist. Machen Sie sich dafür ein Kompliment. Loben Sie sich. Tragen Sie ruhig dick auf, es hört ja keiner zu. Ihnen fällt nichts Lobenswertes ein? Wahrscheinlich sind Sie zu streng mit sich. Sind Sie pünktlich zur Arbeit gekommen? Haben Sie mit einem Kollegen nette Worte gewechselt? Sie haben Ihre Aufgaben erfüllt und sich keinen schweren Patzer geleistet? Sie haben mit

Sich selbst loben

Ihren Kindern gespielt, Ihrer Freundin das gesuchte Buch besorgt, eingekauft und diesmal an die Papiertaschentücher gedacht? Das sind schon sechs Gründe, um sich ein »Hast du gut gemacht!« zuzurufen.

Aber Sie leben allein, sind arbeitslos, und keiner Ihrer Freunde hat Sie je um einen Gefallen gebeten? Alle Achtung! Sie schlagen sich unter ungünstigsten Verhältnissen allein durchs Leben. Ihnen fehlt die Nähe und das tätige Mitgefühl anderer, und trotzdem stellen Sie sich jeden Tag den Herausforderungen des Alltags. Das sollte Ihnen kein dickes Selbstlob wert sein? Daß Sie öfter mal der Lebensmut verläßt, ist unter diesen Umständen nicht verwunderlich. Seien Sie nachsichtig mit sich, und freuen Sie sich über alles, was Sie als Einzelkämpfer gut bewältigt haben.

In Gegner einfühlen

6. Wer hat Sie gestern oder heute geärgert? Über wessen Überheblichkeit oder Gedankenlosigkeit regen Sie sich auf? Versuchen Sie nun, sich in diese Person einzufühlen. Was kann sie dazu gebracht haben, sich Ihnen gegenüber so unfair zu verhalten? Ärger zu Haus, ein Rüffel vom Chef, Überarbeitung? Oder haben sich in ihrem Charakter leidvolle Kindheitserfahrungen niedergeschlagen? Ersinnen Sie für diese Person eine Biographie, in deren Licht ihr Verhalten verständlich erscheint. Es kommt nicht darauf an, daß Ihre Annahmen stimmen. Versuchen Sie nun, dieser Person ihre Fehler zu verzeihen, und nehmen Sie sich vor, ihr beim nächsten Mal mit Verständnis für ihre Situation zu begegnen. Sie werden merken, daß Sie infolge dieser Überlegungen nach einiger Zeit großzügiger und gelassener reagieren werden.

Positiv denken

7. Überlegen Sie sich nun, was an Ihnen und Ihrem Leben alles positiv ist. Wenn Sie Zahnschmerzen haben, denken Sie an Ihren gesunden Kreislauf. Wenn Sie Schulden haben, denken Sie daran, was Sie sich für das Geld geleistet haben, und freuen Sie sich auf alles, was Sie sich leisten werden, sobald die Schulden abbezahlt sind. Wenn Ihr Partner Sie verlassen hat, denken Sie über die Chancen nach, die in der neugewonnenen Freiheit liegen. Und wenn Sie einem Ihrer Lebensumstände überhaupt nichts

Positives abgewinnen können, gleichen Sie die Bilanz durch andere, glücklichere Positionen aus. Wir neigen dazu, unaufhörlich über die Dinge nachzudenken, die uns fehlen. Während dieser Übung drehen Sie den Spieß um. Was haben Sie bereits? Denken Sie daran, daß Sie gesund genug sind, jeden Tag aufzustehen und Ihr Leben ohne fremde Hilfe in Angriff zu nehmen. Sie haben jeden Morgen Zeit, sich ein schmackhaftes Frühstück zuzubereiten? Sie haben letzten Sommer einen wundervollen Urlaub auf einer sonnigen Insel verbracht? Sie fahren seit Jahren unfallfrei? Sie haben neulich beim Italiener eine köstliche Lasagne gegessen und sind zuvorkommend bedient worden? Sagen Sie nicht, solche Dinge seien selbstverständlich. Es sind in erster Linie die Kleinigkeiten des Alltags, die unsere Stimmung heben oder zerstören. Verweilen Sie ein paar Minuten bei der Erinnerung an genußvolle Episoden.

8. Zum Abschluß gönnen Sie sich etwas körperliche Ausgelassenheit. Strecken Sie sich ungeniert, hüpfen Sie herum, schneiden Sie Grimassen, und boxen Sie in die Luft. Versuchen Sie, etwas gute Laune zu bewahren, wenn Sie an Ihre nächsten Aufgaben gehen.

Körperliche Ausgelassenheit

Ein vorzügliches Mittel zur Vorbeugung gegen seelische Krisen sind Kontakte zu sehr unterschiedlichen Menschen. Reden Sie nicht nur mit Vertrauten, mit denen Sie stets auf einer Wellenlänge liegen. Unbequeme Freunde sind mindestens ebenso wichtig. Mit ihnen klarzukommen verlangt einige Mühe. Aber sie zahlt sich aus, wenn Sie in Schwierigkeiten geraten. Dann sind Sie es gewohnt, mit eigensinnigen Menschen umzugehen, und da Sie sehr unterschiedliche Freundschaften gepflegt haben, werden Sie unter ihnen mindestens einen finden, der für Ihre Krise Verständnis hat.

Kontakte finden

Aber vielleicht fällt Ihnen der Umgang mit anderen generell schwer, oder Sie hätten insgesamt gern mehr Kontakte? Als nächstes beschreibe ich einige Übungen, mit denen Sie mehr Selbstsicherheit und Kontaktfreudigkeit erwerben können. Fangen Sie mit den Aufgaben an, die Ihnen am leichtesten fallen, und steigern Sie nach einigen Tagen den Schwierigkeitsgrad. Auch hier gilt: Wenig, aber regelmäßig, ist mehr als gelegentliche Hauruck-Aktionen. (Siehe auch Abschnitt »Verarbeiten von Versagenssituationen« Seite 107–110)

Was ist Ihnen peinlich? Überlegen Sie: Welche Verhaltensweisen vermeiden Sie in Anwesenheit anderer, weil sie für Sie peinlich, ängstigend oder unangenehm sind? Schreiben Sie zehn solcher Handlungen auf, und erstellen Sie eine Rangfolge. Nehmen Sie sich zuerst diejenige vor, zu der Sie sich noch am ehesten überwinden könnten. Überlegen Sie, was genau Ihnen daran unangenehm ist. Was könnte schlimmstenfalls passieren?

Nach dieser Vorüberlegung probieren Sie diese Handlung aus. Achten Sie genau darauf, was Sie fühlen. Wenn es sehr peinlich war, wenn Sie stotterten und erröteten, versuchen Sie es wieder – so lange, bis Sie sich an die Situation gewöhnt haben. Danach fahren Sie mit der nächstschwereren Verhaltensweise fort. Falls Ihnen nicht genug Handlungen einfallen: Hier einige Vorschläge für Ihre Liste!

Unangenehmes trainieren!

▶ Erkundigen Sie sich bei einem Fußgänger nach dem Weg zum nächsten Chinarestaurant, obwohl Sie genau wissen, wo es ist.

▶ Bitten Sie im Supermarkt oder am Fahrkartenschalter jemanden aus der Schlange, Sie vorzulassen, weil Sie es eilig haben.

▶ Gehen Sie in ein Elektronikgeschäft, und lassen Sie sich ausführlich einen Computer oder eine Hi-Fi-Anlage vorführen, bedanken Sie sich, und gehen Sie fort, ohne etwas zu kaufen.

▶ Gehen Sie in die Textilabteilung eines Kaufhauses, nehmen Sie sich eine Krawatte, ein Tuch oder einen Hut, stellen Sie sich damit vor einen Spiegel, und fragen Sie einen Kunden des anderen Geschlechts (keinen Verkäufer!), ob Ihnen das Teil steht. Lassen Sie sich die Meinung begründen.

▶ Fragen Sie einen Passanten, ob er Ihnen Geld wechseln kann – für den Bus, ein Münztelefon oder den Einkaufswagen des Supermarktes. Danach gehen Sie demonstrativ weiter, ohne Bus, Telefon oder Wagen zu benutzen.

▶ Gehen Sie in ein Spezialitätenrestaurant zum Essen. Statt sich die Speisekarte anzusehen, verwickeln Sie die Bedienung in ein Gespräch. Erkundigen Sie sich bei ihr nach der Spezialität des Hauses, welchen Wein sie dazu empfehlen kann, ob das Fleisch mager und der Salat frisch ist. Fragen Sie schließlich, ob Sie das Hauptgericht statt mit Kartoffeln auch mit Reis bekommen können.

▶ Bleiben Sie bei dem großen Hund des Nachbarn stehen, vor dem Sie sonst Angst haben, und lassen Sie sich beschnuppern. Warten Sie, bis der Hund von selbst weitergeht. Nach einigen Tagen streicheln Sie ihn.

▶ Gehen Sie in ein Lokal, um das Sie bisher einen großen Bogen gemacht haben: eine verrauchte Bierkneipe, einen Jazzkeller, eine Nobelbar oder eine lärmende Diskothek. Lassen Sie sich nicht davon beeindrucken, daß Sie nach Ihrer Kleidung und Ihrem Alter fehl am Platze sind. Ignorieren Sie abschätzige Blicke. Nachdem Sie sich ein wenig umgesehen haben, sprechen Sie jemanden an, der wie ein Stammgast aussieht. Sagen Sie, Sie seien zufällig hineingeraten, und erkundigen Sie sich, was hier normalerweise so los ist und welches Getränk er empfehlen kann.

▶ Passen Sie Ihre Postzustellerin ab, stellen Sie sich vor, fragen Sie, ob heute etwas für Sie dabei ist, und verwickeln Sie sie in ein kurzes Gespräch über ihre Arbeitszeit und ihre Route.

▶ Bewaffnen Sie sich mit Kugelschreiber und Notizblock und reden Sie in einer belebten Straße Leute an. (Vermeiden Sie den späten Nachmittag und den Samstagvormittag, wenn alle es eilig haben.) Sprechen Sie Passanten an, die nicht in Eile sind, und sagen Sie, Sie recherchierten für ein Buch, und fragen Sie: »Was tun Sie, wenn Sie schlechte Laune haben, um wieder in bessere Stimmung zu kommen?« Wenn Ihnen das zu persönlich ist, fragen Sie: »Wen würden Sie wählen, wenn nächsten Sonntag Bundestagswahlen wären?«

Gewöhnen Sie sich außerdem an, täglich

▶ wenigstens einmal einer Person ein Kompliment zu machen,

Tägliche Kontaktbereitschaft

▶ ab und zu ein Lächeln zu zeigen,

▶ zwei bis drei Minuten lang jemandem zuzuhören und als Antwort ausschließlich seine Gefühle zu spiegeln,

▶ ein Anliegen, das Sie an jemanden haben, in Form einer Ich-Botschaft vorzutragen,

▶ bei einer Meinungsverschiedenheit nicht zu widersprechen, sondern Ihr Gegenüber nach den Gründen für die abweichende Meinung zu fragen.

Wenn Sie aber niemanden haben, an dem Sie diese Empfehlungen ausprobieren können? Allein zu wohnen, wird allmählich zur Lebensform der Mehrheit. Das war vor zwanzig Jahren noch anders. Damals empfand es jeder als Makel, ohne Partner zu leben. Inzwischen ist klar, daß Alleinsein auch Vorzüge hat: Unabhängigkeit, Selbstbestimmung und weniger Verpflichtungen. Worunter wir leiden, ist nicht das Alleinsein, sondern das Gefühl der Einsamkeit. Um sich einsam zu fühlen, brauchen Sie nicht von aller Welt verlassen zu sein. Auch in Familien fühlen sich viele einsam.

Einsamkeit   Einsam ist nur, wer mit sich selbst unzufrieden ist. Man kann sich nicht leiden und sucht deshalb Bestätigung für das eigene Selbstwertgefühl bei anderen. Partner können Sie ablenken, aber nicht wirklich Ihre Einsamkeit vertreiben. Selbst wenn Sie einen liebenswerten Partner gefunden haben – Sie können nie ausschließen, daß der andere Sie wieder verläßt oder lange vor Ihnen stirbt. Es lohnt daher zu lernen, mit sich selbst glücklich zu werden.

Sich selbst freund sein   Mögen Sie sich? Wenn Sie schnell mit Kritik an Ihren Mitmenschen bei der Hand sind, wenn Sie anderen häufig sagen, was sie anders machen sollen, dann nehmen Sie wahrscheinlich auch gegenüber sich selbst eine sehr kritische Haltung ein. In diesem Fall sollten Sie die acht Übungen am Anfang dieses Kapitels besonders sorgfältig ausführen. Sie helfen Ihnen, sich selbst ein guter Freund zu werden.

Nutzen Sie Ihre freie Zeit gut für sich selbst. Pflegen Sie unterschiedliche Interessen. Unternehmen Sie nichts, nur um die Zeit totzuschlagen, weil Sie kein Gefühl von Langeweile aufkommen lassen wollen. Es gibt eine Reihe lohnenswerte Hobbys, die nicht viel Geld kosten. Wer lesen will, findet kostenlose Leihbüchereien. Lernen Sie eine Fremdsprache mit einem Kassettenkurs. Testen Sie Ihre Kenntnisse bei einem Aufenthalt im Ausland. Probieren Sie Kochrezepte aus. Gestalten sie Ihre Wohnung um. Statt neue Möbel zu kaufen, basteln Sie sich etwas. Gehen Sie zu Diskussionsveranstaltungen zu Themen, die Sie spannend finden, und melden Sie sich mit einer Frage zu Wort. Spielen Sie Schach gegen den Computer. Falls Sie kein guter Schachspieler sind, holen Sie sich ein Lehrbuch, und studieren Sie einige Eröffnungen, um Sie anschließend auszuprobieren. Engagieren Sie sich an Ihrem Arbeitsplatz, in Freizeitvereinen oder in Selbsthilfegruppen. Aber wählen Sie nur Betätigungen, die Sie von der Sache her interessieren. Dort werden Sie Gleichgesinnte kennenlernen. Wenn Sie die Übungen der Zehn-Punkte-Liste durchführen, sollten sich Ihnen mit der Zeit ebenfalls neue Kontaktmöglichkeiten eröffnen.

Neben den Übungen für die tägliche Seelenhygiene gibt es eine Reihe langerprobter Methoden, um inneren Abstand zu gewinnen. Das sind zum einen die Entspannungstechniken wie Yoga, Meditation, das Autogene Training oder die Progressive Muskelentspannung (siehe auch folgendes Kapitel). Sie können Sie im Selbststudium mit Hilfe eines Buches oder unter Anleitung von Therapeuten erlernen. Zum anderen helfen Ausdauersportarten. Daß sie sowenig genutzt werden, liegt daran, daß sie Anstrengung kosten und daß man eine Zeitlang regelmäßig üben muß, bevor sich ein fühlbarer Erfolg einstellt. Es ist nachgewiesen, daß intensive körperliche Bewegung (wie Dauerlauf) bei einer Reihe seelischer Störungen heilende Wirkungen entfaltet, zum Beispiel bei schweren Depressionen.

Inneren Abstand gewinnen

Ich habe vor fünfzehn Jahren mit Jogging angefangen, weil ich ein- bis zweimal pro Woche unter Migränekopfschmerzen und erheblichen Konzentrationsmängeln litt. Ich sollte zu jener Zeit meine Diplomarbeit schreiben und konnte kaum eine Stunde lang am Schreibtisch sitzen, ohne daß meine Gedanken davon-

Eine persönliche Erfahrung

wanderten. Autogenes Training hatte ich schon probiert, ohne durchschlagenden Erfolg. Also entschloß ich mich, mein altes Sportzeug hervorzuholen und durch die Straßen zu rennen. Nach sechs Minuten mußte ich aufgeben. Meine Beine schmerzten, und ich war völlig außer Atem. Kein Wunder, Sport war in der Schule mein schwächstes Fach, und die letzten Jahre hatte ich hauptsächlich im Sitzen und beim Lesen verbracht. Am nächsten Tag hatte ich Muskelkater. Ich biß die Zähne zusammen und trabte los. Diesmal war ich bereits nach fünf Minuten am Ende. Ich war entsetzt. Immerhin war ich noch nicht einmal fünfundzwanzig und keuchte wie ein Rentner. Dieses Entsetzen war es wohl, was mich veranlaßt hat, weiterzumachen. Ich brauchte sechs Wochen, bis ich endlich zehn Minuten durchhielt. Danach ging es schnell. Nach einem Vierteljahr lief ich bereits eine halbe Stunde, ohne außer Atem zu kommen, nach einem halben Jahr waren es sechzehn Kilometer.

Dafür brauchte ich eineinhalb Stunden, also ziemlich lange. Ich bin auch nach längerem Training nicht viel schneller geworden, habe mich nie im Marathon versucht und nie an einem Wettkampf teilgenommen. Aber heute möchte ich das Jogging nicht **Dem Ärger** mehr missen. Wenn ich Ärger und Streß hatte, spüre ich förm**davonlaufen** lich, wie sich meine Gedanken und Gefühle während des Laufens beruhigen. Kopfschmerzen habe ich nur noch selten.

Joggen ist kein Wundermittel. Schwimmen, Sauna, Fitneß und Fahrradfahren können sicherlich den gleichen Dienst leisten. Ruhige, in sich gekehrte Persönlichkeiten werden vielleicht eher von Meditation und Yoga profitieren.

Professionelle Hilfe

Hausarzt oder Therapeut?

Der überwiegende Ansprechpartner bei psychischen Störungen ist seit eh und je der Hausarzt. In der Tat werden Sie ohne die Diagnose des Arztes nicht auskommen, wenn Sie möchten, daß die Kosten einer Behandlung von der Krankenkasse übernommen werden. Ein Psychologe darf in Deutschland nicht allein darüber entscheiden, ob eine Psychotherapie erforderlich ist. Die meisten Ärzte neigen jedoch dazu, bei Angst, Depression, Streß usw. Tabletten zu verschreiben. Da die Kasse Medikamente in jedem Fall bezahlt, eine Therapie aber nicht, leistet unser Gesundheitssystem indirekt dem Arzneimittelmißbrauch bei seelischen Problemen Vorschub. Die Informationen dieses Buches sollen Ihnen helfen, gegenüber einem Arzt, der vorschnell zum Rezeptblock greift, mit guten Begründungen Ansprüche auf eine psychologische Beratung geltend zu machen. Der Allgemeinarzt ist verpflichtet, seinen Patienten auf Verlangen an einen Psychiater oder einen Facharzt für Psychotherapie zu überweisen.[11] Dieser übernimmt die Therapie entweder selbst oder befürwortet eine Therapie bei einem Psychologen. Alle Kassen haben Listen anerkannter, offiziell zugelassener Psychotherapeuten. Gehen Sie bei einem von ihnen in Behandlung, übernehmen die Kassen auf seinen Antrag hin die Kosten für eine begrenzte Behandlungsdauer. Schwierig wird es, wenn Sie eine Therapie bei einem bestimmten Psychologen wünschen, der nicht auf der Liste Ihrer Kasse steht. Erkundigen Sie sich am besten im voraus, wie Ihre Krankenkasse die Finanzierung handhabt.

Wer übernimmt die Kosten?

Die Kassen erkennen nicht alle psychotherapeutischen Verfahren an. Die wenigsten Probleme gibt es mit der Psychoanalyse, obwohl sie am längsten dauert und daher am teuersten ist. Auch Verhaltens- und Gesprächstherapie werden in der Regel genehmigt, wenn sie bei einem anerkannten Therapeuten stattfinden. Die größten Probleme gibt es mit Paar-, Familien- und Sexualtherapien. Lassen Sie sich von Ablehnungsbescheiden nicht ab-

---

[11] Natürlich kann der Patient darauf verzichten, den Hausarzt zu fragen, und gleich einen Facharzt aufsuchen.

schrecken. Alle Kassen haben Entscheidungsspielräume, innerhalb derer sie nach eigenem Ermessen entscheiden. Es lohnt also, ein Gespräch mit dem Filialleiter zu suchen.

Wieviel Kosten anteilig übernommen werden, ist von der Art der Therapie abhängig. Bei Kurzzeittherapien, die lediglich ein eng umgrenztes Symptom behandelt, werden etwa 25 Stunden bezahlt. In allen übrigen Fällen genehmigen die Kassen zunächst 60 bis 80 Stunden. Gruppentherapien werden nicht verlängert. Bei Einzeltherapien sind je nach Therapieart Verlängerungen möglich bis zu 160 Stunden, in Ausnahmefällen auch 240 oder gar 300 Stunden. Eine solche Therapie würde vier und mehr Jahre dauern und wird nur bei einer Langzeit-Psychoanalyse befürwortet nach einem gründlichen Gutachterverfahren.

Klinikaufenthalte

Ähnliche Schwierigkeiten gibt es, wenn die Behandlung nicht ambulant, sondern stationär, also in einer Klinik erfolgen soll. Der Arzt muß eine Klinik empfehlen, bei der sich der Patient nach Aufnahmebedingungen, Wartezeiten, Aufenthaltsdauer und ähnlichem erkundigt. Mit einer Bescheinigung des Arztes versehen, in die Klinikeinweisung begründet wird, wendet sich der Patient an seine Kasse und beantragt eine Kostenübernahmeerklärung. Kassen stellen eine solche Bescheinigung grundsätzlich nur für eine bestimmte, von ihnen anerkannte Klinik aus. Ausnahmen sind selten und müssen gut begründet werden.

Wer ist der richtige Therapeut?

Wenn alle Finanzierungsfragen geklärt oder Sie bereit sind, die Kosten privat zu tragen, erhebt sich die Frage: Welche Psychotherapie? Das wichtigste Kriterium Ihrer Wahl sollte der gute Draht zum Therapeuten sein. Wenn Sie einen einfühlsamen, hochmotivierten Fachmann gefunden haben, dann ist es zweitrangig, welche Art von Therapie er durchführt. Seine Persönlichkeit ist entscheidend. Sie haben das Recht, eine Probestunde zu nehmen und festzustellen, ob Ihnen seine Art zusagt. Wenn Sie schon am Anfang ein Unbehagen, Ablehnung oder gar Antipathie spüren, sollten Sie jemand anderes aufsuchen. Ihr Gegenüber kann fachlich hochversiert und erfolgreich sein und dennoch mit Ihnen nicht klarkommen. Ein guter Psychologe wird das seinerseits spüren und Ihnen von sich aus vorschlagen, einen Kollegen aufzusuchen. Sie sind in guten Händen, wenn nicht nur die Gesprächsatmosphäre stimmt, sondern in dieser ersten Unterhaltung Rahmenbedingungen wie Kosten, Therapiedauer und Methoden des Vorgehens konkret benannt werden. Verschwommene Angaben mit vielen »vielleicht« und »wir werden sehen« sollten mißtrauisch machen. Erkundigen Sie sich auch, welche Ausbildung der Therapeut durchlaufen hat. Neben seinem Studium sollte er über Praxiserfahrungen und Zusatzausbildungen verfügen.

Im Regelfall werden Sie nicht von vornherein wissen, welcher Therapeut von der Persönlichkeit her zu Ihnen paßt. Dann stehen Sie vor der Qual der Wahl. In der großen Vergleichsstudie von Grawe, Donati und Bernauer (1994) werden 41 Therapiearten vorgestellt und in der Einleitung eine Fülle weitere Verfahren erwähnt. Ich empfehle Ihnen, sich in den örtlichen Gesundheitsämtern oder in psychologischen Beratungsstellen zu erkundigen und zunächst mehrere Therapeuten unterschiedlicher Schulen aufzusuchen, bevor Sie ein Urteil fällen. Ein Quentchen Glück gehört in jedem Fall dazu.

Wenn Sie sich entschieden haben, sollten Sie dem Therapeuten aber auch die Chance geben, sein Können unter Beweis zu stellen. Brechen Sie die Behandlung nicht nach zwei oder drei Stunden ab! Es dauert seine Zeit, bis eine Therapie wirkt. Nach fünf bis sechs Sitzungen sollten Sie zumindest eine leichte Entlastung Ihrer negativen Gefühle wie Angst und Wut spüren, nach zwanzig Stunden sollten Sie sich deutlich besser fühlen. Lediglich bei der Psychoanalyse kann es länger dauern, bis der entscheidende Durchbruch erzielt ist. Hören Sie auf Ihr Gefühl: Ist der Therapeut an Ihrem Problem »dran«, oder haben Sie den Eindruck, daß Sie beide aneinander vorbeireden? Wenn nach drei bis vier Monaten Behandlung noch nichts erreicht wurde, dürfen Sie die Therapie guten Gewissens abbrechen. (Bei einem Klinikaufenthalt können Sie meist schon nach zehn Tagen entscheiden, ob Sie am richtigen Platz sind.)

Ich stelle Ihnen in diesem Kapitel einige wichtige Therapieverfahren vor. Entscheidend für meine Auswahl war, wie häufig

Kriterien für Therapieerfolg

eine Methode angewendet wird, wie stark sie erprobt ist und vor allem, ob in Studien unabhängiger Wissenschaftler nachgewiesen wurde, daß sie tatsächlich hilft. In diesem letzten Punkt liegt eine der größten Schwierigkeiten. Will man die Wirkung von Therapien beurteilen, muß man mindestens vier Faktoren berücksichtigen, nämlich:

▶ die Spontanheilungen
▶ die unspezifischen Therapieeffekte
▶ die spezifischen Therapieeffekte
▶ die Fehler.

Eine je nach Störung unterschiedliche Anzahl von Patienten wird von selbst wieder gesund, nicht anders als bei körperlichen Krankheiten. Bei Neurosen ist der Anteil der Spontanheilungen besonders hoch. Deswegen haben Therapien, die in erster Linie bei Neurosen eingesetzt werden, eine höhere Heilungsquote als andere.

Spontanheilungen

Unspezifische Therapieeffekte sind Wirkungen, die automatisch dadurch auftreten, daß überhaupt therapiert wurde. Allein die Tatsache, daß ein als Autorität akzeptierter Fachmann sich Zeit nimmt und zuhört, daß der Patient Gelegenheit bekommt, sich einmal auszusprechen, ohne daß sein Gegenüber ungeduldig abwinkt, macht manche bereits gesund. Die Methoden unserer »Hausapotheke für Seelenhelfer« aus dem zweiten Kapitel machen sich solche unspezifischen Effekte zunutze. Die wichtigsten Bedingungen hierbei sind Sympathie und Verständnis zwischen Therapeut und Klient. Ein Großteil dessen, was in einer psychologischen Sprechstunde abläuft, geht also allein auf die Anwesenheit eines geduldig zuhörenden Beraters zurück und hat nur wenig mit seinem Fachwissen zu tun. Die verschiedenen Therapien machen sich die unspezifischen Effekte in unterschiedlichem Maße zunutze. Während manche Verhaltenstherapien ganz ohne sie auskommen – einige können sogar auf die Anwesenheit eines Therapeuten ganz verzichten –, nutzt die Gesprächspsychotherapie diese Effekte in ihrer vollen Bandbreite aus.

Unspezifische Effekte

Spezifische Therapieeffekte sind jene, in denen sich die einzelnen Methoden tatsächlich unterscheiden. Nach der schon zi-

Spezifische Effekte

tierten Untersuchung von Grawe, Donati und Bernauer haben Verhaltens- und kognitive Therapien die höchste spezifische Wirkung. Sie ist doppelt so hoch wie ihre unspezifische Wirkung. Aber auch bei der Psychoanalyse und bei der Gesprächspsychotherapie ist der Anteil der spezifischen Wirkung höher als der Anteil der unspezifischen Wirkung. Das sind Durchschnittswerte; sie schließen nicht aus, daß in etlichen Fällen eine der letztgenannten Therapien sinnvoller sein wird. Entgegen den Werbeversprechungen mancher modischen Therapie muß man jedoch sagen, daß für die meisten Therapieverfahren überhaupt keine spezifischen Effekte festgestellt werden konnten – außer von ihren Vertretern selbst, die gern über ihre Erfolge berichten, aber von ihren Mißerfolgen schweigen oder den Patienten mangelnder Mitarbeit beschuldigen.

Auch Therapeuten sind nur Menschen

Bleiben noch die Fehler. Nicht alle Mißerfolge einer bestimmten Therapie sind der Methode selbst geschuldet. Therapeuten sind auch nur Menschen und machen Fehler. Bei Therapien, wo viel von der Persönlichkeit des Therapeuten abhängt, ist die Zahl der Fehler höher als zum Beispiel bei den mehr »technischen« Verfahren der Verhaltenstherapie.

Methodenvielfalt

Grundsätzlich haben Sie bei dem Therapeuten die besseren Heilungschancen, der verschiedene Methoden beherrscht und erst nach einer genauen Diagnose für Sie ein individuelles Programm vorschlägt. Therapeuten, die so arbeiten, sind jedoch eher die Ausnahme. Die meisten sind einer bestimmten Schule und damit einer bestimmte Methode verpflichtet. Durch Ihre Vorentscheidung für eine bestimmten Therapie können Sie auf die Festlegung der für Sie (oder für den Hilfsbedürftigen, dem Sie Erste Hilfe leisteten) günstigsten Vorgehensweisen Einfluß nehmen. Hier nun die wichtigsten Therapien:

Psychoanalyse

Psychoanalyse

Älteste und erprobteste Form der Psychotherapie. Sie wird von vielen immer noch als die einzig mögliche Form psychologischer Hilfe betrachtet. Seit Freuds Zeiten hat sie sich in viele Schulen zersplittert. Allen gemeinsam ist die Suche nach den Ursachen der seelischen Störung in der frühen Lebensgeschichte des Patienten durch lange Gespräche. Eine wichtige Rolle spielen das freie Assoziieren – der Patient berichtet über alles, was ihm gerade durch den Kopf geht – und die Traumdeutung. Themen oder Worte, die der Patient zu umgehen versucht, sind für den Therapeuten ein wichtiger Hinweis auf verdrängte Konflikte, die er ans Licht holen will. Wenn dem Patienten die Quelle seiner Widerstände bewußt wird, kann er geheilt werden. Die Psychoanalyse ist von Freud zur Behandlung von Hysterien und anderen Neurosen entwickelt worden und gilt vielen immer noch als das Nonplusultra. Die überwiegende Mehrzahl deutschsprachiger Therapeuten sind Psychoanalytiker. Es ist wenig bekannt, daß in den letzten Jahrzehnten andere, zum Teil viel effektivere Verfahren entwickelt wurden, insbesondere auf dem Sektor der Verhaltens- und kognitiven Therapien. Eine Psychoanalyse ist langwierig und teuer. Wenn sie scheitert (und das ist bei etwa jedem dritten Patienten der Fall), ist viel Zeit und Geld vertan, und der Patient hat jahrelang vergeblich auf eine Heilung gehofft. Die Erfolgschancen sinken außerdem mit steigendem Alter der Patienten. Psychoanalytische Kurztherapien, die vor allem von Ärzten mit einer Zusatzausbildung angewandt werden, haben oft nur geringe Therapieeffekte. Es gehört nun mal zu einer guten Psychoanalyse dazu, daß sie mehrere Jahre dauert. Eine Langzeitpsychoanalyse nimmt mehr als hundert Stunden in Anspruch, eine Kurzzeittherapie um die zwanzig Stunden.

Hypnose

Der Patient wird durch Techniken der Bewußtseinseinengung in Trance, eine Art Halbschlaf, versetzt. In diesem Zustand ist sein Unterbewußtsein direkter Beeinflussung zugänglich. Das macht sich der Therapeut zunutze, um dem Patienten nützliche Suggestionen zu geben. Die Hypnose eignet sich insbesondere bei Schlafstörungen, Schmerzen, der Raucherentwöhnung und psychosomatischen Krankheiten. Eine Variante dieses Verfahrens ist die Selbsthypnose. Der Patient lernt, sich selbst in einen

Hypnose

schlafähnlichen Zustand zu versetzen, um sich, zum Beispiel bei Schmerzanfällen, selbst helfen zu können. Die Wirksamkeit der Hypnose ist am größten, wenn sie mit anderen Verfahren kombiniert wird.

Autogenes Training

Autogenes Training

und andere Entspannungsverfahren: Der Selbsthypnose verwandt ist das Autogene Training, das 1932 von dem deutschen Arzt I. H. Schultz entwickelt wurde. In der Unterstufe lernt der Patient in sechs Übungsschritten, sich Schwere und Wärme in den Gliedmaßen, ein ruhig schlagendes Herz, entspannt fließenden Atem, einen entspannten Unterleib und eine kühle Stirn zu suggerieren. Später kommen Sätze hinzu, die speziell auf das seelische Problem des Patienten zugeschnitten sind. Die Oberstufe des autogenen Trainings, das mit der Meditation verwandt ist, wird seltener und dann eher zur individuellen Selbstfindung als zu therapeutischen Zwecken eingesetzt. Aus bisher nicht geklärten Gründen ist der Erfolg des Autogenen Trainings sehr unterschiedlich. Es gibt viele Patienten, die mit seiner Hilfe von langwierigen und schweren psychosomatischen und Schlafstörungen befreit werden konnten, bei anderen mit ähnlicher Diagnose blieb es wirkungslos.

Progressive Muskelentspannung

Verwandt ist die *Progressive Muskelentspannung*, 1938 von Jacobson entwickelt, bei der die Patienten lernen, ihre Muskeln willkürlich anzuspannen und zu entspannen. Man beginnt zunächst mit einzelnen Muskelpartien der Arme, des Kopfes, des Rumpfes und schließlich der Beine. Nach längerer Übungszeit gelingt es, den Wechsel zwischen Entspannung und Anspannung mit einem Schlag durchzuführen. Am Anfang gibt der Therapeut die nötigen Suggestionen. Allmählich lernen die Übenden, von allein zwischen beiden Zuständen »umzuschalten«. Das Verfahren scheint im Durchschnitt wirksamer zu sein als das Autogene Training. Es wird gern in Kombination mit Verhaltenstherapien, besonders der systematischen Desensibilisierung, eingesetzt.

Erwähnenswert ist, daß *Meditation*, die von vielen im Grenzbereich zur Esoterik angesiedelt wird, bessere Effekte zeigt als viele Verfahren mit wissenschaftlich klingenden Namen. Sie wirkt insbesondere bei Ängsten, Spannungszuständen und erhöhtem Blutdruck infolge Streß. Alle Entspannungsverfahren wirken am besten in der Kombination mit anderen Therapiearten.

Gesprächspsychotherapie
Von Carl Rogers, einem Schüler des Freudschülers Otto Rank, in den USA als nichtdirektive Therapieart entwickelt. Sie beruht auf einer optimalen Therapeut-Klient-Beziehung, die durch emotionales Spiegeln und die anderen Gesprächsmethoden erreicht wird, die ich im Kapitel »Hausapotheke des Seelenhelfers« vorstellte. Laientherapeuten haben ihre größten Erfolge mit dieser Methode. Die nichtdirektive Gesprächsführung ist auch in die Alltagspraxis übertragen worden. In der Therapie sind die Erfolge am größten bei Patienten, die aus sich herausgehen und ohne größere Hemmungen über ihre Probleme reden. Verschwiegene, mehr in sich gekehrte Patienten haben mit verhaltenstherapeutischen Verfahren bessere Aussichten. Ideal ist eine Kombination beider. Ihre größten Erfolge hat die Gesprächspsychotherapie bei neurotischen Störungen. Dort ist sie der Psychoanalyse gleichwertig, erzielt ihre Ergebnisse aber in kürzerer Zeit. Eine Gesprächspsychotherapie dauert selten länger als zwanzig Stunden.

Gestalttherapie
Von Frederick S. Perls entwickeltes, der Gesprächstherapie verwandtes Verfahren. Die Patienten lernen, ihre Gefühle spontan auszudrücken und ihre gegenwärtigen Bedürfnisse auszuleben. Sofern Verhaltensweisen aus der Vergangenheit die Spontaneität beeinträchtigen, werden die hemmenden Muster mittels Rollenspielen, Körperausdruck und ähnlichen Übungen bewußt gemacht. Bisher ist nicht ausreichend bekannt, inwieweit Erfolge wirklich spezifisch auf diese Therapieform zurückzuführen sind.

Meditation

**Gesprächspsycho-
therapie**

Gestalttherapie

Verhaltenstherapie

**Verhaltens-
therapien**

Ein Bündel von verschiedenen Techniken, die zum Ziel haben, die Seele des Patienten allein über das sichtbare Verhalten zu beeinflussen. Diese Verfahren sind aus der amerikanischen Verhaltenspsychologie (Behaviorismus) hervorgegangen. Der Erfolg hängt allein vom Handeln des Patienten ab. In praktischen Übungen werden die für den Patienten problematischen Situationen – Ängste, Zwänge, Eß- und Beziehungsstörungen – nachgestellt. Die Grundidee ist, daß der Patient das Verhalten, das für seine Schwierigkeiten verantwortlich ist, irgendwann einmal erlernt hat und es deshalb möglich sein muß, es wieder zu verlernen und durch neue Verhaltensmuster zu ersetzen. Durch Trainieren einfacher Handlungsschritte werden erfolgversprechende Muster zur Lösung seiner Probleme eintrainiert. Der Therapeut kombiniert – je nach individueller Problemlage – verschiedene Techniken zu einer speziell für seinen Patienten erdachten Mixtur. Die einzelnen Techniken sind von unterschiedlicher Güte. Als besonders empfehlenswert haben sich erwiesen:

**Systematische
Desensibilisierung**

▶ Systematische Desensibilisierung: Im Entspannungszustand – herbeigeführt durch die progressive Muskelentspannung – stellt sich der Patient die einzelnen Situationen vor, die ihn belasten, zum Beispiel weil sie Angst auslösen. Er beginnt unter Anleitung des Therapeuten mit relativ harmlosen Vorstellungsbildern und dringt allmählich zu immer dramatischeren vor, bis sie ihre Gefahr für ihn verloren haben. Wirksam besonders bei Phobien gegen konkrete Dinge, bei Prüfungsängsten und sexuellen Störungen.

**Selbstsicherheit,
soziale
Kompetenz**

▶ Selbstsicherheitstraining und Training sozialer Kompetenz: Gehemmte und schüchterne Patienten lernen im Rollenspiel die Verhaltensmuster selbstsicheren Auftretens. Das Geübte wird anschließend unter Überwachung des Therapeuten im »Ernstfall« erprobt. Wirkt sich nicht nur auf die Kommunikationsstörung, sondern auf das gesamte Befinden positiv aus. Besonders erfolgreich in Kombination mit kognitiven Therapien.

▶ Reizkonfrontation: Menschen mit Ängsten werden unter Überwachung des Therapeuten massiv in der Realität mit den angstauslösenden Situationen konfrontiert. Außerordentlich erfolgreiches Verfahren, besonders dann, wenn der Patient nicht schrittweise herangeführt, sondern in einer Art »Schockverfahren« ins kalte Wasser geworfen wird (in diesem Fall liegt die Erfolgsquote bei neunzig Prozent, eine der höchsten Erfolgsquoten überhaupt). Auch zur Behandlung von Zwängen und bei sehr großen Ängsten geeignet. Der Patient fühlt sich hinterher befreit, wie nach einer überstandenen Heldentat. Die Therapie dauert nur wenige Stunden.

Reizkonfrontation

▶ Biofeedback: Der Patient mit Schmerzen, Migräne, Bluthochdruck und ähnlichem wird an ein Gerät angeschlossen, das seinen Puls, Blutwerte, Muskelspannung usw. auf einem Monitor sichtbar macht. Er kann nun lernen, seinen Muskeltonus oder seinen Blutdruck willkürlich zu reduzieren, da er von dem Gerät Rückmeldungen erhält. Die Wirkung geht zum großen Teil auf Entspannungseffekte zurück, die der Blick auf die eigenen organischen Werte fördert. Die gleichen Effekte sind daher meist einfacher mit der Progressiven Muskelentspannung zu erzielen.

Biofeedback

Kognitive Verfahren

Aus der in den sechziger Jahren in Mode gekommenen kognitiven Psychologie hervorgegangen. Alle Verfahren orientieren auf eine Veränderung krankmachender Denkmuster. Die meisten Verfahren sind Kombinationen mit Verhaltenstherapien; man spricht daher in der Regel von kognitiv-behavioralen Therapien. Unter ihnen befinden sich die erfolgreichsten Therapieformen, die es heutzutage gibt.

Kognitive Therapien

▶ Rational-emotive Therapie (RET): 1977 von Albert Ellis (USA) entwickelt. Im Gespräch mit dem Patienten werden unbewußte Vor-Urteile (»irrational beliefs«) aufgedeckt, die seinen krankmachenden Verhaltensweisen zugrunde liegen. Um sie zu erkennen, wird der Patient zu systemati-

Rational-emotive Therapie

scher Selbstbeobachtung angehalten. Dann analysieren Therapeut und Patient gemeinsam dessen Lebenssituation und Handlungen, um angemessenere Verhaltensweisen für ihn zu entdecken. Dieses Verfahren wird mehr und mehr mit Verhaltensübungen kombiniert, um zu sichern, daß der Patient das Erkannte auch in seine Lebenspraxis übernimmt. Das Verfahren hat bei Ängsten, Depressionen, Neurosen und anderen Persönlichkeitsstörungen gute Resultate vorzuweisen.

Bewältigungs-therapie

▶ Kognitive Bewältigungstrainings: eine Gruppe von Verfahren, die davon ausgehen, daß krankmachende Verhaltensweisen vom Patienten durch hemmende »innere Dialoge« aufrechterhalten werden. Das Ziel besteht darin, sie durch erfolgsorientierte Dialoge zu ersetzen. Diese Verfahren sind sehr effektiv (weniger als zwölf Behandlungsstunden) und haben bei Schizophrenie, Depressionen, Ängsten, Schmerz, Zwängen, Bluthochdruck und vielen anderen Symptomen beachtliche Heilungserfolge erzielt, besonders in Kombination mit verhaltenstherapeutischen Techniken.

Problemlösungs-therapien

▶ Problemlösungstherapien: Sie gehen davon aus, daß der Patient in Schwierigkeiten ist, weil er über kein optimales Verfahren zum Lösen seiner Probleme verfügt. Unter Anleitung lernt er, sein Dilemma systematisch und Schritt für Schritt zu lösen. Auch dieses Verfahren wird oft mit anderen Techniken kombiniert, um die einzelnen Schritte des Problemlösungsverfahrens effektiv einzuüben. Diese Therapien dauern etwas länger als die Bewältigungstrainings, erzielen aber ebenfalls beachtliche Erfolge bei sehr unterschiedlichen Störungen.

Therapie von Beck

▶ Kognitive Therapie von Beck: Nach seinem Begründer benanntes Verfahren, 1979 entwickelt, das durch Übungen und Analysen verzerrte Denkmuster und Wirklichkeitswahrnehmungen bewußtmacht. Für die Behandlung von Depressionen wurde eine außerordentlich hohe Wirksamkeit festgestellt.

▶ Depressionstherapie von Lewinsohn: 1974 entwickeltes Verfahren, das auf der Annahme beruht, daß Depressionen entstehen, weil dem Patienten positive Rückmeldungen aus seiner Umwelt fehlen. Der Therapeut entwickelt für ihn einen Plan von Aktivitäten, durch die er unweigerlich solche Rückmeldungen aus seiner Umgebung erhalten wird. Das Verfahren ist direktiv; der Therapeut übernimmt die Initiative und lenkt den Patienten, bis dieser wieder von sich aus Lust am Leben verspürt. Dieses Verfahren bietet vor allem solchen Depressiven eine optimale Therapie, die sich schon so weit in sich selbst zurückgezogen haben, daß sie auf nichtdirektive Gesprächsführung nicht mehr reagieren.

Depressions-therapie

Körperorientierte Verfahren

Sie versuchen über die Schulung des körpersprachlichen Ausdrucks die Seele zu stabilisieren. Dazu zählen zum Beispiel Bioenergetik, Atem-, Musik- und Tanztherapie. Diese Verfahren sind besonders Patienten zu empfehlen, die sprachgestört oder aus anderen Gründen (zum Beispiel wegen schwerer Hemmungen) kaum in der Lage sind, ihre Probleme mit Worten zu beschreiben.

Tanz-, Atem-, Musiktherapie, Bioenergetik

Nach Grawe, Donati und Bernauer (1994) sind kognitiv-verhaltenstherapeutische Mischverfahren, die ihre Techniken auf den Patienten zugeschnitten kombinieren, in der Mehrzahl der Fälle die Therapie der Wahl. Ihr Vorzug ist ihre kurze Therapiedauer und ihre nachgewiesenermaßen hohe Wirkung für sehr unterschiedliche Störungen. Aber auch die Gesprächspsychotherapie und die Psychoanalyse sind sehr wirksam. Entspannungsverfahren sind erfolgreich bei Schlafstörungen und psychosomatischen Krankheiten; bei den übrigen Störungen dann, wenn sie mit anderen Verfahren kombiniert werden. Die Kombination von Therapien scheint generell empfehlenswerter zu sein als die Anwendung nur einer Technik.

Gruppentherapie ist übrigens keine Therapieart, sondern eine Form, die bei fast allen Verfahren Anwendung finden kann. Besonders dort, wo Rollenspiele und Erfahrungsaustausch zur Anwendung kommen, sind Gruppensitzungen oftmals erfolgreicher als Einzeltherapien.

Schlußbemerkung

Eine Vielzahl von Fakten, Empfehlungen und Hinweisen ist auf Sie eingestürmt. Sie fragen sich zu Recht: Wie soll ich das alles behalten und dann noch in die Praxis umsetzen, wenn im Ernstfall Sekunden entscheiden?

Das ist zum Glück nicht nötig. Das wichtigste ist, daß Sie da sind, wenn ein Hilfsbedürftiger Sie braucht. Wenn Sie im Gedächtnis behalten, wie wichtig die seelischen Aspekte in einer solchen Situation sind, und im übrigen Ihrem Gefühl folgen, wird eine Reihe von Tatsachen, die Sie hier gelesen haben, bei Bedarf wieder vor Ihrem geistigen Auge auftauchen. Glücklicherweise sind die Notfälle, wo es um Sekunden geht, selten. Viel häufiger werden Sie es mit Krisen und Konflikten zu tun bekommen, die sich über längere Zeit ankündigen und auch nicht nach einem Abend erledigt sind. Es wird Ihnen die Zeit bleiben, noch einmal in dem benötigten Abschnitt nachzulesen.

Von der Therapie zur Anwendung

Überschätzen Sie nicht die Möglichkeiten und die Verantwortung eines Helfers. Selbst der erfahrenste Berufstherapeut scheitert öfter, als ihm lieb ist. Sicher, in manchen Situationen können Sie Verzweifelten wirklich helfen und sie ins Leben zurückführen. In anderen Fällen werden Sie dagegen auf wenig Dank stoßen. Der Mensch bleibt letztlich immer sein eigener Chef, wenn es um seine Seele geht. Zur Ethik eines Helfenden gehört auch das Eingeständnis, daß er niemandem die letzte Entscheidung über seine Angelegenheiten aus der Hand nehmen kann – selbst dann nicht, wenn es um Leben oder Freitod geht. Er kann Ratsuchende nur unterstützen, ihre Probleme selbstbestimmt zu lösen. Er kann Hilfe geben, wo Hilfe erbeten wird. Alle Methoden und Empfehlungen dieses Buches sind zwar sorgfältig und nach neuesten Erkenntnissen erarbeitet sowie von Fachleuten begutachtet worden, dennoch können weder der Verlag noch der Autor noch irgend jemand sonst die Garantie dafür übernehmen, daß Sie mit ihnen in jedem Fall Erfolg haben werden. Der wichtigste Faktor, wo Menschen aufeinandertreffen, ist das Engagement und das Einfühlungsvermögen der Beteiligten

Grenzen des Helfens

selbst – und diese Fähigkeiten können Sie nur durch lebendige Erfahrung, aber keinesfalls durch ein Lehrbuch erwerben.

Der Experte   Auch wenn Sie einen Experten hinzuziehen, um sich oder einem anderen zu helfen: Geben Sie sich und Ihre Nächsten nicht kritiklos in seine Hände, sondern suchen Sie zielgerichtet Hilfe, um eine genau umrissene Schwierigkeit zu meistern. Zögern Sie nicht, sich an Fachleute zu wenden, wenn Sie sich unsicher und überfordert fühlen, aber geben Sie niemals Ihre Selbstbestimmung auf. Es bleibt *Ihr* Leben, und wenn Sie scheitern, wird dafür niemand anderes die Verantwortung übernehmen können als Sie.

Wenn Sie einen Fachmann rufen, kann er erwarten, daß Sie ihm Vertrauen entgegenbringen. Sollten Sie von vornherein innerlich reserviert bleiben, stehen die Erfolgsaussichten schlecht. Zwar kann es immer mal passieren, daß es zwischen Therapeut und Klient nicht »funkt«. Wenn es beim dritten und vierten Experten immer noch nicht klappt, liegt es eventuell nur am Klienten. Dann sollten beide darüber sprechen. Jeder Therapeut hat ein Interesse daran, Ihnen und Ihren Angehörigen und Freunden zu helfen. Ihre Problemlösung ist auch sein Erfolg. Den Widerspruch zwischen Eigenverantwortung und Vertrauen in einen Außenstehenden lösen Sie, indem Sie gleich zu Beginn genaue Angaben darüber verlangen, wie der Therapeut vorgeht, wie lange er braucht und mit welchen Heilungschancen zu rechnen ist.

Adressen und Telefonnummern von Beratungs- und Krisendiensten

Die folgende Auswahl muß naturgemäß unvollständig bleiben.
Außerdem ist es möglich, daß sich seit der Drucklegung dieses
Buches Adressen und Telefonnummern geändert haben. Sie können in jedem Fall die örtlichen Gesundheitsämter oder die Telefonseelsorge (1 11 01 und 1 11 02) anrufen und sich dort nach
der aktuellen Anschrift einer Beratungsstelle erkundigen, die für
Sie von Interesse ist. Diese verfügen über umfangreiche, aktualisierte Anschriftenverzeichnisse.

Anschriften der Zentralverbände wichtiger psycho-
therapeutischer Vereinigungen

Allgemeine Ärztliche Gesellschaft für Psychotherapie, Friedrich-
Lau-Str. 7, 40474 Düsseldorf, Tel.: 02 11 / 45 07 41
Aktion Psychisch Kranker e.V., Graurheindorfer Str. 15, 53111
Bonn, Tel.: 02 28 / 63 15 45-46
Deutsche Akademie für Psychoanalyse e.V., Goethestr. 54, 80336
München, Tel.: 0 89 / 53 96 74-75
Deutsche Gesellschaft für Psychoanalyse, Psychotherapie, Psy-
chosomatik und Tiefenpsychologie e.V., Johannisbollwerk 20 /
III, 20459 Hamburg, Tel.: 0 40 / 3 19 26 19
Deutsche Gesellschaft für Kinder- und Jugendpsychiatrie, Hans-
Sachs-Str. 6, 35039 Marburg, Tel.: 0 64 21 / 28 53 34
Deutscher Arbeitskreis für Gruppenpsychotherapie und Grup-
pendynamik e.V., Landaustr. 18, 34121 Kassel, Tel.: 05 61 /
28 45 67
Deutsche Psychoanalytische Gesellschaft e.V., Nußbaumstr. 7,
80336 München, Tel.: 0 89 / 51 60-33 58
Deutsche Gesellschaft für Verhaltenstherapie e.V., Belthlestr.
15, 72074 Tübingen, Tel.: 0 70 71 / 4 12 11
Dachverband Psychosozialer Hilfsvereinigungen e.V., Thomas-
Mann-Str. 49 a, 53111 Bonn, Tel.: 02 28 / 63 26 46
Gesellschaft für wissenschaftliche Gesprächspsychotherapie e.V.,

Postfach 27 01 65, Richard-Wagner-Str. 12, 50674 Köln, Tel.:
02 21 / 25 29 17

Zentrale Beratungsstellen

Deutsche Hauptstelle gegen die Suchtgefahren, Westring 2,
59065 Hamm, Tel.: 0 23 81 / 90 15 -0
Bundeszentrale für gesundheitliche Aufklärung, Ostmerheimer
Str. 200, 51109 Köln, Tel.: 02 21 / 89 92 -1
Bundeskonferenz für Erziehungsberatung e.V., Amalienstr. 6
90763 Fürth, Tel.: 09 11 / 9 77 14 – 0
Deutsche AIDS-Hilfe e.V., Dieffenbachstr. 33, 10967 Berlin,
Tel.: 0 30 / 69 00 87 – 0
Evangelische Konferenz für Familien- und Lebensberatung e.V.,
Kurfürstenstr. 49, 12105 Berlin, Tel.: 0 30 / 7 05 58 84
Deutscher Kinderschutzbund e.V., Schiffgraben 29, 30159 Han-
nover, Tel.: 05 11 / 32 91 35
Der PARITÄTISCHE Wohlfahrtsverband e.V., Heinrich-Hoff-
mann-Str. 3, 60528 Frankfurt/M., Tel.: 0 69 / 60 06 – 0

Telefondienste (Sorgen-Telefone)

Telefonseelsorge, örtlich unter Tel.: 1 11 01 und 1 11 02
Info-Telefon der Bundeszentrale für gesundheitliche Aufklärung,
Tel.: 02 21 / 89 20 31 (täglich von 10 bis 22 Uhr)
Kinder- und Jugendtelefon (vom Deutschen Kinderschutzbund),
Tel.: 0 13 08 / 1 11 03
Opfernotruf, Tel.: 01 30 / 34 99
Vermißtentelefon (Hilfe bei Suche nach Vermißten), Tel.: 02 11 /
5 56 08 94
Arbeitslosen-Telefonhilfe, örtlich unter Tel.: 1 11 03

Selbsthilfe-Gruppen

Es gibt in Deutschland etwa 60 000 Gruppen, in denen sich
Schicksalsgefährten zusammenfinden. Im Mittelpunkt ihrer Ar-

beit stehen Gespräche über bedrückende Situationen – verständnisvoll und ohne belastenden Druck. Jeder kann aus den Erfahrungen anderer lernen und häufig auch konkrete Unterstützung erfahren. Sie können auch selbst eine Gruppe ins Leben rufen. Suchen Sie Leute mit gleichen Erfahrungen im Bekanntenkreis, durch Anzeigen in Lokalzeitungen oder Aushängen bei Ärzten. Informationsmaterial für alle, die selbst aktiv werden wollen, versendet die:

Nationale Kontakt- und Informationsstelle zur Anregung und Unterstützung von Selbsthilfe-Gruppen (NAKOS), Albrecht-Achilles-Straße 65, 10709 Berlin. Tel.: 0 30 / 8 91 40 19.

Einige wichtige zentrale Telefonnummern:

Hilfe zum Weiterleben (Selbstmordverhütung): 0 52 31 / 64 15 03

Anonyme Alkoholiker: 0 89 / 2 78 00 82

Anonyme Spieler: 0 40 / 2 09 99 09

Angehörige psychisch Kranker: 02 28 / 63 26 46

Begleitung Sterbender und ihrer Angehörigen: 0 40 / 22 52 53

Arbeitslosigkeit: 0 30 / 5 89 49 43

Mobbing: 0 40 / 30 62 32 00

Literatur

Aichele, K., Volk, G. (1992): Kinder in Psychotherapie. Eine Einführung. Waiblingen: Bonz Verlag.

Améry, J. (1976): Hand an sich legen. Diskurs über den Freitod. Stuttgart: Klett-Cotta.

Anneese, C., Pol. T. (1995): Wege aus der Phobie. Selbsthilfe bei Ängsten. Frankfurt/M: S. Fischer Taschenbuch

Anton, K.-H., Weiland, D. (1993): Soziale Kompetenz. Vom Umgang mit Mitarbeitern. Düsseldorf, Wien: ECON Taschenbuch.

Bauriedl, T. (1992): Wege aus der Gewalt. Analyse von Beziehungen. Freiburg: Herder Spektrum.

Berne, E. (1983): Was sagen Sie, nachdem Sie ›Guten Tag‹ gesagt haben? Psychologie des menschlichen Verhaltens. Frankfurt/M.: S. Fischer Taschenbuch.

Bierhoff, H. W. (1990): Psychologie hilfreichen Verhaltens. Stuttgart: Kohlhammer.

Bongartz, B. und W. (1988): Hypnose. Wie sie wirkt und wem sie hilft. Zürich: Kreuz Verlag.

Bräutigam, H. H. (1991): Lebensrettung um jeden Preis? Sinn und Grenzen der Suizidverhütung. In: Die ZEIT, Nr. 38, 12.9.1991.

Brenner, F. und D. (1991): Vom Umgang mit Chefs und Kollegen. München: Humboldt Taschenbuch.

Buxbaum, E. (1976): Die Rolle der Eltern in der Ätiologie von Lernstörungen. In: Biermann, G. (Hg.): Handbuch der Kinderpsychotherapie, Band II, München: Reinhardt Verlag.

Ceh, J. (1993): Keine Angst vor Prüfungen. In Leistungssituationen souveräner werden. München, Landsberg a. L.: mvg Taschenbuch.

Ciompi, L. (1993): Krisentheorie heute. In: Schnyder, U./Sauvant, J.-D. (Hg.): Krisenintervention in der Psychiatrie. Bern, Göttingen, Toronto, Seattle: Huber.

Clyne, M. (1976): Psychotherapie des Schulverweigerers und seiner Familie. In: Biermann, G. (Hg.): Handbuch der Kinderpsychotherapie, Ergänzungsband, München: Reinhardt Verlag.

Corazza, V. u.a. (1990): Kursbuch Gesundheit. Beschwerden und Symptome, Krankheiten, Untersuchung und Behandlung, Selbsthilfe. Köln: Kiepenheuer & Witsch.

Donaldson, M. (1991): Wie Kinder denken. Intelligenz und Schulversagen. München, Zürich: Serie Piper.

Durkheim, E. (1930): Le suicide. Paris: Presses Universitaires de France.

Egan, G. (1990): Helfen durch Gespräch. Ein Trainingsbuch für helfende Berufe. (Edition sozial) Weinheim, Basel: Beltz.

Ellis, A. (1987): Wut. Die Kunst, sich *richtig* zu ärgern. München: Goldmann Taschenbuch.

Erikson, E. H. (1973): Identität und Lebenszyklus. Frankfurt/M.: Suhrkamp Taschenbuch.

Ettrich, K. U. u.a. (1984): Selbstsicherheitstraining. Lehrmaterial zur praktischen Ausbildung in Verhaltenstherapie. In: Probleme und Ergebnisse der Psychologischen Forschung. Heft 5/1984, Leipzig.

Everstine, D. S. und L. (1992): Krisentherapie. Stuttgart: Klett-Cotta.

Eysenck, H.-J., Rachman, S. (1967): Neurose – Ursachen und Heilmethoden. Einführung in die moderne Verhaltenstherapie. Berlin: Deutscher Verlag der Wissenschaften.

Fassel, D. (1994): Wir arbeiten uns noch zu Tode. Die vielen Gesichter der Arbeitssucht. München: Knaur Taschenbuch.

Freud, A. (1984): Das Ich und seine Abwehrmechanismen. Frankfurt/M.: S. Fischer Taschenbuch.

Gasch, B., Lasogga, F. (1995): Psychische Erste Hilfe. In: Report Psychologie, Heft 8/1995, S. 28-35.

Goffman, E. (1982): Das Individuum im öffentlichen Austausch. Mikrostudien zur öffentlichen Ordnung. Frankfurt/M.: Suhrkamp Taschenbuch.

Gordon, T. (1985): Familienkonferenz. Reinbek bei Hamburg: Rowohlt Taschenbuch.

Gordon, T. (1989): Managerkonferenz. München: Heyne Taschenbuch.

Grawe, K., Donati, R., Bernauer, F. (1994): Psychotherapie im Wandel. Von der Konfession zur Profession. Göttingen, Bern, Toronto, Seattle: Hogrefe.

Gührs, M., Nowak, C. (1991): Das konstruktive Gespräch. Ein Leitfaden für Beratung, Unterricht und Mitarbeiterführung mit Konzepten der Transaktionsanalyse. Meezen: Verlag C. Limmer.

Halder-Sinn, P. (1985[3]): Verhaltenstherapie. Stuttgart, Berlin, Köln, Mainz: Kohlhammer. (Urban Taschenbuch)

Hanisch, L./Hermanns, P. M. (1990): Kampf um die Seele. Von Profis und Scharlatanen. Ein Handbuch zu Diagnose und Therapie. Reinbek bei Hamburg: Rowohlt Taschenbuch.

Hillmann, J. (1980): Selbstmord und seelische Wandlung. Zürich: Daimon.

Jablonski, S. (1990): Trauer und Entwicklung. Unveröffentlichte Dissertation. Berlin: Humboldt-Universität.

Jacobs, J. (1985): Ich weiß keinen Ausweg mehr. Hilfe für selbstmordgefährdete Jugendliche. Düsseldorf: ECON Taschenbuch.

Jaeggi, E., Hollstein, W. (1992[7]): Wenn Ehen älter werden. Liebe, Krise, Neubeginn. München, Zürich: Serie Piper.

Jun, G. (1987): Charakter: Ein Beitrag zur Diskussion eines alten Themas. Berlin: Volk und Gesundheit.

Jung, N., Haas, M. (1993): Welche Signale sendet der andere? München: Südwest Verlag.

Kast, V. (1989): Der schöpferische Sprung. Vom therapeutischen Umgang mit Krisen. München: Deutscher Taschenbuch Verlag.

Kivits, Tonja (1994): Eine kurze Geschichte der Psychologie. Düsseldorf, Wien: ECON Taschenbuch.

Köhler, G. (1992): Kann ich sterben lernen – Gedanken zu Sterben – Tod – und Trauer. In: Lebenskrisen als Chancen – Hilfen durch die Sozialarbeit? Tagungsbericht vom Hochschultag 1991. Berlin: Evangelische Fachhochschule.

Kopmeyer, M. R. (1982): Persönlichkeitsbildung. So werden Sie, was Sie sein möchten. Genf: Ariston.

Kübler-Ross, E. (1977): Interviews mit Sterbenden. Stuttgart: Kreuz Verlag.

Langbein, K., Martin, H.-P., Weiss, H. (1983): Bittere Pillen. Köln: Kiepenheuer & Witsch.

Lauster, P. (1985^2): Selbstbewußtsein kann man lernen. Programm für Selbstsicherheit und Selbstvertrauen. München: Goldmann Taschenbuch.

Lay, R. (1989): Das Bild des Menschen. Psychoanalyse für die Praxis. Frankfurt/M., Berlin: Ullstein Taschenbuch.

Leibold, G. (1988): Erfolgsgeheimnis Selbsthypnose. München: Humboldt Taschenbuch.

Lewi, W. L. (1988): Vom Umgang mit anderen. Leipzig, Jena, Berlin: Urania Verlag.

Leymann, H. (1993): Mobbing. Psychoterror am Arbeitsplatz und wie man sich dagegen wehren kann. Reinbek bei Hamburg: Rowohlt Taschenbuch.

Licht, M. (1991^2): Vergewaltigungsopfer. Psychosoziale Folgen und Verarbeitungsprozesse. Pfaffenweiler: Centaurus-Verlagsgesellschaft.

Lorenz, K. (1978): Vergleichende Verhaltensforschung. Grundlagen der Ethologie. Wien, New York: Springer.

Martin, L. C. (1994): Vergewaltigung. Wie Frauen sich schützen können. München: Knaur Taschenbuch.

Mentzos, S. (Hg.) (1984): Angstneurose. Psychodynamische und psychotherapeutische Aspekte. Frankfurt/M.: S. Fischer Taschenbuch.

Metelerkamp, J. (Hg.) (1995): Lernziel: Gesprächsfähigkeit. Theorie und Praxis der Rhetorik/Sprecherziehung in der Erwachsenenbildung. Frankfurt/M.: Deutsches Institut für Ewachsenenbildung.

Möbius, A. (1995): Krisenarbeit aus der Sicht der systemischen Sozialarbeitslehre Lüssis. Unveröffentlichte Diplomarbeit. Berlin: Fachschule für Sozialarbeit und Sozialpädagogik »Alice Salomon«.

Mucchielli, R. (1972): Das nicht-direktive Beratungsgespräch. Salzburg: Otto Müller Verlag.

Müller, J. (Hg.)(1995): Adreßbuch Selbsthilfegruppen. Mit über 1200 Adressen, Telefonnummern und Ansprechpartnern. München: Heyne Taschenbuch.

Murgatroyd, S. (1994): Beratung als Hilfe. Eine Einführung für helfende Berufe. (Edition sozial) Weinheim, Basel: Beltz.

Naumann, F. (1993): Erkenntnis zwischen Abbild und Konstruktion. Hamburg: Kovac.

Naumann, F. (1995): Miteinander streiten. Reinbek bei Hamburg: Rowohlt Taschenbuch.

Noelle-Neumann, E., Schulz, W., Wilke, J. (1994): Fischer Lexikon Publizistik Massenkommunikation. Frankfurt/M.: S. Fischer Taschenbuch.

Nur keine Hemmungen. Berliner Polizei veranstaltet Anti-Gewalttraining. In: zitty, Nr. 5 (1995), S. 22-23.

Oerter, R., Montada, L. (1982): Entwicklungspsychologie. Ein Lehrbuch. München, Wien, Baltimore: Urban & Schwarzenberg.

Piaget, J., Inhelder, B. (1977): Die Psychologie des Kindes. S. Fischer Taschenbuch.

Rattner, J. (1973): Gruppentherapie. Die Psychotherapie der Zukunft. Frankfurt/M.: S. Fischer Taschenbuch.

Reimer, C. H., Henseler, H. (1981): Selbstmordgefährdung. Problemata. Stuttgart: Frommann-Holzboog.

Resch, M.: Wenn Arbeit krank macht. Berlin: Ullstein Medicus (1994).

Richter, H.-E. (1969): Eltern, Kind und Neurose. Die Rolle des Kindes in der Familie. Reinbek bei Hamburg: Rowohlt Taschenbuch.

Richter, H.-E. (1972): Patient Familie. Entstehung, Struktur und Therapie von Konflikten in Ehe und Familie. Reinbek bei Hamburg: Rowohlt Taschenbuch.

Ringel, E. (1969): Selbstmordverhütung. Bern: Huber.

Rock, G. (1993): Sag doch einfach ›Du‹ zu mir. Das Kontakt-Trainingsbuch. München, Landsberg am Lech: mvg Taschenbuch.

Rogers, C. (1985): Die nicht-direktive Beratung. Frankfurt/M.: S. Fischer Taschenbuch.

Samalin, N., Whitney, C. (1994): Wütende Eltern – bockige Kinder. Ausbruch aus dem Teufelskreis von Aggression und Ohnmacht. München: Knaur Taschenbuch.

Sarnoff, D. (1992[2]): Auftreten ohne Lampenfieber. Reden, Interviews, Fernsehauftritte, Konferenzen, Präsentationen. Frankfurt/M., New York: Campus.

Schober, O. (1992): Körpersprache. Schlüssel zum Verhalten. Bedeutung und Nutzen der Körpersprache im Alltag. München: Heyne Taschenbuch.

Schuchard, E. (1987): Jede Krise ist immer ein neuer Anfang. Aus Lebensgeschichten lernen. Düsseldorf: Patmos-Verlag.

Schulte, W., Tölle, R. (1973[2]): Psychiatrie. Berlin, Heidelberg, New York: Springer.

Schulz, G. (1993): Die Erlebnisgesellschaft. Kultursoziologie der Gegenwart. Frankfurt/M., New York: Campus Verlag.

Schulz von Thun, F. (1981, 1989): Miteinander reden. 2 Bde. Reinbek bei Hamburg: Rowohlt Taschenbücher.

Schürmann, I. (1992) Psychosoziale Hilfe in Notfällen und bei Alltagssorgen. Handlungskonzepte in der ambulanten Krisenintervention. Wiesbaden: Deutscher Universitätsverlag.

Sedlak, F., Ziegelbauer, B. (1986). Krisenbewältigung. Ein Handbuch für Einzel- und Gruppentraining. Wien: Österreichischer Bundesverlag.

Stangl, A. und M.-L. (1980): Verhandlungsstrategie. 104 Taktiken, sich in Verhandlungen durchzusetzen. München: Heyne Taschenbuch.

Thomas, K. (1983[6]): Praxis der Selbsthypnose des Autogenen Trainings (nach I. H. Schultz). Formelhafte Vorsatzbildung und Oberstufe. Stuttgart, New York: Thieme.

Watzlawick, P. (1987[15]): Wie wirklich ist die Wirklichkeit? Wahn, Täuschung, Verstehen. München, Zürich: Serie Piper.

Weber, I. (1994): Die faire Trennung. Niedernhausen/Ts.: Falken Verlag.

Weinberger, S. (1992[5]) Klientenzentrierte Gesprächsführung. Eine Lern- und Praxisanleitung für helfende Berufe. (Edition sozial) Weinheim, Basel: Beltz.

Weisbach, C.-R. (1994[2]): Professionelle Gesprächsführung. Ein praxisnahes Lese- und Übungsbuch. München: Deutscher Taschenbuch Verlag.

Wessel, K.-F. (Hg.) (1994): Herkunft, Krise und Wandlung der modernen Medizin. Kulturgeschichtliche, wissenschaftsphilosophische und anthropologische Aspekte. Bielefeld: Kleine Verlag.

Wessel, K.-F./Naumann F. (Hg.) (1994): Kommunikation und Humanontogenese. Bielefeld: Kleine Verlag.

Wesson, C. (1994): Kaufrausch. Wenn Konsum zum Zwang wird. Bergisch Gladbach: Bastei Lübbe Taschenbuch.

Wile, D. B. (1992): Partnerschaftsprobleme – kein Problem. Rezepte gegen die Einsamkeit zu zweit. Weinheim, Basel: Beltz Quadriga.

Willi, J. (1990): Die Zweierbeziehung. Spannungsursachen, Störungsmuster, Klärungsprozesse, Lösungsmodelle. Reinbek bei Hamburg: Rowohlt Taschenbuch.

Zettl, S. (1992): Psychoanalyse und verwandte Verfahren. Verstehen und überwinden unbewußter Konflikte. Mannheim: PAL Verlagsgesellschaft.

Zimbardo, P. G. (1986[5]): Nicht so schüchtern. So helfen Sie sich selbst aus Ihrer Verlegenheit. Landsberg am Lech: mvg Taschenbuch.

Zuschlag, B., Thielke, W. (1989): Konfliktsituationen im Alltag. Ein Leitfaden für den Umgang mit Konflikten in Beruf und Familie. Stuttgart: Verlag für angewandte Psychologie.

Sachwortregister

Ullstein
MEDICUS

Solides Wissen
von qualifizierten
Fachleuten
für anspruchsvolle
Leser

In der Reihe
Ullstein Medicus
sind u. a. erschienen:

Prof. Dr. med. Karl Hecht
Gesund im Streß
232 Seiten, 12 Abbildungen
ISBN 3-548-27812-4

Prof. Dr. med. Jochen Quandt
Dr. Karl-O. Hiller
Depression und Angst
208 Seiten, 16 Abbildungen
ISBN 3-548-27827-2

Dr. Martin Resch
Wenn Arbeit krank macht
200 Seiten, 15 Abbildungen
ISBN 3-548-27809-4

Prof. Dr. med. Karl Hecht
Selbsthilfe bei Schlafstörungen
164 Seiten, 12 Abbildungen
ISBN 3-548-27802-7

Prof. Dr. med. Gisela Ehle
**Ich finde nicht mein Maß
Magersüchtig, eßsüchtig,
eßbrechsüchtig?**
120 Seiten, 23 Abbildungen
ISBN 3-333-00669-3

Der Medizin-Bestseller

Dr. med. Rainer Holzhüter

WEHRT EUCH, PATIENTEN
Ein Kassenarzt packt aus

272 Seiten, Broschur
ISBN 3-548-35561-7
5., aktualisierte und erweiterte Auflage

Unser Gesundheitssystem ist krank. Rainer Holzhüter, Jahrgang 1947 und seit 18 Jahren Kassenarzt in Hamburg, entlarvt schonungslos die Krankmacher unseres Gesundheitssystems. Seine brisante, bittere Diagnose lautet: zuviel Diagnostik, zuwenig Therapie, ein erstarrtes Verwaltungssystem, unfähige Medizintheoretiker, sinnloser Kampf zwischen Schulmedizin und Naturheilkunde. Nutznießer sind skupellose Ärzte, die Krankenkassen und die Pharmaindustrie – auf der Strecke bleibt der Patient.
Aber der Autor beläßt es nicht bei einer bloßen Bestandsaufnahme. Im umfangreichen »therapeutischen Teil« des Buches zeigt er Auswege aus dem Dilemma. Schwerste Leiden, aber auch weniger gefährliche, können wirkungsvoll behandelt werden: mit naturnahen neuen Methoden unter Einbeziehung bewährter Therapiekonzepte. Gezeigt wird auch, wie Arzt und Patient gemeinsam und erfolgreich die Finanzierung alternativer Therapien durch Krankenkassen bewirken können.

Ullstein Sachbuch